JN029963

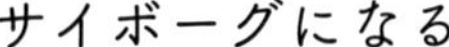
サイボーグになる

사이보그가 되다

サイボーグになる

テクノロジーと障害, わたしたちの不完全さについて

キム・チョヨプ × キム・ウォニョン

牧野美加 訳

岩波書店

사이보그가 되다
김초엽, 김원영

First published 2021
by Sakyejul Publishing Ltd., Paju-si.
This Japanese edition published 2022
by Iwanami Shoten, Publishers, Tokyo
by arrangement with Sakyejul Publishing Ltd., Paju-si
through CUON Inc., Tokyo.

日本語版への序文

『サイボーグになる』プロジェクトを始めたとき、わたしは障害については何も知らない新人作家でした。自分自身、後天性難聴の聴覚障害当事者ではあるものの、障害というアイデンティティーにじっくり向き合ったことは一度もありませんでした。SF作家として活動していましたが、事実や主張、研究結果、洞察から成るようなノンフィクションを書いた経験もありません。好奇心と勇気だけで、「障害と科学技術、障害アイデンティティーの未来、だなんて、かっこいい！」と、無謀にも執筆に挑戦したのです。それこそ新人作家だったから、そして共同執筆者であるキム・ウォニョンさんへの信頼があったからこその無謀さでした。

この本を書く過程で、わたし自身にもさまざまな変化がありました。まず、科学技術に対する姿勢が大きく変わりました。科学を専攻した者として、SF作家として、驚異的な技術や最先端の科学知識には今も感嘆の念を覚えますが、それらを一歩離れて見ることができるようになったのです。あの華々しい技術は誰のためのものだろう？　科学技術の約束する未来は誰のものだろう？　その輝かしい未来にはすべての人のための居場所があるのか？　弱く、疎外された身体、損傷した身体でなんとか生きているわたしたちも、その未来に到達することができるのだろうか？　まずそういう問いが先にあるべきだと気づいたのです。

そして何より、障害アイデンティティーについての考えが一変しました。それまでのわたしは、自分が障害当事者であるということにどこか違和感を覚えていました。「うーん、自分に障害があるのは間違いないのだけど、〝障害者〟とは距離があるような気がする」と思っていたのです。でもこの本を書くなかで出会った障害者たちは、差別され疎外されているだけの人でなく、社会を変え、再設計する人たちでした。社会の片隅で独創的な生き方を見つけ、わたしたち自身の依存性や弱さにあらためて目を向けさせる人たちです。わたしはそういう事例を学び、分析しながら、自分自身のアイデンティティーについても考えるようになりました。今この時代を共に生きる障害者や彼らに寄り添う障害当事者でない活動家を心から尊敬し、より近しく感じるようになったのです。

執筆に際し、特に日本の事例にたくさん触れたことが記憶に残っています。日本では多くの障害者の活動家や研究者が、障害の多様性や固有性を紹介する活動をいろいろおこなっています。本文でも一部引用したようなユニークな事例に接するたびに「日本の障害者コミュニティーや障害論もすごく魅力的だな」と感じたことが思い出されます。この本をきっかけに、日本の読者のみなさんともいつか「障害とサイボーグ」に関するさまざまな経験を分かち合えたらと願っています。

では、まずは、楽しんで読んでいただけますように！

二〇二一年九月　韓国にて

キム・チョヨプ

韓国で全国放送される某授賞式に参加することになり、受賞スピーチを準備したことがあります。何を突拍子もないことをと思われるかもしれませんが、本当です。ある芸術大賞に演劇部門ができ、出演した作品で二〇二〇年にわたしも受賞候補に挙がったのです。その芸術大賞にはTVや映画部門もあるので、授賞式には韓国の錚々(そうそう)たるスターが勢揃い。どの人も美しく完璧な姿で、カメラの前で終始オーラを放っていました。わたしは芸能人を見にいくつもりで参加し、本当に見るだけで帰ってきました。実際、そもそもわたしが受賞する可能性はほとんどなかったのですが、(一応、念のために)受賞スピーチを心の中で準備はしていました。もちろんそれを披露する機会はなかったわけですが。そのとき話せなかった内容を、この場を借りて日本の読者のみなさんに聞いていただきたいと思います。韓国では書けない話です(わたしをからかう友人がたくさんいますから)。

芸術大賞で障害者が受賞するというのはどういう意味なのでしょうか。わたしが何か特別立派なことをしたわけではないので、おそらく韓国の大衆芸術の世界が危機感を抱いたからではないかと考えます。最近のCG(コンピューターグラフィックス)デザインを思い浮かべてみてください。俳優はグリーンバック(緑色の背景)のスタジオで撮影しているだけなのに、テクノロジーのおかげで観客は、スクリーンの中に完璧に具現化された地球外惑星の姿から、破滅に向かっている地球の大都市、巨大な怪獣の皮膚に至るまで、リアルに経験することができます。当然、そういう技術が適用されるのは撮影の背景だけではありません。ゲームや映画の中の、3Dアニメーションで表現されたバーチャルヒューマン(仮想人間)は非常に精巧で、実際の人間の姿に近づきつつあります。もっと驚かされるのは、このような技術レベルがわずか十数年のあいだに達成されたということです。二〇〇〇年代初めの映画のCG技術は今見ると幼稚に思えるほどで、3Dアニメの人間に至っては目も当てられません。

デジタル世界のバーチャルヒューマンはすでにゲームや映画の中にとどまらず、企業の広告モデルとして活躍し、SNSのインフルエンサーとなり、K-POPのアイドルグループのメンバーとして活動しています。この先、二〇年後にわたしたちが出会うことになるバーチャルヒューマンは、いったいどんな姿をしているのでしょうか。バーチャルの俳優やモデル、歌手は性的スキャンダルに巻き込まれることもないし、病気になったり年をとったりすることもありません。何より、今のペースでさらに二〇年発展しつづけた彼らは、現在わたしたちが目にしている俳優、つまり授賞式に参加していたあの美しくエレガントな俳優たち、その誰よりも、もっと完璧な美しさを具現化しているかもしれません。それだけでしょうか？　配役に最適化された演技力を備えているかもしれません。人間の俳優たちはこぞって引退を覚悟、という事態もあり得るでしょう。

でも、（大衆）芸術を愛する人たちやそれに関わる人たちが障害のある身体にも真剣に関心を寄せる社会ならどうでしょう。障害のある身体は滑らかさに欠け、少々ぎこちなく、やや非対称的で、明瞭で流暢な発音は難しいかもしれません。そういう身体を持つ人たちが、各自築き上げてきた個性や、その人だけのペース、美しさによって、舞台の上で、あるいはスクリーンの中で、俳優として認めてもらえる社会ならどうでしょう。いかにデジタル技術が「完璧に」つくりあげたバーチャル俳優といえども、そういう社会で愛される「人間の俳優」の身体を簡単に再現することはできないでしょう。技術は、発展を重ねていくにつれ、ある存在の「完璧さ」は代替するでしょうが、けっして「不完全さ」や、「不完全さ」に向き合い自分だけの物語を紡いできた存在を代替することはできないはずだからです。

この賞は、不完全さに向き合う存在の生の価値、芸術的価値に、ようやく芸術界が注目しはじめたことを示す証拠だと信じます。

二〇二〇年六月の授賞式でこういう話を披露できなかったのはもちろん残念ですが、同時期にわたしは『サイボーグになる』という本を、作家キム・チョヨプさんをはじめ韓国の「不完全な」存在たちと一緒に書くことができました。わたしたちは社会のあらゆる分野で、発展した科学技術の成果をうまく活用していかなくてはなりませんが、その過程においては常に、人間という存在の価値があらためて問われます。まさにその問いに答えるために、われわれは障害者の話に耳を傾けなければならないと、わたしとキム・チョヨプさんは信じています。

日本の読者のみなさんとこの話を分かち合うことができて嬉しく思います。出版社の岩波書店と翻訳者の牧野美加さんに感謝の気持ちを伝えます。

二〇二一年九月　韓国にて

キム・ウォニョン

目次

- 本書に掲載されている写真は、著作権が別途明記されているものを除き、すべて写真作家イ・ジヤンの作品である。イ・ジヤンは数年前から、さまざまな身体や感覚を持つ障害者たちの経験する固有な世界を写真に収めてきた。本書の共著者キム・チョヨプ、キム・ウォニョンとは二〇一九年に展示会「正常軌道」を共に開き、キム・ウォニョンとは一八年の展示会「あなたの角度」も共にした。本書には、これら展示会と二〇年の展示会「見ちがい言いちがい」に出品された写真のほか、両著者が二〇年に執筆、対談する過程で撮影された写真が使用されている。
- 文中の〔　〕は訳者による注記を示す。
- 「謝辞」にあるユ・ファス氏とは、本書一二一頁の木製スロープ、一四九頁の読書台、一五三頁のチェスト兼テーブルの制作者である。

はじめに

キム・ウォニョン

1

ウェブ漫画『わたしはクィモゴリだ』〔クィモゴリはもともと、単に「耳の聞こえない人」を指す言葉に過ぎなかったが、現代では蔑称とされている。そのためこれに代わる言葉を使うべきだという意見もあるが、認識を変えない限り別の言葉を使ったところで同じだという意見もある。漫画の第九話では、障害者を指すこうした言葉が蔑称とならない世界を願う著者の思いが描かれている〕のあるエピソードに、コンピューターゲームに夢中になっている主人公ライラの部屋にさつまいもが飛び込んでくるシーンがある。うっかり鍵を持って出るのを忘れた母親が、聴覚障害のあるライラを呼ぶのに、ドアベルを鳴らす代わりに窓から投げ込んだのだ。日常でしばしば経験する困ったことを、作者は自身を投影させたキャラクターを用いてコミカルに生き生きと再現している。今ならApple社のｉＯＳ14を搭載したデジタル機器がさつまいもの代わりをしてくれそうだ。この新しいオペレーティングシステムには、ベルの音などを認識して視覚情報で通知する機能が追加されている。ドアベルや火災報知器の音、赤ん坊の泣き声、猫の鳴き声などを感知して、今何の音がしているのかをユーザーに教えてくれるのだ。もちろんこれはほんの一例に過ぎない。もうこれからは障害や病気による困難は、不屈の精神や政治的実践、創造的な知恵に頼らなくても、時価総額二〇〇〇兆ウォン（一ウォン＝〇・一円（二〇二一年九月現在））のテクノロジー企業の開発する製品がすべて解決してくれるかもしれない。

わたしには骨格系の病気がある。この病気を患う子どもの骨はよく折れ、好き勝手な方向に伸びてしまう。安定した生活を送るためには外科手術を何度も受けなければならない。最近では、骨粗しょう症の治療剤として開発されたパノリンなどの薬を成長期に年に三、四回注射する治療法が手術に取って代わっている。知人の子どもはわたしと同じ病気を抱えているが、三歳になる現在まで大きな骨折はしていない（わたしは三歳までに少なくとも一〇回以上骨が折れた）。科学知識や技術の発展は、すべての人の生活の質を高めてくれるように思える。なかでも障害者の生活が改善されるさまは、科学技術が開く未来の青写真を描くとき、最も目立つところに配置したい感動的な事例だ。

二〇〇六年の幕が開けた冬、ソウル大学の正門付近では毎日のように集会が開かれていた。黄禹錫（ファンウソク）ソウル大学教授（当時）のヒト胚性幹細胞の研究は捏造（ねつぞう）であると学界やマスコミが暴露し、大学の調査委員会もファン教授の研究チームの論文は不正であり研究倫理に反しているという結論を下したころだった。一部には、ファン教授の研究成果を奪おうとする勢力が彼の研究チームを陥れているのだと考える人もいた。彼の支持者の中には障害者やその家族もおり、デモの現場にも車椅子に乗った人たちの姿があった。当時大学生だったわたしは、この事件の前後の状況や正門前のデモの様子を目にして複雑な気持ちになった。人々は、聖書の中でイエスが「足萎（な）え」の男に「立ち上がり、歩きなさい」と言う瞬間を期待するかのように、ファン教授と彼の研究成果に希望をかけていた。子どものころ夏の聖書学校でその一節を学んだとき、わたしは「足萎え」という言葉に反応した。そんなイエス様が本当にいたらどんなにいいだろう。だが大人になった二〇〇六年のわたしの考えは少し違った。イエス様が「立ち上がり、歩きなさい」と言うのではなく、「歩かなくてもいいから(あなたのやり方で)堂々と立ち上がりなさい」と言っていたらもっとよかったのではないだろうか。

2

この本は二〇一八年の冬、わたしがキム・チョヨプにメールを送ったことからスタートした。わたしは、キム・チョヨプが二〇一七年にSF作家として本格的にデビューする前から、SNSを通して彼女のことを知っていた。彼女は、大学院の研究者としてある公的な場に出席した際、主催者側が自分を「聴覚障害を克服して」このような場に立った、というような紹介の仕方をしたことを批判的に論じる文章を書いていた。キム・チョヨプは小説家である以前に、自然科学の研究者、女性、聴覚障害者であり、自身の「少数性」が持つ社会的な意味を省察する人物だった。その後、SF作家となった彼女の作品を読みながら、もしわたしが障害と科学技術に関する議論に当事者として声を上げるとしたら、そのパートナーとして彼女ほどふさわしい人物はいないだろうと確信した。わたしたちはそれぞれ異なる性的アイデンティティーや知的背景(科学と法学)、障害を持っており、約一〇年という時間差を置いて韓国社会で成長した。そのことが科学技術に対する見方にどのような違いを生み出すのか、興味があった。彼女から共同執筆の提案を受け入れるという返信が届いたときは嬉しく、わくわくした。

わたしたち二人は明らかに異なっていたが、執筆を進めるうちに共通点も多いことに気がついた。障害者と分類される特定のアイデンティティー集団に属している点や、「非正常」あるいは何かが「欠落した」存在だと社会から規定される日常に立ち向かってきた点などだ。二人とも一四歳前後で初めて、障害をカバーする補助機器（補聴器と車椅子）と出合い、どういう形であれ、それと関係を結んで生きてきた。そのときから二人は、自分自身をどう認識すればいいのかよくわからないまま、悩める時を過ごしてきた。

二〇世紀後半に障害者運動が世界的に展開され、韓国社会では二〇〇〇年代初めから半ばにかけて爆発的に広がった。わたしもキム・チョヨプも、障害者運動や障害学の影響を受けて成長した。それは二人が、たとえ障害によって日常で不便な思いをしても、「立ち上がって歩きなさい」より「（歩かなくてもいいから）あなたのやり方で立ち上がりなさい」という主張のほうが適切であることが多いと考える、という意味だ。障害があるとされるわたしたちの身体をいとも簡単に否定し、治療し、救ってみせるという主張を、たとえそれが科学的知見に基づいているとしても、わたしたちは慎重かつ批判的に捉える。科学知識を信頼し、技術の効用に期待もするけれど、最先端の知識や技術の発展が必ずしも人間の問題をすんなり解決するわけではないという点にも注目する。今ここにある生活がないがしろにされ、自分が「まともではない存在」と規定される可能性のある話を、わたしたちは懸念する。

3

サイボーグ(cyborg)は本来、機械と結合した有機体を指す言葉だが、現代の最先端技術文明が生んだ新しい存在の象徴のように使われている。キム・チョヨプは補聴器をつけ、キム・ウォニョンは車椅子に乗って生活しており、機械と結合した有機体という点だけで見れば二人は「サイボーグ的な」存在だろう。だが補聴器や車椅子がわたしたちのすべてを説明するわけではないし、アイアンマンのスーツのようにわたしたちをクールな「未来的な存在」にしてくれるわけでもない。また、わたしたちが自身をサイボーグ的な存在だと理解しているからといって、SF映画のキャラクターのように自分は人間なのかそうでないのかと毎朝悩むわけでもない。

ただ、二人は、科学技術と密接につながって生き、障害者を治療し救おうとする一部エリート技術者のユートピア論にも登場するような立場だ。人間なのか否か毎朝悩みはしないものの「まともな人間」「同等な人間」なのか否かをかなり長いあいだ悩んできた。だからこの本で、サイボーグという象徴を通して自らの経験やアイデンティティーを振り返りつつ、「障害に関する科学技術の主要な論議は、特定の存在をさらに疎外させ、ただ消費しているだけだ」という点を批判的に検討してみようと考えた。そして、障害のある人を含め、不完全で脆弱だとされる人たちの連帯や依存を模索する未来の科学技術とはどういうものか、その技術は誰の主導で、誰のために開発、普及されるべきかも、併せて考えてみた。

二人は科学技術の専門家ではないが、障害や病気、弱い身体を持つ人の経験や意見が科学技術の分野にもっと反映されることを願って、国内外の研究者の文献を参照し、互いに意見を交わしながら、各自の経験や背景をもとにこの本を書いた。とはいえ、現代の科学技術に関する最新の議論を充分に把握、理解しきれていない部分も少なからずあるだろう。それは明らかにわたしたちの限界だ。しかしキム・チョヨプとわたしはこの本を書きながら、もっと大きな限界について懸念していた。それは、自分たちには専門性が不足しているということではなく、障害や病気のある人たちの経験を語れるほど自分たちの経験は一般的ではない、という点だ。公教育を受け、必要な情報を集め、関連分野の研究者や活動家と話をすることができるのは、韓国社会に生きる障害者としてはある意味、特権だ。この本の執筆を可能にした二人の経験やリソースは、また一方で、それぞれの環境でテクノロジーと関係を結んで生きる多くの障害者の生活を考察するうえでは妨げとなるかもしれない。それでも、みなさんがこの本を読んで、二人の視野が懸念していたほどには偏狭ではないと感じてくれたなら、それはひとえに、障害のある仲間たちの経験や物語、政治的闘争のおかげであることを明確にしておきたい。

I

われわれはサイボーグなのか

機械とつながった生活はけっしてスムーズなものではない．

1章 サイボーグになる

キム・チョヨプ

ダイヤモンド惑星のサイボーグの男

自分の書いた小説が初めて公の媒体に掲載された日のことは、今も覚えている。ある科学ウェブジンに中編SFを投稿したところ、数カ月後に連絡がきた。小説を掲載するという。実際に掲載された日はわたしの二二回目の誕生日だった。中編にしてはかなり多額の原稿料もいただいた。自分の小説の価値が認められたと思うと感無量だった。新聞や雑誌にコラムを書いたことはあったけれど、小説はまだ習作を書きはじめたばかりだったので、自分がものすごい快挙を成し遂げたかのように感じられた。友人たちに一日じゅう、さんざん自慢していた記憶がある。でも小説が公開されたあと、特にこれといった反応はなかった。次のオファーが入るまでにもかなり時間がかかった。わたしは依然として、それをもってデビューしたとか作家活動を始めたとは言いがたい、ただの見習い作家だった。

小説は、あるサイボーグの男が出てくる話だった。かつて事故に遭い、身体の半分が機械に置き換えられた主人公は、酸性雨の降る危険な太陽系外惑星へと派遣される。話し相手は管理ロボット一体だけという惑星で、そこの特産品であるダイヤモンドを集めて地球行きの輸送船に積み込むという日常を繰り返す。物語が進むにつれ、人間と顔を合わせることのない孤独な惑星への派遣は彼自身の選択だったことが徐々に明らかになる。男は、機械の身体として目覚め表情や感覚を失っていったころの悪夢を見、鏡に映った自分がまだ人間と言えるのか自問しつつ苦しんでいた。絶望のなか、パートナーとの関係まで壊れてしまい、結局、人間が一人もいない惑星への派遣エンジニアに志願して地球を去る。実は、彼は死を念頭に、一種の自殺行為として惑星に向かったのだが、そこで感情を持つロボットとの交流が始まり、ある存在が「魂を持っている」というのはどういうことなのかを考えるようになる。

今思えば、この小説は問題だらけだ。まず、自分は人間なのかと思い悩むサイボーグの話は数十年前から存在している。「ロボットと人間の友情」「ロボットの魂」といったテーマも書き尽くされている。おまけに小説の中心となる素材とストーリーがマッチしていない。この小説を書く前にほかのSF作品をもっと読んでいれば、最初のページを書いている時点ですでに、内容が陳腐すぎることに気づいたはずだ。だからわたしはこの原稿を、忘れてしまいたい一種の「黒歴史」として、正式に発表した小説ではない「習作」として扱ってきた。小説家というのは最初の作品について質問を受けることが多く、わたしもそういう作品を書いたことがあるという話は何度かしたけれど、最後には必ずこう付け加えた。「でもあれは……読まないでください」。

でも最近、この小説について少し違うことを考えるようになった。こんな疑問が浮かんだのだ。どうして自分の最初の小説が、ほかでもないサイボーグに関する話だったのだろう？　主人公は、ＳＦ

にありがちな、英米圏の名を持つ中年の既婚男性で、わたしが感情移入できるポイントなんてまるでないような人物だった。けれど、そんな人物が事故に遭い標準的な人間の枠からはじき出された話をかなりのボリュームで書いていたところをみると、彼が欠陥を持つサイボーグになったという設定に、多少なりとも共感を覚えていたのではないかと思う。

ＳＦは昔から、人間の枠外へとはじき出された存在に関する物語を描いてきた。ＳＦの元祖とされるメアリー・シェリー(Mary Shelley)の『フランケンシュタイン』は、人間が作り出した怪物の話だ。この醜い姿の怪物は、人間の言語や知性を習得しても人間として受け入れてもらえない。怪物は復讐を誓い、物語は破局へと突き進む。怪物もののＳＦはこの『フランケンシュタイン』の系譜を継いでいる。遺伝的キメラ〔一つの個体に異なる遺伝子型の細胞が共存している状態〕、アンドロイド、サイボーグ、クローン人間、ゾンビ、宇宙人。科学の産物であり、予期せぬ災いによって生まれた彼らには、どこか人間とは異なる不気味さが漂っている。彼らは時に人間を脅かす存在として、時には哀れみを誘う存在として登場する。この怪物たちに自分の姿をちょっと重ねてみる読者はいるかもしれないが、彼らが本当に自分と同じ存在であると考える読者はそういないだろう。自分がフランケンシュタイン博士よりも怪物に近い存在だと確信している人は、はたしてどれくらいいるだろうか。人間になることを夢見るロボットの物語を読んで涙しても、とりあえず自分はロボットを気の毒に思う側の人間ではないか。クローン人間の廃棄される運命には胸が痛むけれど、とりあえず自分はクローン人間ではなく本物の人間だ。つまり、それはフィクションに対する共感に過ぎない。現実に戻れば、自分が人間であるという事実は厳然として存在する。

だがわたしは、ごく当たり前だと思ってきた「自分が人間であること」について、少なくとも一度は「亀裂」を感じたことがある。大学で「ポストヒューマニズム（posthumanism）」の授業を聴いていた日のことだ。教授は、技術によって誕生する新しい人間「ポストヒューマン」の例を見せてくれた。「人工の耳」や「第三の腕」を持つパフォーマンスアーティストや、切断された脚に補綴物（身体の欠損部の機能を補う人工物。この場合は義足）を装着してトラックを走る障害者の写真などが、順にスクリーンに映し出された。彼らは馴染みのない、遠い存在に感じられた。教授は、技術文明と人間が密接に結合しているこの時代に、人間は今後どのように変わっていくのかを一緒に考えてみようと言い、すでにわれわれは誰もが一種のポストヒューマンであるという話で授業を締めくくった。でも、その授業を聴いていた学生の中に、本当に自分をポストヒューマンだと考えている人はいただろうか。機械の脚をつけて走るサイボーグに比べれば、そこに座っている学生はみな一様に平凡だった。わたしもそうだ。日がな一日スマートフォンを使い、iPadでノートを取ったりもするけれど、だからといって自分をポストヒューマンと呼ぶのはひどく大げさな気がした。つまり、サイボーグはまだ遠い未来の抽象的な存在なのではないか。そんなことを考えていて、ふと、心に引っかかるものがあった。

そのとき自分が両耳につけていた補聴器に意識が向いたのだ。身体のどこかと一体化しているわけではなく、簡単に取り外すこともできるけれど、わたしの耳に入ってくる音を一日じゅう制御してくれる最先端機器。常に外耳道をふさいでいて異物感を与える二つの補聴器。それは教授が見せてくれたサイボーグたちの補綴物とどこが違うというのか。

同時に、また別の「サイボーグ的」な人たちのことが思い浮かんだ。たとえば人工内耳を装着している人。人工内耳のインプラント（体内装置）は頭皮と頭蓋骨のあいだに埋め込まれ、聴神経に音を伝える。人工内耳を使用する知人と話をしていたとき、体外装置の電池が切れ、それを交換するあいだ会話を中断して待っていたことを思い出した。その講義室に座っていたわたしも、外出前には補聴器の電池を確認し、いつもペンケースに予備を入れて持ち歩いていた。わたしやその知人の感覚は機械や電源に依存しているので、わたしたちにとっては機械と身体は完全に別個のものではなかったのだ。

その後の学生たちの討論を聞きながら、わたしの心の中には戸惑いが広がっていった。「機械と人間が結合している場合、どこまでを人間と見るべきでしょうか」「サイボーグは人間でしょうか」。いつものとおり自由に意見を交換する時間だったし、みんなの質問の内容もそういう授業ではよくあるものだった。けれど、みんなの話を聞きながらも、頭では別のことを考えていた。わたしは普段から討論の授業に積極的に参加するほうだったので、その日も手を挙げて「あの、もしかしたら……わたしをサイボーグだと考えることも可能ではないでしょうか」などと発言してもよかったが、何も言わなかった。一種の孤立感のようなものを覚えたものの、その違和感の正体が何なのかうまく説明できなかった。今この講義室でこんな気分を味わっているのは自分だけだろうと思った。

振り返ってみると、それはおそらく「自分がその場にいるはずのない存在とされる」ことによる違和感だったのだろう。わたし以外の全員が画面の向こう、遠いどこか、ここではない場所のサイボーグについて語っているときの、もしかしたら今ここにいる自分がサイボーグなのかもしれないという漠然とした気づき。どこから見ても紛れもない「人間」ではなく、実験台に乗せられて「君は人間なのか？」と問われる存在と自分がつながっているかもしれないという当惑。けれど、自分が本当にサイボーグに近い存在なのかもしれないと考えるようになったのは、それからずっとあとのことだ。

遠くて身近な障害者サイボーグ

最初のサイボーグは人間を宇宙に送るために考案された。アメリカのマンフレッド・クラインズ(Manfred Clynes)とネイザン・クライン(Nathan Kline)は一九六〇年、アメリカ航空宇宙局(NASA)の学術会議に提出する論文の執筆過程で、「サイバネティック(cybernetic)」と「有機体(organism)」を合わせた「サイボーグ(cyborg)」という造語を生み出した。サイボーグはテクノロジーによって改造された新しい形態の人間で、臓器移植や薬物の注入、機械との結合などによって、極限の宇宙環境でも生存できるよう増強された人間を意味する。このようにサイボーグという概念は、今すぐに実現可能な技術というより、遠い未来の、いつか開発されるべき技術に関する抽象的なアイデアからスタートした。それが文化や芸術、学問の領域へと徐々に広がっていき、具体的な形象を持ちはじめたのだ。

現代の大衆文化においてサイボーグは先端技術の最前線と考えられている。ロボコップやウィンター・ソルジャーといったキャラクターが代表的なサイボーグだ。彼らは身体を機械に置き換え、超人的な存在へと生まれ変わる。機械の身体はたいていもとの身体より強く、機能も優れている。事故で負傷した身体を置き換えるケースもあるが、その場合も、新たに得たサイボーグの身体は普通の身体より優れた機能を備えている。

一方、そのように華々しいものではないけれど、すでに現実化されたサイボーグ技術もある。おもに損傷を補う目的で用いられる技術だ。イギリスのアーティスト、ニール・ハービソン(Neil Harbisson)

はサイボーグとして「市民権」を認められた最初のケースと言える。先天性の色覚異常がある彼は、色を感知して音に変換する特殊センサーを頭に装着した状態でパスポート写真を撮り、それが政府に承認された。ハービソンの機械のように目立ちはしないものの、人工心臓や除細動器、人工股関節、人工内耳を埋め込んでいる人たちも、機械と身体の結合を経験している。そのほか、補聴器や車椅子を使用する障害者も、機械と身体が密接につながっている例だ。補助工学〔アシスティブテクノロジー〕が発展するにつれ、障害者とサイボーグの関連性はより明確になっていく。補助工学を活用した障害者競技「サイバスロン(cybathlon)」の名称は「サイボーグ」と競技を意味する「アスロン(athlon)」を合わせた造語だし、最先端の補助機器を着用した障害者を「サイボーグ」と表現しているニュースの記事もよく目にする。

だが、障害当事者が自らをサイボーグであると考えたり、それと喩えたりすることは稀だろう。多くの障害者が生活の中で機械と密接につながっているが、その生活は、人々が一般的に抱くサイボーグのイメージとは異なる。機械とつながった生活はけっしてスムーズなものではないからだ。現実では、機械は皮膚のただれや炎症を引き起こし、しょっちゅうトラブルが発生し、持続的な管理や専門家の点検を必要とする。機械は高価で、技術は不完全であり、補助機器は時に誇大広告もされる一種の商品だ。

父はわたしが初めて補聴器をつけた日、「チョヨプは『六〇〇万ドルの男』〔一九七〇年代にアメリカで放送されたテレビドラマのタイトル〕になったな」と言った。わたしはその日から最先端機器を耳に装着して生きてきた。けれど、のちに補聴器の意味をあらためて考えてみるようになるまで、自分をサイボーグだと思ったことは一度もなかった。わたしにとって補聴器は、映画の中の洗練された最先端機器などではなく、ただ隠しておきたいものだった。自分がほかの人とは違うという「高価なスティグマ（烙印）」だった。店頭で機種を選びフィッティング（聴力に合わせて補聴器を調整すること）をした日、補聴器の技能者は、耳の中にすっぽり入って外からは見えない機種を薦めてきた。シェル（補聴器の外殻）が完成した日、わたしは鏡を見ながら、補聴器が正面からも横からもほぼ見えないことを確認した。それは、そもそも隠すことを意図した機器だった。

補聴器はその性質上、わたしの生活を少しずつ制約した。どこへ行くにも予備の電池を持ち歩かなければならず、電池の消耗を知らせるアラームが鳴ると不安になった。下校途中で夕立に遭うと、自分は少々濡れても、まずは高価な補聴器を守らなければならない。補聴器を隠しておくのもそう簡単なことではなかった。並んで座っておしゃべりしていると、友人たちはわたしの耳についている「変なもの」を目ざとく見つけた。一緒に音楽を聴こうとイヤホンを差し出されても、それとなく断らなければならない。後ろから呼ばれても気づかないでいると、友人たちは「ちょっとー、補聴器が要るんじゃないの」と笑っていたが、その無邪気な言葉に「実は、ほんとに使ってるんだ」とは、なかなか言い出せなかった。

一方で、補聴器がもたらしたのは困ったことばかりではなかった。使いはじめのころ、わたしはその技術的な部分を詳しく知りたくて、しょっちゅうインターネットで検索していた。自分の生活に介入してくるその機器に好奇心が芽生えたのだ。ネット上にある補聴器に関する説明やフィッティングの方法を片っ端から読み、ユーザーのコミュニティーサイトに加入してより詳しい情報を調べたりもした。拙い英語力を駆使して、海外のウェブサイトに載っている資料を読んだこともある。

補聴器が単に外部の音を増幅するだけの装置でないことは、すぐに理解できた。一番シンプルなタイプは実際に音を増幅するだけだが、マルチチャンネル方式のものは複数の音域帯を区別して聴力を補う。わたしのように高周波数域で聴力が急減する人には、低周波数の帯域は増幅せず、高周波数の帯域だけを増幅するようにフィッティングする。また、高周波数の音域帯を低周波数の音域帯に移動させる音響学的技術を適用することもある。まだスマートフォンがなかった二〇〇〇年代半ばにも、今で言うBluetoothに似た中継機能を備えた補聴器があった。講演会場などのマイクの音声を、中継装置を介して補聴器で直接拾えるようにするものだ。外国では、補聴器と連動した「ヒアリングループ(hearing loop)」というシステムが、公共の場所やホテルなどに導入されていた。これは一種の公共の無線信号システムで、補聴器ユーザーがそのつど中継装置を準備しなくても、その場に設置されているループアンテナを介して、話者の音声を補聴器のテレコイル(telecoil)で受信できるようにするものだ。

そんな高級な機能はわたしの普及型補聴器にはなかったけれど、わたしは爪の大きさほどのこの機器にどんな技術が適用されているのか知りたくなった。単なる興味からだけではない。補聴器という機器をどのように自分の生活の一部として受け入れればいいのか、はたしてそれは本当に効果があるのか、この先さらに発展する可能性はあるのか、つまりわたしが将来「正常な」生活を送れるのかどうかが知りたかった。

補聴器の原理を調べることとは、自分の感覚を理解することともつながっていた。どうしてわたしには聞き取りにくい言葉と聞き取りやすい言葉があるのか、人は音の信号をどのように言葉として解析するのか、「語音明瞭度」（音を聞く力ではなく言葉を聞き取る力）が悪いというのは神経レベルで何が原因なのか、補聴器に適用されている技術はそれをどのように補うのか、といったことを夢中になって調べた。そして、言語ごとに音域帯が異なることや、人の発する言葉は複数の音域帯に分布していて、たとえば子音自体がもともと高音域にある、あるいは母音の影響を受けて高音域に移動する、などのケースが生じること、難聴者が言葉を聞き分ける能力は科学的に完全に解明されてはおらず、補聴器はわたしの感覚を若干補ってくれるだけで、ほかの人たちと「まったく同じように」聞けるようにしてくれるわけではないことを知った。

自分の感覚や補聴器についてはは前より詳しくなったけれど、日常における問題は何も解決されていなかった。自分には治る見込みがないことを受け入れて、障害者登録をしなければと考えた。「公的に」障害者になったのは二二歳のときだ。聴覚障害の診断が下されるまでには半年ほどかかった。最初の聴力検査のとき、医師はこの程度なら障害と認定されるだろうと言った。毎月病院に通って聴力検査を受け、最後は脳波の検査も受けた。医師から手渡された診断書は、国民年金公団の審査機関に提出するまでは開封できないよう厳重に封がしてあった。必要書類を公団に提出して数週間が過ぎたころ、障害の診断結果の通知が届いた。聴覚障害三級だった。

障害者登録を済ませたあと、補助工学機器の展示会を偶然見学したことがある。あるイベントに行く途中、同じ建物で開かれていると聞いてのぞいてみたのだが、ブースごとにさまざまな最新の補助機器が並んでいた。普通の家電販売店では見かけないものばかりだ。不思議な形をした道具や、いかにも便利な機能がありそうな機器もたくさんあった。ところがブースを回っているうちに、だんだん気持ちがもやもやしてきた。わたしの補聴器のカタログでの説明が実際とはかけ離れていたことを思い出したからだ。補聴器は、前よりは聞こえるようにしてくれたけれど、社会生活を問題なく送れるくらい聞こえるようにしてくれるわけではなかった。メーカーの宣伝していることと、わたしの経験していることのあいだにはズレがあったのだ。もしかしたらここに並んでいる補助機器もそうかもしれない。これらの機器をどうしても必要とする人もいるだろうけれど、こういうところに展示されている最新のものは、きっと障害者本人には手が出ないほど高価なのだろうという気もした。

その翌年、障害のある学生のための海外研修プログラムでロンドンを訪れた際、とても印象的な経験をした。英国王立盲人協会の建物のワンフロアーが、視覚障害者のための道具を揃えたキッチンと、文字認識機器を展示する空間として使われていた。視覚障害者であるスタッフが、そこに並んでいる機器をわたしたちに紹介してくれた。一部は最先端技術が適用された高価なものだったが、なかには単純な発想の転換で日常が便利になる道具もあった。スタッフは、視覚障害者用の道具の基本原則は、情報を音や触覚に変換することだと説明してくれた。そのキッチンにある道具は、手が触れるところに簡単な安全装置をつけたり、音が出るようにしたりすることで、その原則が忠実に反映されていた。

キッチンを見学しながら、ある漠然とした思いが頭に浮かんだ。わたしにも「変換する道具」があったら……。そのとき頭にあったのは間違いなく、音を聞きたいという思いではなかった。音が聞けるようになるには、ある日突然、驚異的な新薬や治療法が開発され、かつ副作用のないものでなければならないが、そんなことは期待していなかった。わたしは、自分の生活を変えるのは、遠い未来の最先端技術や医療の画期的な発展ではなく、もっと現実的なアイデアかもしれないということに思い至った。具体的にそれが何なのかはわからなかったけれど。

向上ではなく変換する技術

大学院を卒業するころ、友人がメッセンジャーアプリ「カカオトーク」で一枚の写真を送ってくれた。講義計画書の一部をキャプチャーしたもので、障害学生に便宜を提供するという案内文だった。それまで障害学生のための便宜について大学側から通知されたことはなく、わたしが卒業するころになってようやく、この案内文が講義計画書に追加されたのだ。提供されるサービス一覧の「速記文字通訳」という項目に目が留まった。わたしは長いあいだ文字通訳の存在自体を知らなかった。新入生のころから「助けが必要なときはいつでも言いなさい」と声をかけてくれる親切な先生や職員の方々がいたけれど、自分にどんな助けが必要なのかもわからないのでどうしようもなかった。講義は半分も聞き取れず、講義資料や教科書だけを頼りに勉強していた日々が思い出された。最初から文字通訳という選択肢を知っていたらどんなに良かっただろう、と思った。少しでもよく聞こえるようになる方法を探して毎回挫折する代わりに、別のやり方で情報を得ればいいのだという発想の転換に、遅まきながらたどり着いた。

初めて文字通訳を経験したのは大学時代、障害学生の研修プログラムに参加したときだ。ワークショップの資料を映す画面の脇に、発表者の話す言葉が字幕となってリアルタイムで表示された。字幕速記者が言葉を記録すると同時に、それが画面に表示されるという方式だ。その日わたしは発表者の言葉を一言も逃さなかった。そんなことは初めてだった。けれど、そういう字幕速記サービスを日常的に利用できるとは思えなかった。費用もたくさんかかるし、その大学には障害学生がほとんどいなかったので、個人のためにそんなサービスを提供してもらえるなんて考えてみたこともなかった。そのころ、聴覚障害者の個人向け文字通訳サービスが「AUD社会的協同組合」を通して提供されはじめた。AUDは、字幕速記者を現場に配置し、速記者の記録する文字をインターネットのサーバーで中継するプログラムを運営している組織だ。

大学院を卒業し、政府傘下の委員会の民間委員になったとき、わたし個人のための文字通訳を初めて利用した。知識財産権と関連政策を検討するための委員会だった。わたしは若者世代で、女性で、特許権と著作権のどちらにも多少の経験があったため、候補として推薦されたようだ。担当者の方が意思疎通のために必要なものはあるかと連絡をくれたとき、会議に字幕速記者をつけてほしいと依頼した。本当につけてくれるのか半信半疑だったけれど、その後に開かれたすべての会議に速記者が同席し、わたしは会議での発言を漏れなく「見る」ことができた。大学時代、学内での活動のため数多くの会議に出席しながらも適当に雰囲気から察するしかなかったのとは雲泥の差だった。

作家として活動するようになってからは、より積極的に文字通訳を利用するようになった。ブックトークや対談イベント、複数のパネリストと対話する場に招かれたときは、質疑応答、または対話全体を文字通訳してほしいと依頼した。文字通訳が利用できない場合はメモ用紙に質問を書いてもらったり、スタッフや司会者に内容を要約して書いてもらったりという方法をとった。台本が用意されている場合は、Google の「音声字幕変換」アプリを使うこともあった。これは音声を文字に変換する

Androidのモバイルアプリで、アメリカにある聴覚障害者向けの大学とGoogleが共同開発したものだ。まだ韓国語の認識能力はそれほど良くないけれど、決まった台本がある席で、今どの部分を話しているのかを確認する用途としては有用だ。文字通訳サービスが利用できない地方のイベントでは「ソボロ」(「音を見る通路」という韓国語の略)を使ったこともある。ソボロもやはりAI基盤の文字通訳プログラムで、ピンマイクで拾った音声が文字となって画面に表示される。性能的にも、イベントの内容についていくのに充分なレベルだった。文字通訳が必要であるという、あまり一般的でない状況をそのつど担当者に説明するのは、最初のうちは慣れないし面倒でもあったけれど、「質問を聞き違えてイベントを台無しにしたらどうしよう」という不安が消えて、うんとリラックスした気持ちで登壇できるようになった。

そういう経験を通して、はっきりとわかったことがある。自分に今必要なのはもっとよく聞こえるようになることではない、ということだ。いつの日か、未来には可能になるかもしれないけれど、現時点で補聴器や医療技術によってわたしが不自由なく聞こえるようになることは不可能だ。集中して耳を傾けてもよく聞こえないという状況は、どうしたって起こる。試験勉強のように、努力すればするだけ結果が出るというものではないのだ。わたしに必要なのは、人の声を自分に理解できる情報へと変換してくれるプロセスだった。わたしの生活を実際に改善したのは、遠い未来の完璧な補聴器や聴力回復薬に対する約束ではなく、新しい意思疎通の方法とそれを可能にするテクノロジーだった。それは、遠い未来ではなく現実のすぐそばにずっとあったのに、長いあいだわたしに選択肢として与えられてこなかっただけだ。

わたしはだんだん、これは聴覚障害者だけの話ではないと考えるようになった。地下鉄の駅にエレベーターを設置するのが難しいのは、なにもエレベーターの設置にものすごい技術が必要だからではなく、最初から障害者の利用を考慮して設計しなかったからだ。非障害者中心に設計された建物の問題点にあとになって気づいて直そうとするから、費用と時間が余計にかかるのだ。視覚障害者のための点字ブロックをきちんと整備しキオスク端末に音声ガイダンスをつけるのに、未来の技術は必要ない。注意を払うか否かの問題であり、優先順位の問題だ。人はよく、障害を治す科学技術や医療の「偉大な」発展に期待をかけるけれど、そんな遠い未来を待たなくても、障害者の生活を実質的に改善できる選択肢は現に存在する。だがそのほとんどはいまだにアクセスが不可能な状態だ。

少し前に聴覚障害者向けの振動式時計を買った。眠る直前まで液晶画面を見る習慣を直そうとスマートフォンをなるべく遠くに置くようにしたら、朝起きられないという事態が発生した。アラーム音はかなり高い音域帯なので聞こえないし、振動は離れていると感じられないからだ。それで購入した振動式時計は目覚まし時計にしてはかなり高価だが、効果は抜群だった。どのくらい効果があるかというと、朝あまりに驚いて気絶しそうになったこともあるほどだ。その後は使う頻度が減ったけれど、今もその時計は気に入っている。それはわたしのような人のためにデザインされたもので、必要なときにいつでもスマートフォンの代わりに枕元に置いて使うことができる。振動式時計を買ったら、イギリスで視覚障害者用のキッチン用品を見学した日のことを思い出した。聴覚障害者が無事に目覚めるという些細な日常から社会活動に参加する可能性まで、すべては、未来に開発される治療技術に託すしかないのだろうか？　高周波数のアラーム音が聞こえるようにわたしの聴神経を治療、矯正することと、わたしが目覚められるよう振動機能のある時計を作ることのどちらがより現実的なことだろうか?

わたしは振動式時計にもささやかな満足感を覚えるけれど、人々が未来の科学技術を通して見ようとしているのはもっと立派で輝かしい場面だ。聞こえない人が音を聞き、下半身麻痺の人が立ち上がって歩けるようにする技術のほうが、より多くの人の賞賛を集める。より良い補聴器、より良い人工内耳が、新しいモデル名となって市場にどんどん放出される。でもわたしはそれらが完璧ではないことをすでに知っている。数カ月前、難聴や耳鳴りに関するコミュニティーサイトで、難聴の治療薬が臨床試験の段階に入ったというニュースを見かけた。世の中には、聴力回復のためリハビリから代替医療に至るまであらゆる方法を試しては挫折した人、新薬開発のニュースだけを待ちわびる人がいる。彼らはこんなコメントを残していた。「絶望的で挫折ばかりの現実だけど、将来もっと技術が発展したらきっと解決する、という希望を持って生きていきましょう」。希望のない現実で希望を求めようとするその気持ちは理解できる。でも未来ではなく今ここで、より良く生きることはできないのだろうか? 治療と回復しか道はないとされるなら、障害者のより良い生活はいつまで経っても未来に「お預け」のままだ。

現実の障害者はある意味、非障害者よりはるかに劇的に技術と関係を結んで生きているのかもしれない。補聴器や車椅子、義足、文字通訳、エレベーター、スクリーンリーダー〔コンピューターの音声読み上げソフト〕は、障害者の生活を改善、維持するのに欠かせないものだ。ところが、障害と技術のこういう現実的な関係が、具体的に注目されたり語られたりすることはない。人々が科学技術や医療に期待するのはいつも、障害者を治療、矯正したり、寝たきりの人を立ち上がらせたりといった劇的な効果だ。わたしが高価な補聴器を購入したとき、周りから一番聞かれたのは「じゃあ、もうわたしの言ってることも全部聞こえるの?」だった。補聴器にそこまでの力はない、ないよりはマシという程度だと言うと、みんな不思議そうな顔をした。

わたしは聴力の損傷を補うために補聴器を使っているが、それは聴力を劇的に回復させるものではまったくない。補聴器をつけていても講演や対談に参加するときは文字通訳を利用するし、音声文字変換プログラムによってオーディオコンテンツの内容を推測する。その場で充分理解できなかった会話はメールやカカオトークで確認する。わたしの社会とのつながりは、IT技術によるテキストコミュニケーションに大きく頼っている。すべてのオンラインテキストを生活から排除すれば、わたしは社会から孤絶するだろう。わたしと技術の関係は非常に緊密で、その相互作用は変化し拡張しつづけている。だがそれは人々の思い浮かべる、障害者と技術の関係とはかなり異なっている。

サイボーグの魅力的なイメージは盛んに消費される一方で、実際にテクノロジーと結合して生きる障害者サイボーグの生活が未来論の中心に据えられることはない。車椅子に乗った人はどういうふうに動くのか、どこへは行けてどこへは行けないのか、視覚障害者が読みやすい電子媒体とはどういう形式か、といったことは、未来を議論する場からは排除されるテーマだ。現実の障害者サイボーグは未来のイメージでもなく、政治的シンボルでもない。わたしたちは身体に密接に介入してくる技術を利用し、それと関係を結ぶ。その関係は非常に不安定なので、機械は時に、機能と共に苦痛をもたらすこともある。機械との結合はぎこちなく、むさくるしく、ぼろぼろで、厄介なものだ。

技術は解放だろうか、はたまた抑圧だろうか。サイボーグは現実だろうか、あるいは象徴だろうか。障害者のための「やさしい技術」は本当に障害者の生活をより良いものにするのだろうか。障害は、技術の発展とともにいつか消えてしまう「除去」の対象なのだろうか。究極の未来にも、依然として障害者として生きる人はいるのだろうか。障害者サイボーグの生活は現在に関する話であり、未来に関する話でもある。ほぼすべての人が以前より密接に技術と関係を結んで生きる時代において、テクノロジーの影響下にない人などいない「ポストヒューマン」の世界において、障害者サイボーグはいわばポストヒューマンの最前線に立っている。それなのに現実にいる本物のサイボーグについて語らないのであれば、ポストヒューマンもサイボーグもただの空虚な象徴に成り下がってしまうだろう。

この本でわたしは、障害者サイボーグがどのように捉えられているかを分析し、それが現実の障害者の生活といかに食い違っているかを検討してみたい。障害者は機械や技術、環境との複雑な相互作用を日常的に経験している。なかには、技術と障害の矛盾した関係を示し、その関係への直接的な介入を宣言する障害者サイボーグもいる。その複雑な経験や宣言をたどっていけば、障害者サイボーグのたどり着く未来を想像することも、あるいは可能かもしれない。

その未来は、いずれは老い、弱くなり、病気になり、依存するようになるすべての人が向き合う未来でもある。生きていれば誰しも、正常の範疇(はんちゅう)から外れた存在となる時期がある。ただそのことをあえて考えないようにしているだけだ。だからわたしは、障害者サイボーグを語ることや、技術と脆弱さ、技術と依存、技術と疎外を考えることは、つまりはすべての人の問題でもあると言いたい。有能で自立した理想の人間とは違い、現実のわたしたちは誰しも脆弱さと無縁ではないからだ。

2章 宇宙での車椅子のステータス

キム・ウォニョン

伴侶種車椅子

スナウラ・テイラー（Sunaura Taylor）の絵には、ふわふわの毛の生えた、あるいは月面を走る車椅子が登場する。細長い毛で覆われた車椅子が野原に置かれ、青い月の表面には木でできたような車椅子が並んでいる。なぜ（しかも月に）誰も座っていない車椅子がぽつんと残されているのか気になるが、寂しげな絵ではない。普通、車椅子だけが置かれていると、衰弱した身体でそこに座っていた誰かがこの世を去ったという状況を想像する。あるいは、さっきまでそこに座っていた誰かが二本の脚ですっくと立ち上がり、すべての困難が克服されたことを示す象徴のようにも思える。[1]

テイラーの絵の中の車椅子は、「主」が死んだか障害から解放されたため不要になった機械というより、それ自体、誰かと共に過ごす伴侶種（性別や種の違い、生命体か否かという違いを超えて寄り添う「重要な他者」を指す。ダナ・ハラウェイ（後述）が提唱した概念）のように感じられる。もちろん現実では車椅子を伴侶種と捉えることは難しいだろう。誰でも自分の家に車椅子はないほうがいいと思うのではないだろうか。仮にあなたが債権回収会社の社員だとしよう。長年の借金を回収すべく債務者の家を訪ねる。ドアを開けると、畳んだ車椅子が下駄箱に立てかけてある。悪質な取り立て屋でもない限り、返済を催促するのがためらわれるはずだ。とにかく車椅子とはそういう類のものだ。いくらふわふわの毛で覆われていても、村上春樹の小説の主人公が語る「春の熊」のように野原で一緒に転がりっこしたいという気持ちにはならない。

わたしの最初の車椅子は毛皮どころか、冷たいスチールのフレームに、古びた厚い革製の背もたれと座面がついた大型のものだった。よく病院の廊下の隅に置いてある、病棟番号が書かれた汎用モデル。値段は一八万ウォン。この大型車椅子に初めて座った日、わたしは一四歳、季節は秋だった。わたしには大きすぎて身体がシートに埋もれてしまい、両腕を持ち上げ、肘を直角に曲げてやっと指先が車輪に届くという状態だった。もともと直立歩行していた人が車椅子に座ると、自分の視線が人々の腰や胸の高さに「下がる」という、生まれて初めての経験をすることになる。逆にわたしはほぼずっと床を這って生活していたので、車椅子には「上って」座った。

その分、視線が高くなった。なんとかハンドリム（車椅子の後輪に取り付けられている手すり）をつかみ手首を使ってこいでみると、世界が一気に広がった感じがした。だが、わたしの住んでいた村には車椅子で移動できる場所はほとんどなかった。家の中で何度か乗ってみたあと、庭に出て空を見上げ、飼い犬をなでた。月の表面どころか春の野原にも行けなかったけれど、車椅子に乗る前よりは移動できる距離が確実に増え、目の高さも高くなって嬉しかった。

数カ月後、寄宿舎つきの特別支援学校に入学することになり、車椅子も持ち込んだ。だんだん要領

「北極の車椅子(Arctic Wheelchair)」(左上),「毛むくじゃらの車椅子(Furry Wheelchair)」(右上),「月の上の車椅子たち(Wheelchairs on the Moon)」(下) ©Sunaura Taylor

テイラーの絵の中の車椅子は誰かと共に過ごす伴侶種のように感じられる.

を得てきて、座面には厚い本を敷き、ゆったりした靴を履いて、巨大な車椅子の上に身体を引っ張り上げるようにして乗った（わたしは腕が長い。テナガザルみたいに）。座高が高くなって、ようやくまともにハンドリムを握れるようになった。体重のわりに腕の筋力が強いわたしはそのときから、階段も段差もない特別支援学校の空間を風を切って疾走した。高くなり、軽くなった気分といったら！　これが動く生物（動物）の経験というものか！　わたしは初めて自由を感じた。

新しい学びの機会と友人たち、それまでよりはるかに広い空間を走り回る解放感に心躍った。そうして入学から何日か経ったころだ。財団の理事長室近くにある姿見の前を通りかかったとき、自分の姿と対面してしまった。スチール製の大きな車椅子の上に座った小さな身体、長くてがっしりした腕、一〇代の思春期の少年がそこにいた。

「おまえはいったい誰だ？」

鏡の中の存在がわたしに問うた。わたしも彼に問い返した。

「おまえは……人間なのか？」

鏡の前の障害者サイボーグ

わたしたちは記憶にもないような幼いある日、鏡の中の奇妙な存在が自分自身であることを学ぶ。生まれて初めて他人の視線で自分の顔を見ることを知り、自意識を持つようになる。大人になってからもたまに、鏡に映る自分の顔を不意に目にして驚くことがある。あまりに不細工で（もしくは、滅多にないが、あまりに魅力的で）、あまりに老けて見えて、はたまた、びっくりするくらいその顔が自分のものとは思えず、まるで外部の物を見ているかのように、他人を見ているかのように、自分の顔とのあいだにとてつもない距離感を覚える。

自分の身体が自分とは無関係の客観的な「モノ」や他者のように見えるとき、自分が何者なのか頭が混乱するけれど、また一方で、その「モノのような身体」を自分の意思で動かせることにあらためて神秘を感じたりもする。キム・ボラ監督の映画『はちどり』で、家族からの暴力や友人の裏切りに疲れた中学生ウニに、ヨンジ先生は言う。

「ウニ。つらいときは指を見て。そして指を一本一本動かすの。すると神秘を感じる。何もできないようでも、指は動かせる」

手の指を一〇秒ほど、ただ何の意味もないモノのようにぼんやりと眺めてみよう。すると、自分という存在はいったい何なのか、少々頭が混乱してくるだろう。そのときそれを動かしてみよう。すると、自分が本当に世界とつながった、神秘的な統制力を持つ存在であることを、少しは経験できるはずだ。

ＳＦ映画には、人間の身体と機械が結合したサイボーグやロボットが自身のアイデンティティーに疑問を抱くシーンがよく登場する。そのきっかけとなるものに一種の「鏡」がある。アメリカのケーブルテレビ局ＨＢＯのドラマ『ウエストワールド』シリーズで、アンドロイドのドロレスは、人間が快楽のために西部開拓時代を模して造ったテーマパークで、暴力と性的搾取を繰り返し経験する。そんなある日、自身の生について問いかける声を聞き、その声の主を探しはじめる。シーズン１の最終回では、ドロレスが対面した「質問者」はまさに自分自身であったことが明らかになる。自身の存在についての疑問と正面から向き合うこのシーンで、ドロレスの目の前にはまるで鏡に映ったように自分自身が、けれどそれまで考えてきた自分とはまるで違う表情で、まるで違う服を着て座っていた。

日本のアニメーション『攻殻機動隊』の主人公、草薙は、脳の一部を除いてすべて機械でできたサイボーグだ。意識をつかさどる脳（電脳）の一部がもともと人間のものなので人間として扱われているが、草薙は本当に自分に人間の属性があるのか疑問を抱く。今経験している意識は本物の「意識（魂＝Ghost）」なのか？　ただのコンピューターの情報パターンに過ぎないのではないか？　脳があれば意識があるものなのか？　草薙は「ゴーストの囁き」なるものを聞き、任務中もそれに従って行動するのだが、ある日ゴーストは草薙にこう語りかける。

「今我ら、鏡もて見るごとく、見るところ朧なり[2]……」（聖書「コリントの信徒への手紙」の一節。新共同訳では「わたしたちは、今は、鏡におぼろに映ったものを見ている」）

アイデンティティーに関する問いは、自分の中に「他者」が登場し、その他者の目で自分を見るとき（鏡の中の自分と向き合うとき）に生まれる。自分自身を見知らぬ存在のように感じる機会のなかった人は、自分の存在の意味や本質に疑問を抱くことがほとんどない。もちろんそんな疑問を持たなくても問題なく生きていけるだろう。ＳＦ映画の「人間」たちは、アンドロイドやサイボーグのように自身のアイデンティティーを疑う必要がほとんどなく、自身を見知らぬ存在のように感じる機会もあまりない。標準、正常とされる存在や、安定した現状に平穏を感じている存在は、自分自身に疑問を抱く理由が特にないのだ。

では、自分の中の他者とはどのようにして出会うのだろう。わたしは幼いころから、自分が「障害者」という名札をぶら下げていることを知っていた。簡単なことだった。自分の脚がどうしてほかの子の脚と違うのかも知っていた。村の友人たちと自分はあまりにも違っていた。友人たちは歩き、走り、背が高く、脚が太かった。一方、わたしは這い、速く這い、背が低く、腕が太かった。当然、少なからぬ日々を、自分のそういう状況に腹を立てながら過ごした。「どうしてよりによって自分だけがこんな身体に生まれたのか」。これはアイデンティティーに関する問いだろうか。いや、そうではないはずだ。それは「自分はなぜそういう条件を持って生まれたのか」という問いであって、「自分はどういう存在なのか」という問いではなかった。友人たちは明らかに自分と違っていたが、そのことでわたしが自分を他者の視線で見たりすることはなかったように思う。わたしの頭の中では、自分はあくまでも友人たちと同じ人間で、ただどこかが「欠けている」だけだったからだ。

欠如、つまり「欠けた状態」を認識したからといって、すぐさまアイデンティティーに関する問いが生まれるわけではない。何かが欠如しているAは「(まだ)Aではない状態」であって、BやCではない。交通事故で片脚を骨折し一カ月間ギプスをするとしても、その状態がいきなり新しいアイデンティティーに関する問いを生んだりはしない。それは単に、もとの身体の状態「ではない」状態であるに過ぎない。ちょっとした病気で一時的に入院した経験のある人なら、病棟のエレベーターに映った患者服姿の自分を見て「なんでこんなにあくせく生きてきたんだろう。体を壊したら終わりなのに」と思ったことがあるだろう。これは自身の人生に対する反省であって、新しいアイデンティティーに関する問いではない。学校に通えず家に一人でいる時間が長かったころ、わたしはよく鏡をのぞきこんでいた。そこには「正常の子どもの姿ではない」子どもがいた。その姿は、どうしてよりによって自分だけ「正常でない」のか、という疑問をたびたび引き起こした。かといって、そのことをただ恨めしく思ってばかりいたわけではないはずだ。間違いなく、自分という人間に対する何か別の説明を求めていたように思う。だが当時は、「正常でない」という表現以外に自分を説明する言葉が存在するなんて、考えてもみなかった。

自分はいったいどういう存在なのか、それを自ら問うためには、自分の内面に他者の視線がなければならない。だが、わたしにはその他者を想像するのが難しかった。幼いころ鏡に映った自分の姿は友人たちに比べて「欠けた」状態だったため、その「欠如」から何か別の存在が想像される余地はなかったのだ（「何かが無い」というときは、もともと在ったか、在るべきものを想像するのであって、「欠如」そのものを想像することはできない）。「欠如」そのものを想像するには、わたしを支配している思考パターンにエラー（他者）が生じる必要がある。車椅子に乗って特別支援学校に入学したあとわたしが鏡の前で対面した存在は、醜くみすぼらしくはあったが、まさに「人間＋車椅子」の結合した姿でそこに在った。その見知らぬ存在、見知らぬ対象がわたしを見つめて問いかけた。

「おまえはいったい誰だ？」

わたしは問い返した。

「そこに『在る』おまえはいったい誰だ？」

頭が混乱したが、自分が単なる「欠如」の存在ではないことを知る、鏡の中の自分との対話が始まった。長いあいだわたしを支配していた思考回路にエラー（他者）が生じたのだ。

義足や車椅子は身体の一部だろうか

自分の身体に関する問いは、車椅子をどう捉えるかという問題と切り離せないものだった。車椅子はわたしの欠如を補う手段に過ぎないのか、それともわたしの身体を構成する自分の一部なのか。一九七〇年、人類学者グレゴリー・ベイトソン(Gregory Bateson)はこう問うた。「たとえばわたしが盲人で、杖をついて歩いているとします。そのとき、一体どこからが〝わたし〟なのか」[3]。身体の境界をどこまで拡張して見るかという問題は、二一世紀の今、アイデンティティーに関する話にとどまらない。一つの例を見てみよう。

マンションの警備員Aさんは一九九五年に交通事故で右脚を切断して以来ずっと、義足をつけて働いていた。二〇一〇年一二月二八日、勤務先のマンションの除雪作業中に転倒し、義足が破損してしまった。勤務中の破損だったので、勤労福祉公団に対し産業災害補償保険法(産災保険法)に基づく療養給与(保険金)を請求した。これに対し公団は「産災保険法に基づく療養給与が支給されるのは、勤労者が業務に関連して負傷したり病気になったりした場合だ。Aさんは義足が破損しただけで負傷したわけではない」という理由で支給を拒んだ。Aさんは裁判所に訴えを起こしたが、一審も二審も敗訴。裁判所も、勤労者の「負傷」とは身体に傷を負うことを意味するため義足の破損を理由に療養給与を支給することはできない、とする公団の処分は正当だと判断したのだ。

この事例で、勤労福祉公団と一審、二審の裁判所は、法律に書かれている内容を字義どおり解釈したまでだ。産災保険法は、業務上、勤労者が「負傷」した場合にのみ療養給与を支給すると規定している。「負傷」とは、常識的にも辞書的にも、人間の「身体」が傷つくことだ。そう解釈しなければ、仕事中にスマートフォンが故障したとか、乗ってきた自転車が壊れたというだけで保険金を払ってくれと言う人が出てくるかもしれない。だがAさんとしては、義足を携帯電話や自転車のような「モノ」とは考えられなかったはずだ。義足はつけ外しが可能とはいえ、靴やスマートフォン、自転車のように簡単に身体と結合したり身体から分離されたりするものではない。Aさんは一九九五年から義足をつけていたため、それはすでに身体の一部のようになっていただろう。仕事中は常に身体と連結して体重を支え、地面に置かれた重い物を押し、宅配の荷物で両手がふさがっているときは玄関のドアを開けたりもする、彼の身体そのものだったはずだ。壊れた義足は、業務だけでなく生活にも完全に組み込まれていて、ほかの補助機器（車椅子や別の義足）で代替可能な装備というわけではなかったはずだ。

Aさんは最高裁に上告した。この件に関し、障害者関連の公益訴訟を担当する法律家や国家人権委員会がAさんの立場を支持する意見書を提出した。原告を支援する彼らは、義足の破損に療養給与を支給しない場合、障害者が実質的に不平等な待遇を受けることになるという論理を強調し、何よりも、義足は障害者の身体と分離不可能な「身体の一部」であるという点を裁判所に理解してもらえるよう力を尽くした。障害者の身体と補助機器の関係を検討した最高裁は二審の判決を覆し、Aさんの主張を支持した。最高裁は判決文でこう述べた。

現在の医療技術の水準では義足を身体に接合する代わりにそのつど着脱するよりほかなく、原告のように義足を使用する障害者は睡眠時間などを除いて日常生活のほとんどを義足を装着した状態で営んでいること……義足を使用する障害者にとって義足は機能的、物理的に、身体の一部である脚を事実上、代替するものであること……義足を着脱するのは容易であるとは限らないこと……などを総合的に考慮すると、義足は単に身体を補助する器具ではなく、身体の一部である脚を機能的、物理的、実質的に代替する装置として、業務上の事由で勤労者の装着していた義足が破損した場合は、産業災害補償保険法上、療養給与の対象である勤労者の負傷に含まれると見るべきである。[4]

どこまでを人間の身体と見るかは現実的な争点だ。前述の判決は、物理的に「着脱可能かどうか」などを重視している。スマートフォンは身体から簡単に分離されるが、視覚障害者にとっては文字情報を音声に変換してくれる、本人の認知機能の一部に深く結びついている装置だ。では、スマートフォンを「着脱可能かどうか」だけで、利用者の身体とまったく別個のモノ扱いしてもいいのだろうか？　仮にスマートフォンを身体と一体化した装置と見るとしても、業務中にスマートフォンが破損したからと視覚障害者が「負傷」したと言えるだろうか？　身体とモノ（機械）の関係はけっして単純ではなく、ますます重要な法律問題になりつつある。

このように論争的ではあるが、一つだけはっきりしていることがある。障害者の「欠陥」を補う装備とされてきた松葉杖や義足、車椅子、補聴器、白杖、スマート機器などは、もはや外部に付属する補助装置としてだけ見ることはできないという点だ。それらがただ自分の「欠陥」を補うだけの道具ではないという感覚は、障害者にはずっと前からあった。法律上「障害者の補装具」という名称で規定され、購入費の一部を国民健康保険公団に補助してもらうには医師の医学的診断が必要ではあるが、それでも、それらは単なる医療機器ではなかった。それらを言い表す適当な言葉がなかっただけだ。わたしたちが障害者の経験を「サイボーグ的なもの」と捉え、語ることができるなら、補装具は、障害者の身体の「欠如感」を際立たせる存在から、障害者の身体を再構成する「可能性」へと変化するかもしれない。

車椅子になって

車椅子にはさまざまな種類がある。まず大きく電動車椅子と手動車椅子に分けられる。電動車椅子はバッテリーの電気を動力とし、ジョイスティックで方向やスピードをコントロールする。長距離や坂道でも楽に移動でき、自分で車椅子をこぐのが難しい重度障害者も、手や足、息で操作することができる。一方、手動車椅子は車輪に取り付けられているハンドリムで本人がこぐか、背もたれの上部にあるハンドルで誰かに押してもらって移動する。手動車椅子には一般タイプとアクティブタイプがあり(バスケットボール用、テニス用、陸上競技用などスポーツ選手用の種目別の車椅子もある)、自分でこげる人や車への積み下ろしが多い人はたいていアクティブタイプを使用する。

特別支援学校に入学して一学期が終わるころ、わたしは「初代」のスチール製フレームの病院用車椅子からアクティブタイプのものに替えた。この「二代目」は値段が六〇万ウォンほどで、重さは初代の半分以下。一般タイプと違って重心が後ろにあり、背もたれの高さが低い。そういう構造なので小さな前輪を自力で簡単に浮かせられ、路面の凸凹や小さな段差も乗り越えることができる。ただし慣れていないと後ろにひっくり返る恐れがあるので注意が必要だ。

図体の大きな一般タイプとは違い、アクティブタイプの車椅子はわたしの身体にフィットする一種のインターフェースだった。大きさや構造がわたしの身体の形態や微妙な動きにぴったりマッチして、ようやく自分の身体で現実の世界を生きていると感じられた。上半身を後ろに倒し下半身を腹筋で引き上げると、自然と前輪が浮く。その場で身体をひねると、ほぼ同じ角度で車椅子も回転する。狭い場所で方向転換するのにスペースが充分でない場合、両側のハンドリムを握って右か左に身体をひねりながらその場で「ぴょん」とジャンプする（せいぜい一〇センチくらいだが）。腰が痛いときは前輪を浮かせて上半身をソファなどにもたせかけ、前輪と脚を上げた状態で休む。中学一年生だった一九九七年からわたしはずっとそれに乗り、こぎ、浮かせ、ジャンプし、横になり、九〇度に回転してきた。車椅子はうんざりするような物だろうか？　普通の債権者は車椅子のある家では借金の取り立てがしにくい。そうだろうか？　スナウラ・テイラーの絵のようにふわふわの毛の生えた、あるいは月面を動き回る、温かみのある愛らしい姿ではなかったけれど、わたしは、車椅子になった(en-wheeled)。

車椅子に乗った「欠けた（欠如した）」人間だった自分を、車椅子と一体になった何らかの存在としてうっすら認識するようになり、わたしはようやくアイデンティティーについての問いに本格的に向き合うようになった。昔は宗教や国家が、人間のアイデンティティーについての問いに一定の答えを出してくれた。人々は自分の身分や性別、身体の条件を、その社会の政治的、宗教的権威が定めたとおりに受け止めて生きた。今はいわゆる自由主義の時代であり、各自がそれぞれ自分のアイデンティティーについて問い、答えを見つけなければならない。かといって、自身について問答するその過程が「自由な」ものかというと、そうでもない。わたしたちは(逆説的だが)自由主義的な秩序の中で生きており、その秩序は政治権力や支配的な文化、宗教、言語、メディア、巨大資本などの影響を受けてつくられている。それらの中から強力な力を一つ挙げるとすれば、それはまさに科学だ。

科学知識は秩序を破壊するが、それがまた新たな秩序となる。現在の科学は、人間を説明し規定するうえで、宗教や伝統的な文化的秩序より合理的に思える。大きな車椅子に座った、テナガザルのような姿をした鏡の中のわたしについて、科学は、魔法使いや呪われた存在ではなく、生物学的には少なくとも数万年前に朝鮮半島に渡来した古代人類の遺伝的子孫に違いなく、ある遺伝性疾患のため胴体や脚に比べて長くがっしりした腕を持つことになり、より良い医療的支援や補助工学機器を利用すれば「普通の身体」を持つ人と同じような生活を送ることもできる、ということを教えてくれる。科学の説明は、わたしの身体を神の呪いや恵み(「神様にはおまえの身体を通して成そうとする歴史がおありなんだよ」)だとする安易な考え方よりも希望がある。

最近では、首から下の神経をすべて損傷した人も、ウェアラブルロボットを着用して歩くことが可能になった。脳波を認識するロボットアームを「思考」で操作し、自分でご飯を食べたり文字を書いたりすることもできる。重度障害者が眼球の動きだけでコンピューターを操作する「視線マウス」もすでに数年前に開発されているし、そもそも電動車椅子自体が、手動車椅子の工学的に発展したバージョンだ。車椅子はどんどん軽量化されており、階段を上るモデルも登場した。さらに、遺伝子損傷の有無を妊娠前に診断する生命工学技術(着床前診断)は、実用化の段階に入って久しい。運動をつかさどる神経細胞の変性による脊髄性筋萎縮症の患者のための遺伝子治療も二〇一九年からスタートした（数年にわたって投与する治療薬スピンラザは一回あたり九二三五万ウォン、一回の投与で効果が得られるゾルゲンスマは二五億ウォンだ）。このようなテクノロジーの発展は結局、いつか「障害のない世界」が到来するだろうという期待を膨らませる。技術は、わたしを含む障害者たちに「諦めるな（ただし二五億ウォンが必要だが）」と言う。「科学技術の革新が間もなくあなたを障害から解放してくれるだろう」と約束する。

科学の発展は間違いなく、障害のある人の生活の質を高め、苦痛を軽減しつつある。わたしはそうした科学の発展や技術の応用を支持する。だが科学が、障害に関するアイデンティティーの問いに対して「『障害があっても』あなたは人間であり、その障害はいずれ克服されるので、あなたはより『まっとうな』人間の共同体に仲間入りすることができる」というスタンスでいる限り、それは障害そのものの意味を規定（identify）しないことになる、という点をよく考えてみなければならない。科学が障害を「欠けた状態（欠如）」としてしか見ないのなら、車椅子はいくら進化しても、歩行能力の「欠如」という問題を解決する補助機器としてしかみなされないだろう。障害者は実際に、より進化した車椅子に乗り、より多くのことができるようになったにもかかわらず、依然として自身を欠如した存在だと考えるかもしれない。

また一方で、二〇世紀後半、ＤＮＡのゲノム地図が完成しつつあったころ、それゆえ人間のアイデンティティーについての問いに宗教や政治ではなく科学が答えるようになったまさにその時代に、逆説的に、障害は病気ではなく人間の一つの在り方、差異の問題であると考えられはじめた。世界中の障害者たちが、ある日鏡の前で、腕が無く、聴力が弱く、視力が無く、背が極端に低いか高い自身の姿に問いを投げかけてくる他者と出会ったのだ。ろう者は、手話言語を使う自分たちには聴力が「無い」のではなく、ろう文化（Deaf culture）が「在る」と主張した。[5] 自閉性障害（自閉症）のある人は、自分の神経パターンは正常でないのではなく、ただ「違う」構造になっているのだと声を上げた（脳の多様性、ニューロダイバーシティー：neurodiversity）。つまり障害という人間の経験が、病理学の対象から存在論の問題へと移ったのだ。ジャーナリストで小説家のアンドリュー・ソロモン（Andrew Solomon）は「今のこの状況は、たとえばソファに横たわったヒロインが息を引き取るころになってようやく主人公の男性が彼女への愛に気づくという、グランドオペラのフィナーレに似ている」と喩えている。[6] わたしが、大きな車椅子に座った類人猿のような姿の自分を「欠けた状態（欠如）」ではなくその状態で「在る」のだと理解するころになって、科学技術は、障害のあるわたしが最先端の車椅子やロボットスーツで階段を上る時代、障害の遺伝の可能性が完全に排除された時代を開きつつあるのだ。

　最先端技術で武装したサイボーグになれば、わたしの「欠如」は本当になくなるのだろうか？　映画の中のスーパーヒーローや、華やかなデザインの義足をつけて陸上トラックを走る（義足をつけていることを除けば、一般的な基準で非常に健康で美しい身体を持った）一部スポーツ選手であればこそ、サイボーグは特別な存在として見てもらえるけれど、実際に機械と結合して生きている人は依然として「変わった人」扱いされがちだ。そんな社会の雰囲気に反応して、障害のある人たちはよくこんなふうに言う。「わたしは車椅子に乗っているだけで、あなたとまったく同じ人間なんですよ」。車椅子は歩行能力を補って移動の幅を広げてくれるけれど、自分が普通の人間であると主張するにはその車椅子を自分とは別個の単なる付属品とみなさねばならないというわけだ。つまりサイボーグになるというのは、少数のスーパーヒーローを除いて、「欠如」を補うどころか自分をさらに奇怪な存在にしてしまうことでもあるのだ。

現実の世界で機械と結合した存在とは、アイアンマンスーツを着て空を飛び回ったり、豪華な車種に次々と変身するモビリティーに乗ったりしている人ではなく、スチール製のくたびれた手動車椅子に乗っている人、使い古した電動車椅子に乗って充電が切れないかヒヤヒヤしている人、三日に一度、人工透析装置に四時間もつながれて血液中の老廃物を取り除いてもらうためスケジュール調整に苦労している人たちだ。したがって、「サイボーグになった自分」をまっとうな存在として受け入れるためには、いつの日か登場する最先端の機械との結合や、機械なしでも「正常な身体」になれる日を待つのではなく、いま現在日常で使っている機械とより安全に、自然に、快適に共存する道を模索するべきなのだ。まさに今この現実の世界で「まっとうなサイボーグ」として生きていくにはテクノロジーとどのように関係を結ぶべきか、科学技術の研究や発展、その成果を人々が平等に享受するにはどういう観点が必要かを、次の章で検討する。「わたしは車椅子に乗っているだけで（乗っているにもかかわらず）、あなたとまったく同じ人間」だと主張するのではなく、「わたしは車椅子に乗っていて、その点ではあなたと同じではないけれど、わたしたちは同等だ」と言うことは、どうすれば可能なのだろうか。

注

1　わたしはスナウラ・テイラーの絵をアリソン・ケーファー（Alison Kafer）の論文"Crip Kin, Manifesting", *Catalyst: Feminism, Theory, Technoscience*, Vol. 5, No 1, 2019, p. 9で目にした。ケーファーもやはり、これらの車椅子は、誰かが障害を克服して走り去ったあとの痕跡ではなく、それ自体で存在しているように見えると述べている。

2　『GHOST IN THE SHELL/攻殻機動隊』は、一九九一年に士郎正宗が刊行した原作漫画から、二〇二〇年に公開されたNetflixの3Dアニメ『攻殻機動隊 SAC_2045』まで複数のバージョンがある。ここではファンのあいだで元祖と評価されている、押井守監督の一九九五年のアニメ映画から引用した。

3　グレゴリー・ベイトソン著、パク・テシク訳、『精神の生態学』、チェクセサン、二〇〇六、六九一ページ〔原書『Steps to an Ecology of Mind』（一九七二）、邦訳書『精神の生態学』佐藤良明訳、新思索社、二〇〇〇、第二版〕。

4　最高裁二〇一四年七月一〇日宣告2012ドゥ20991判決。

5　聴覚障害者と定義される人のうち、手話言語を第一言語として使っているかアイデンティティーの一部として深く受け入れている人を通常、ろう者と呼ぶ。「聾（ろう）」という漢字語はもはや、感覚の欠陥という本来の意味ではなく、特定の文化や言語を表す言葉となった。英語では「D」を大文字にした「Deaf」がそういう意味で用いられる。韓国で二〇一六年に制定された「韓国手話言語法」は「『ろう文化』とは、ろう者としてのろうアイデンティティーや価値観を基盤とする生活様式の総称を指す」（第三条第四号）と定義している。この法律で、ろう者は「聴覚障害のある者で、ろう文化の中で韓国手話を日常語として使用する者」（第三条第二号）を意味する。

6　アンドリュー・ソロモン著、コ・ギタク訳、『親と違う子どもたちⅠ』、ヨルリンチェクドゥル、二〇一五、一一三ページ〔原書『Far From the Tree』（二〇一二）、邦訳書『「ちがい」がある子とその親の物語Ⅰ』依田卓巳、戸田早紀、高橋佳奈子訳、海と月社、二〇二〇〕。この引用箇所については日本語版で合致する箇所が特定できず、韓国語版に忠実に訳すこととした。

3章 障害とテクノロジー、約束と現実のはざま

キム・チョヨプ

障害を克服するやさしい技術?

難病や障害を抱える人は「いつか……」で始まる慰めの言葉をよくかけられる。「いつか医療が発展したら治療法が出てきますよ」「いつか技術が発展したらきっと治せますよ」。わたしもよく言われた言葉だ。小説家として受けたインタビューの記事にこんなコメントが書き込まれていたこともある。「お気の毒に。でもいつか聴力を回復させる技術が出てきますよ」。きっとみんな、悲劇的な現実に直面している障害者に「いつかは……」という希望を抱いて生きていってほしいという思いで、そういうことを言うのだろう。言われる側としてはちょっと複雑な気持ちになったりもする。このままおばあさんになるまでずっと「いつかは……」と慰められつづけたらどうしよう。悪意があるとは思わない。「いつか」を願うそういう言葉が余計なお世話だとか無礼だとか言いたいわけでもない。つらい状況にある人にどんなふうに声をかければいいか悩んだ末に出てきた言葉なのかもしれない。だがこのありふれた「慰め」の中に、この社会が、技術と障害、医療と障害の関係をどのように見ているか

がはっきりと現れている。

技術が発展した未来の想像図に、わたしたちは楽観的な世界を思い描く。病気も障害もなくなった世界、老いによる苦痛のない未来、もしかしたら死さえも克服した未来。その未来では障害者が「正常さ」を手に入れていて、病気の人は必ず治してもらえるという約束が蔓延している。歩けない人が車椅子からすっくと立ち上がって歩き、音の聞こえない人が聞こえるようになるという希望が、その楽観的な世界のクライマックスだ。そして人々はそういう技術に「やさしい」という修飾語をつけて賛辞を贈る。

二〇二〇年三月二六日、ＫＴ（韓国の大手通信会社）は「わたしの名前はキム・ソヒです――心を込める」というタイトルのＣＭ映像を公開した。ＫＴがスマートスピーカー「GiGA Genie（ギガジニー）」のＡＩ音声合成技術を活用して、ろう者であるキムさんに「声」をプレゼントする過程を描いたものだ。研究者たちは彼女の声を類推するため家族の声を録音し、彼女の口腔の構造を調べて声を「復元」していく。次のシーンではキムさんの家族がリビングに集まってそれぞれ何かしているのだが、そのとき突然テレビがついて映像が映し出される。映像の中でキムさんが、合成された「声」で語りはじめる。それを聞いた家族は涙を流す。YouTubeで一一〇〇万回再生されたこの映像には数多くのコメントがついている。「感動的だ」「涙が出る」「技術の進むべき道が見えた」。

ところで、この映像をスマートフォンで初めて目にしたとき、わたしはある事実に気づいて非常に面食らった。映像の序盤は内容を理解するのに何の問題もなかった。キムさんが手話で話す内容は字幕で表示され、家族のインタビューにも字幕がついていた。ところが、ギガジニーのＡＩ技術によってキムさんの声が流れ出す肝心のシーンで、突然字幕が消えたのだ。代わりにこんな字幕が現れた。「この声はギガジニー技術によって復元されたキム・ソヒさんの声です」。慌ててボリュームを上げてみたが、スマホのスピーカー音が特に聞こえにくいわたしには、キムさんの「声」を聞き取るのは難しかった。彼女の口の形から何を話しているのか推測するしかない。口元が映し出されていないときはそれさえもできなかった。ギガジニーは手話を使うキムさんに声を「プレゼント」した。だがその声が届けられる相手は、聴者だ。ろう者であるキムさんやわたしのような聴覚障害者は、ギガジニーの作った声をはっきり聞くことができない。つまりギガジニーがキムさんにプレゼントした「声」は聴覚障害者のためのものではなく、聴者が聴覚障害者から聞きたいと思う声なのだ。

障害者関連のインターネット新聞『ビーマイナー』に掲載された「ろう者はなぜ音声言語で話さなければならないのか？」[1]という寄稿文には、この映像に対するろう者や聴覚障害者の考え方が現れている。家族が、自分たちが手話を習ってキムさんとコミュニケーションをすることよりもキムさんが「話し、聞く」ことを望むのは、典型的な聴力至上主義(Audism)であると指摘しているのだ。[2]ほかにも多くのろう者や聴覚障害者が、ろう者に声をプレゼントするという発想の、聴者中心の観点を批判している。[3]手話ではなく口話(音声言語)を主言語として使用する一部の聴覚障害者も、聴力至上主義による差別を経験し、ほぼ生涯にわたって発音の不自然さを指摘されつづける。だが逆に、聴覚障害者が非障害者に向かって、どうして口の形がよく見えるように話さないのか、どうしてそんなふうにもごもごと口を動かすのかと指摘することは、まずない。「正しく」、「声で」話せという要求の矛先は、いつも聴覚障害者だけに向けられる。

音声合成ＡＩの映像のように、技術が障害者に正常さを「プレゼント」し非障害者がそれを見て感動する、という構図は巷にあふれている。補助テクノロジーの発展に加え、映像媒体が行き渡ったことで流行が広がった、一種の「感動コンテンツ」なのかもしれない。ネット上では、聴覚障害者が音を聞いた瞬間を捉えた映像が人気を集めている。「今朝、娘の新しい補聴器の電源を入れた瞬間（When our daughter's new hearing aids are turned on in the morning）」という海外の映像を見てみよう。まだ一人ではお座りもできない四カ月の赤ん坊がきょとんとした顔で登場する。周囲をきょろきょろ見ていた赤ん坊は、耳につけられた補聴器に電源が入った瞬間、カメラに向かってにっこり笑う。補聴器を通して聞こえてくる母親の声に反応したのだ。二〇一九年一二月に初めてＳＮＳで共有されたこの映像は世界中に広まった。感動的だという無数のコメントがついた。「心温まる映像ですね」「赤ちゃんがこれから聞くであろう美しい音を想像しています」。ギガジニーのＣＭ映像に書き込まれたコメントとそっくりだ。この映像は韓国のウェブサイトでもときどき見かける。どこかで見たような光景が、言葉の壁を越えて再現されているのだ。

YouTubeで「Hearing for the First Time（初めて音を聞いた瞬間）」と検索すれば、同様の映像がずらりと表示される。「初めて音を聞いたろう者（Deaf People Hearing Sound for the FIRST Time）」「初めて音を聞いた二六歳のエイミー（Amy hears sound for the first time @ 26 years old）」……。なんと、そういうシーンばかりを集めた「コンピレーション」映像まで存在する。こうした映像は数十万、数百万回と再生され、なかには一〇〇〇万回を超えるものもある。Twitterで一〇万回も共有されたツイートには、ご丁寧にもこんなコメントがついていた。「科学は栄光だ（Science is glory）」。韓国の女性ろう者団体「世の中を変えるろう者たち」は、これら「初めての音」の映像についてこう指摘している。「補聴器や人工内耳を通して初めて音に触れた聴覚障害者の感情や反応には個人差がある」[4]。すべてのろう者や聴覚障害者が音を聞きたいと思っているわけではなく、実際に聞いた人もその音に必ずしも満足しているわけではない。初めて音を聞いたときの感情が喜びではなく恐怖やストレスである場合もある。だが、そういう「感動映像」を見る非障害者たちは決まって、補聴器をつけた聴覚障害者たちの反応から「音を取り戻した喜び」を読み取ろうとする。

二〇二〇年一月に公開された現代自動車の「二度目の、最初の一歩」ブランドキャンペーンも同じようなコンセプトだ。同社のウェアラブルロボティクスをPRするこの映像の主人公は、障害者アーチェリー国家代表のパク・チュンボム選手だ。映像は「わたしたちは、彼らが最も懐かしく思う瞬間を取り戻してあげたいと思いました」という字幕に続いて、ウェアラブルロボットを着用して立ち上がるパク選手の姿を映し出す。そのとき両親が入ってきてその様子を目にするのだが、そのシーンに、幼い彼がよちよち歩きを始めたころの場面がオーバーラップする。つまり、彼が再び立ち上がる瞬間は「二度目の、最初の一歩」というわけだ。この映像は、世界的なデザイン賞であるレッド・ドット・デザイン賞の二つの部門でそれぞれベスト・オブ・ザ・ベスト（最優秀賞）とレッド・ドット（本賞）を受賞した。現代自動車の人間中心のモビリティー哲学をよく表していることが評価されたのだ。

音声合成AI、ウェアラブルロボット、そして補聴器を通して聞こえてくる「初めての音」、これら映像の演出の意図するところは一貫している。技術は障害者に正常さをプレゼントし、非障害者はその美しい瞬間を見て感動し、障害者は希望を手にする、というものだ。しかしこの演出にはいくつかの問題がある。まず、困難を克服する障害者の姿を通して非障害者に感動を与えるという構図は、オーストラリアのコメディアンで作家のステラ・ヤング（Stella Young）がすでに何年も前に批判していた「感動ポルノ」[5]と少しも変わらない。障害者がメディアを飾ることを許されてきたほぼ唯一の「逆境を克服した障害者」というステレオタイプの姿に、「技術の補助」が新たに加えられただけだ。

何より、「人間的な技術」をアピールするこうした映像は、障害と技術の関係において注目すべき最も重要な問いをかき消してしまう。障害者は日常でその技術を実際どのように感じているのか、どんなふうに使い、どんなことで困っているのか、その技術は本当に障害者にとって必要なものなのか、といった問いだ。人々は、障害者が声で話す瞬間、音を聞く瞬間、車椅子から立ち上がる瞬間を映像で見ているだけであって、普段の生活でも音声合成技術が意思疎通に役立っているのか、初めて聞いた音は本当に喜びなのか、はたまた不快なのか、日常的にウェアラブルロボットを着用して歩いているのか、というところまでは見ることができない。演出された映像は感動や希望を与えてくれるけれど、現実は演出の外側にある。

障害者のための技術や装置の開発はいつも、「ヒューマニズム」の実践として、「障害を克服する」方法として捉えられる。前述の感動的なPR映像に限らず、手話通訳や聴覚障害者のための着信アナウンス（「テキストメッセージで連絡してください」という音声案内）、遠隔手話通訳（ビデオ通話を使って画面越しに提供される手話通訳）といったアクセシビリティー技術を紹介する記事にも決まって「やさしいサービス」「やさしい技術」といった表現がついてくる。毎年開催される補助工学機器展示会を紹介する記事も同じだ。

こうした技術が障害者の生活に少しも役立たないという意味ではない。なかには実際にアクセシビリティーを高め、障害者の生活を画期的に改善する技術もある。スマートフォンが人々の日常に便利さをもたらしたのと同じだ。だがスマートフォンと違って、障害者のための技術には常に「恩情」の視線がつきまとう。障害者は、技術を使用する主体ではなく、誰かが施してくれる恩情にあずかる者として位置づけられる。障害者のアクセシビリティーや権利を共に考えるべきだという問題意識はどこかに消え、「やさしい心を持った」特定の企業や団体が、疎外されている障害者のために恩情を施す、というストーリーだけが繰り返されている。実際に技術と複雑な関係を結んで生きていかねばならない障害者が本当に必要としていることは、この「恩情の物語」でかき消されてしまいがちだ。施しは序列を生む。「君に助けの手を差し伸べてあげよう」と言う相手に、それは本当に役に立つのか、ほかの問題が隠されているのではないか、と問いただすのは容易なことではない。もう少し現実的に考えてみよう。「やさしい技術」は、その恩恵を施される者とされる障害者にとって、本当にいつもやさしいと言えるのだろうか？　いつかは技術が障害者を歩けるように、聞こえるように、話せるようにしてくれるはずだから、みんなでそのやさしい技術が実現されるのを待っていればよい、ということなのだろうか？

「わたしたちは障害を根絶します」

科学と技術が人々の期待や楽観を煽る形で発展している現代社会において、障害者は技術楽観主義の広報大使として動員される。特に最先端技術をＰＲする際の「障害者に正常さを取り戻してあげます」という主張は、人々の心を揺さぶる、強力で説得力のあるメッセージとなる。

米国MIT（マサチューセッツ工科大学）メディアラボのヒュー・ハー（Hugh Herr）教授は、彼自身、ロボット義足を着用しているサイボーグだ。彼は優れたロッククライマーとして名を馳せていたが登山中に事故に遭い、凍傷による組織損傷のため両脚を切断した。その後彼は、自分の義足を自ら作ることに関心を持ちはじめた。MITで機械工学、ハーバードでは生体物理学でそれぞれ学位を取得したあとロボット義肢を研究してきた彼は今、生体工学の技術が適用された「脚」を身につけている。

ヒュー・ハーは、人間は間もなく、自然と機械の境界がなくなった新しい身体を獲得するだろうと言う[6]。彼はロボットスーツを紹介する講演で、繰り返し「未来」を強調する。「未来にはわたしたち誰もが……こういうロボットスーツを着用するようになるでしょう。非常に多くのケースで、技術力の不足が障害や生活の質の低下につながっています。……わたしたちは強化された人間を実現するための技術的基盤を備えました。そしてわたしたちは障害を根絶します[7]」。彼は講演の最後に、テロで左脚を失った女性ダンサーを舞台に招き入れる。ロボット義足を装着した彼女は非障害者のダンサーと共にダンスを披露する。人々は割れんばかりの拍手を送り、彼女はその喝采の中で涙を見せる。観衆を熱狂させるヒュー・ハーの姿を見ていると、まるで「楽観的未来」という教えを説く教祖のように思えてくる。観衆たちは、技術はやがて障害者に救いをもたらすだろうという、希望に満ちた確信を抱いて会場をあとにしたかもしれない。

楽観的未来を語るのはヒュー・ハーだけではない。科学と技術によって障害を根絶してみせるという信念を、多くの人が支持する。トランスヒューマニズム（transhumanism）は、技術に対する楽観と肯定が一つの思想、運動へと発展したケースだ。科学と技術によって人間の身体的、精神的限界を克服しようとするこの運動は、世界中の未来学者や起業家の支持を集めている。実際に科学と技術は人間の生活を劇的に変化させてきた。自然や環境を変形させるだけでなく、今や人間の身体そのものを変形させるまでに至った。かつて不治だった病気が治るようになり、寿命が延びた。トランスヒューマニズムは人間の身体に対するこうした介入を肯定し、さらに積極的に推し進める。生命工学やサイバネティックス（生物と機械における通信・制御・情報処理を扱う総合科学）によって人間の身体を改善、矯正し、さらに、病気を治療するにとどまらず人間の能力を向上させるべきだと主張する。技術がつくり出す「新しい人間」を語るという点で、トランスヒューマニズムはポストヒューマンの議論ともよく比較される。「人間らしさ」自体に疑問を呈するその他の（批判的）ポストヒューマニズムとは違って、トランスヒューマニズムが拡張によって到達しようとするポストヒューマンは理性的で賢明であり、健康な存在としての独立した「自我」だ。[8]

トランスヒューマニストにとって障害者サイボーグは最高のアイコンだ。トランスヒューマニズムは人間の限界を超えるための技術に注目する。そしてそういう技術は必然的に矯正や向上を要求する。ゆえに、最先端の生体工学で障害を克服し普通の人間より速く走るサイボーグは、トランスヒューマンの輝かしい象徴なのだ。「到来したサイボーグ時代」を語るとき真っ先に取り上げられる例が、まさに障害者だ。下半身麻痺の障害者がロボットスーツを着て走り、切断障害者が美しい装飾の施された義足を着用して踊る。機械と人間の結合はまだ漠然とした未来の話だと思っている大衆を説得するのに、障害者は「今ここに、すでにサイボーグがいる」という証拠としてうってつけなのだ。

ところで、このトランスヒューマニズムは人類全体の運命について語っているように見えて、実際にはごく一部の人、特定の集団を代弁している。アイルランド出身のジャーナリストであるマーク・オコネル(Mark O'Connell)は、イギリスの団体「ロンドン・フューチャリスト(London Futurists)」のカンファレンスに参加した際、その席で、飛躍的な寿命延長や「意識のアップロード」、医薬品を用いた認知能力の向上、ロボット義肢、人間の未来について語っている参加者の大半が白人男性であることに気づいた。[9] ハンス・モラベック(Hans Moravec)やレイ・カーツワイル(Ray Kurzweil)といった著名なトランスヒューマニストたちのプロフィールを見ても、彼らが人類全体を代弁する集団でないことは明らかだ。シリコンバレーの「急進的な楽観主義」が本当に人間の限界を超える可能性を見いだしたとしても、その流れに乗ることのできる人は限られている。もし非常に優れた神経義足〔本人の意思で制御できる義足〕が開発されても、法外な高値がついているとしたら、ゆえにそれを着用して歩ける人がほんの一握りしかいないとしたら、それをもって「障害の根絶」と言えるだろうか。

遠い未来の神経義足の例を持ち出すまでもなく、こうした「絵に描いた餅」はすでに現実にたくさんある。英語圏のソーシャルメディアでは、階段を上る車椅子(stair climbing wheelchair)の映像がときどき共有されていて、人々は「テクノロジーのこの驚くべき発展を見よ！」と感嘆する。実は、階段を上る電動車椅子の試作タイプは、すでに数年前に開発されていた。韓国の国立リハビリセンターも二〇一九年の博覧会で展示したことがある。けれどこの車椅子は「市場性がない」ことから普及には至らなかった。価格は数千万ウォンにのぼり、国の支援事業や個人の保険で補助が受けられる機器でもないため、購入できる障害者がごく一部に限られてしまったのだ。こういう高価な機器は、どれも同じような運命を背負っている。障害者人権活動家のキム・サンヒは『ビーマイナー』への寄稿文「補助工学機器とわたしの生活、欲望について」[10]で、多機能電動車椅子の購入や使用にまつわる経験を紹介している。彼女は、多額の借金をして買うほど経済的な負担を抱えての決定だったにもかかわらず、「誰かに電動車椅子の値段を聞かれるたびに後ろめたい気持ちになる」と述べている。わたしは、ウェアラブルロボットの競技大会「サイバスロン」について検索していて、偶然、韓国の脊髄障害者のコミュニティーサイトを閲覧したことがある。そこにサイバスロンを紹介する記事が掲載されていたのだが、それに対する会員たちのコメントはあまり好意的なものではなかった。「すごそうだけど絵に描いた餅だ」「こういうの見るとあまりの値段の高さにむかついてくる」。すばらしい技術があっても一部の人しかそれを所有できないのなら、その技術はけっして普遍的な解決策にはなり得ない。

わたしも初めて補聴器を買ったとき、その値段の高さに大きな衝撃を受けた。高校生のときに購入した「耳あな型」デジタル補聴器は一つが三〇〇万ウォン、両耳だとその倍だ。どの販売店も可能な範囲で割引してくれるので、店によっては半額ほどで買えるところもあるけれど、定価自体があまりにも高かった。大学に入って新調した補聴器もやはりそのくらいの値段だった。昨年、スマートフォンとBluetoothでつなげられる補聴器が出たというので調べてみたら、一番安いもので二〇〇万ウォン台、高価モデルは五〇〇万ウォンくらいした。二〇万ウォン台で両耳分買えるAirPodsに比べると、恐ろしいほどの値段だ。韓国で五年に一度支給される補聴器の公的補助金は、二〇一五年の暮れに三四万ウォンから一三一万ウォンに増額された。だが、ほとんどの聴覚障害者が両耳に聴力の損傷があるにもかかわらず、補助金を受けられるのは片耳分だけだ。しかも、二〇二〇年九月に改定された補助金条項によると、どの販売会社も補助金を適用するのは一部モデルのみで、対象モデルのほとんどは機能が限定されている普及型だ。

わたしは最近、Bluetooth 対応の「小型耳かけ型」補聴器を購入したのだが、一番いいモデルでもないのに両耳で四〇〇万ウォンもした。それまで使っていたものが購入から五年経っていなかったうえに、公的補助金の対象モデルの数が減ったので、補助金はもらえなかった。今も多くの聴覚障害者が無理して高額の自己負担をしたり、本人の聴力に合っていない廉価モデルを使ったりしている。補聴器の寿命は約五年とされているが、常に肌に密着しているという特性上、それより早く故障したり性能が落ちたりすることはよくある。人工内耳を使っている人はもっと厳しい状況に置かれている。人工内耳の保険の審査基準は非常に厳しく、保険外の手術の場合、片耳で二〇〇〇万ウォン以上かかる。メンテナンスやリハビリのための少なからぬ費用も継続して必要となってくる。そのため聴覚障害者の人工内耳の手術は公的な支援ではカバーしきれず、有名人や企業の慈善寄付に頼っている。ニュースでときどき見かける「有名人の誰それが聴覚障害児のために寄付した」というお金は、ほとんどがこの人工内耳の支援事業につぎ込まれている。

韓国の障害者の就業率は人口全体のそれの半分どまりだ。職を得たとしても不安定な雇用形態になりがちで、働いている障害者一〇人のうち六人が非正規だ。それより多くの障害者が就業を望みながらも失業状態にあり、貧困を経験している。インターネットで「障害者　求人」と検索すると、ほとんどが一年か二年の有期雇用で、給与は最低賃金、障害の種類によっては応募すらできない職種も多い。障害に関する技術楽観論は、障害者が貧困に追いやられている問題や最先端技術の恩恵を受けられずにいる状況に見て見ぬふりをしなければできない話だ。ほとんどの障害者にとって、数百万、数千万ウォンにのぼる補助機器の値段は、現実に存在する技術にさえ近づけなくする高い壁だ。未来のトランスヒューマニズムはおろか二〇二一年のサイボーグ技術でさえ、障害者にとってはけっして身近な現実ではないのだ。

トランスヒューマニズムが人間の死や病気、障害の根絶を掲げることのもう一つの問題は、それがいつも未来の約束であるという点だ。科学技術社会論の学者チョン・チヒョンとホン・ソンウクは「科学と技術は、より良い未来を繰り返し約束することで人々が技術の発展に期待や希望を抱くよう仕向けている」と指摘する。「未来に対する予測は中立的ではない。『約束の科学』は未来への楽観的期待を学界や市場でまき散らしている」というのだ。「約束の科学」は、便利さと健康を約束して社会的な関心を集め、民間投資や政府の支援を引き出す。最先端科学の研究は、莫大な費用がかかるというその特性上、まるで株式市場のような様相を呈している。希望を約束したファン・ウソク博士の研究が代表的な悪い例だ（本書「はじめに」参照）。膨れ上がった期待は風船のようにはじけ、人々の関心はまた別の領域へと移っていく。科学技術にかける期待と実際に到達する未来は必ずしも一致しない。スクリーンが初めて登場したとき人々はこれで紙はなくなるだろうと言い、バーチャルリアリティーゲームが発売されたときは誰もが仮想現実の中で生きていく未来を想像した。けれど数十年が過ぎた今も、そんな未来はまだ遠いところにある。[11]

技術は障害の終焉をもたらすだろうか

科学系のニュースでは、ある病気や先天性障害の原因を突き止めたという研究結果が毎日のように報じられている。よく読んでみると、実際に問題を解決する段階に至ったわけではなく、病気に影響を及ぼす遺伝子の手がかりの一部を見つけたとか、細胞レベルでの治療法を発見したとかいう話だ。後続研究がうまく進めば期待してみてもいいかもしれない、というレベルだ。それでも人々はそういうニュースに「いつかはきっと……」という希望を抱く。しかし、科学がすべての病気の原因を一つ残らず究明し治療することは、本当に可能だろうか。仮にそれが可能になったとして、本当に障害がこの世から「除去」されるのだろうか。

病気や障害を治療しようとすること自体が間違っているとは言えない。障害のある自分をありのままに認めながらも、同時に、障害を治療したいと願う人もいるかもしれない[12]。問題は、障害のある人がより良く生きるためには「損傷」を除去しなければならない、という考え方が社会に深く浸透しているという点だ。治療だけが唯一の解決策であるという考え方は、現実で障害者がより良く生きる多様な可能性を消し去ってしまう。

自閉は、障害と科学の関係を考えてみるのに適した事例だ。疾患ゲノムの研究対象の中で最も注目されてきた病気の一つで、現在も自閉の原因ゲノムに関する研究がビッグデータをもとに盛んにおこなわれている。ちょっと大げさに言えば、自閉の原因を究明したとか、治療の手がかりをつかんだとかいう記事がほぼ毎日報じられているほどだ。ところが、このように「注目される」ことが当事者にとって常にプラスになっていたわけではない。スティーブ・シルバーマン（Steve Silberman）は著書『NeuroTribes』で自閉の歴史を紹介しつつ、科学と医学が自閉の原因究明や自閉症者の矯正を試みては、ほぼ毎回失敗してきたことに注目している。アメリカでは「オーティズム・スピークス（Autism Speaks）」などの自閉症支援団体が多額の寄付を集めているが、その金は自閉症者やその家族の支援に使われるのではなく、自閉の原因や危険因子を解明する研究につぎ込まれている。自閉症者とその家族は、自閉を矯正の対象としか捉えない医療的、文化的なアプローチがいかに多くの自閉症者に苦痛を負わせ、時には死に追い込んできたかを証言している。自閉症者はこうした問題のある医療化に対抗して、自閉症者を「定型発達（neurotypical）ではない人」と捉えるニューロダイバーシティー（脳の多様性）運動を展開している。シルバーマンはこの運動についてこう述べている。

ニューロダイバーシティーの支持者はこの贈り物を「自然のミス」と捉えようと提案する。解明すべき謎、あるいは産前検査や選択的流産といった技術で除去すべき病気と捉えるのではなく、こうした特性を人類の貴重な遺伝的遺産として受け入れ、適切な支援を提供し、深刻な障害へとつながる部分を改善しようというものだ。いつかは自閉症の原因を究明してみせる、という目標を掲げて巨額の金をつぎ込むのではなく、自閉症者と家族がいま現在、より幸せで健康に、生産的で安定した暮らしができるよう支援すべきだという意味だ。もしわたしたちが、各人種の遺伝的特性が完全に解き明かされるまで人権問題を解決せず放置しておくとしたら、あるいは、いつか科学の力で歩けるようになるまで車椅子ユーザーが公共の建物に入れないままにしておくとしたらどうだろう。[13]

医師や自閉症者の親、自閉症当事者の中にも、ニューロダイバーシティーの概念を受け入れない、あるいはその限界を指摘する人たちはいる。たとえば、ニューロダイバーシティーの概念はより重い障害のある人を代表していないとか、ニューロダイバーシティーの価値は受け入れてもやはり治療を必要とする人、望む人もいるのだから医療モデル〔障害を治すべきものと捉える考え方〕の存在する余地も必要だとかいう主張だ。[14] 自閉はスペクトラム〔意見や現象、症状などがあいまいな境界で連続していること〕であり、人によってその機能や状態はさまざまなので、治療法の発展が当事者の選択肢を増やすことになるなら、それを悪いことだとは言えない。だが現実の天秤がどちらに傾いているのかは考えてみる必要がある。障害を抱えたままでも不自由なく暮らせる環境をつくろうという主張と、いつとは言えないがいつか登場する治療法に希望を託そうという主張のうち、あまりに後者に重きが置かれているのではないだろうか？　この社会には、障害者を技術と医学で矯正しようとする「正常性の規範」が根強く浸透しているため、障害者の現実を改善しようという声が入り込んでいく余地がない。

「治療を選択しない自由」を語ることはただの理想論に思えるかもしれない。治療する方法があるなら当然治療すべきではないのか？　矯正する技術があるなら当然その技術を選択すべきではないのか？　だが現実は単純ではないことを、わたしたちはすでに知っている。すべての手術には副作用やリスクがある。身体を矯正したり機器とつなげたりすることも同じだ。レーシックやラセックなどの視力矯正手術、歯科インプラントといったありふれた手術でさえも、時に深刻な副作用が報告されている。今も多くの人が目の手術の代わりに眼鏡を、インプラントの代わりに入れ歯や補綴物を選ぶ。治療は選択肢の一つにはなっても、唯一の絶対的な解決策にはならない。完全な技術が存在しない現状で「完全な治療法が登場したらどうするつもりか？」と聞くことは無意味だ。たとえ遠い未来にすばらしい神経義足が開発されたとしても、やはり階段ではなくスロープを選ぶ人はいるはずだ。人工内耳が開発されて数十年が経ち移植手術が増えた今も、依然として人工内耳ではなく「ろうアイデンティティー」を選択する人たちがいるように。

技術哲学者で障害学者のアシュリー・シュー（Ashley Shew）は、技術の発展が障害者の問題を解決する唯一の方法だとする考え方をテクノエイブリズム（Technoableism）[15]と呼んで批判する。テクノエイブリズムは技術楽観主義に基づいた非障害者中心主義だ。こうした考え方は、障害を、損傷した身体を持つ個人の問題とし、その個人に対して、技術的支援や矯正によって障害を除去すること、正常な機能を回復することを要求する。[16]その観点からすると、聴覚障害者に最も必要なのは補聴器や人工内耳、もしくは聴力を回復させる医療であって、手話通訳や文字通訳ではない。手話でコミュニケーションしたり文字で情報を得たりすることより、「音を聞く」ことのほうが正常性の規範にかなっているからだ。

車椅子のためにスロープを設置することよりロボットスーツのほうが注目され、賞賛を浴びるのはなぜだろうか。それは、移動補助機器を利用することより「歩く」ことのほうが「正常さ」に近いと考えられているからだ。けれど誰かにとっては、音をよく聞こえるようにする技術より手話や文字情報を提供することが、ロボットスーツより車椅子が適している場合もある。障害者の身体は、たとえ障害の種類が同じでも標準化できないほど多様であり、人それぞれ置かれている状況も異なる。だがテクノエイブリズムは、障害者が実際の生活でそれぞれの技術をどのように感じ、どのようにそれと相互作用しているのかを具体的に考慮しない。

テクノエイブリズムは、障害と技術に対する社会の偏狭な観点を浮き彫りにする。恩情や施しで目隠しされた人々は、障害者サイボーグの現実には目を向けないまま、未来的なイメージばかりを技術楽観主義の広告塔として前面に押し出す。今ここで現実に障害者が経験している苦痛や障壁の解決を、「いつか」技術が発展する未来へとずるずると先送りする。スロープやエレベーターを設置し手話通訳を提供するのに、なにも最先端のものすごい技術が必要なわけではないのに、だ。アシュリー・シューは、技術による究極の「障害の終焉」を語ることは、まるで人類の歴史における「戦争の終焉」を語ることのように荒唐無稽な考えだと述べている。具体性を伴わない楽観論は現実の苦痛を矮小化してしまう。

科学技術にかけるわたしたちの期待は、ともすれば現実からかけ離れたものになりがちだ。いかなる技術も完全無欠な解決にはなり得ない。技術楽観主義者の約束する技術ユートピアは、けっして彼らの言うような形では到来しないだろう。だからわたしたちは不完全な技術と不完全な人間の身体で、今、この世界を変えていかなければならない。いつか登場する奇跡の科学技術に対して登場してもいないうちから賛辞を贈るのではなく、すでに現実で技術と密接な関係を結んで生きているサイボーグたちの具体的な経験に注目しなければならない。

このあとの章でも引き続き、障害者サイボーグの生活を詳しく見ていく。障害者サイボーグは技術とつながり、衝突しながら生きていく。技術への期待と現実のギャップに挫折し、見せることと隠すことのはざまで葛藤し、機械との不完全な結合を経験する。その矛盾や衝突は、また別の可能性を開いてくれる。障害者はより良い生活のために技術を利用し、新しい技術知識の生産者となり、技術による世界の構造変容を要求する。このような障害者サイボーグの生活は、弱く依存的な存在がどのように技術と関係を結んでいるのかを示してくれる。完全さに至るための技術ではなく、不完全さと共に生きていくための技術の手がかりを、その関係の中に見いだすことができるだろう。

注

1　チェ・ユギョン、「ろう者はなぜ音声言語で話さなければならないのか?」、『ビーマイナー』、二〇二〇年四月六日。

2　もちろん映像には描かれていない当事者たちの事情やそれまでの経緯もあるはずだ。ただ、わたしはここで、映像に出演したキムさんや家族ではなく、KTがこのCM映像を聴者中心に演出していることを批判したい。

3　二〇二〇年四月、市民団体「障害の壁を壊す人たち」は、このCM映像がろう者や手話に対する否定的な認識の拡散を助長する可能性があるとして、国家人権委員会に陳情書を提出した(「わたしたちは〝声を失った〟人ではない――ろう者、KTの広告の差別を陳情」、『ビーマイナー』、二〇二〇年四月二三日)。

4　「世の中を変えるろう者たち」、「これさ、いくらするか知ってる?――補聴器、人工内耳について」、二〇一八年一一月二三日(http://youtu.be/LBdXkZXm4p4)。

5　ステラ・ヤングをはじめ多くの障害当事者や活動家が感動ポルノ(inspiration porno)の氾濫を指摘してきた。感動ポルノとは、非障害者に感動やインスピレーションを与えるための道具として障害者をモノ扱いするマスコミやメディアを批判する表現だ。

6　ヒュー・ハー、「わたしたちはどのようにサイボーグになり、人間の潜在力を拡張するようになるでしょうか?」、TED二〇一八、二〇一八年四月(http://www.ted.com/talks/hugh_herr_how_we_ll_become_cyborgs_and_extend_human_potential/transcript?language=ko)。

7　ヒュー・ハー、「走り、山に登り、踊れるようにしてくれる新しい人体工学」、TED二〇一四、二〇一四年三月(https://www.ted.com/talks/hugh_herr_the_new_bionics_that_let_us_run_climb_and_dance/transcript?language=ko)。

8　チョン・ヘスク、『ポストヒューマン時代の美術』、アカネット、二〇一五。自由で合理的な行為者を想定する古典的なヒューマニズムとポストヒューマニズムについては、本書第4章でキム・ウォニョンが詳しく論じている。

9　マーク・オコネル著、ノ・スンヨン訳、『トランスヒューマニズム』、文学トンネ、二〇一八(原書『To Be a Machine』(二〇一七)、邦訳書『トランスヒューマニズム――人間強化の欲望から不死の夢まで』松浦俊輔訳、作品社、二〇一八)。

10　キム・サンヒ、「補助工学機器とわたしの生活、欲望について」、『ビーマイナー』、二〇二〇年九月一六日。この文章に関しては本書第4章でキム・ウォニョンがもう少し掘り下げて論じている(七一～七三ページ)。

11　チョン・チヒョン、ホン・ソンウク、『未来は来ない』、文学と知性社、二〇一九。

12　障害と病気は関連してはいるが、それぞれ異なる概念だ。病気が障害を引き起こすこともあるし、障害が病気に影響を及ぼすこともある。だが障害とは身体的、精神的損傷と環境との相互作用による制約を指すのであって、障害そのものは病気ではない。

13　スティーブ・シルバーマン著、カン・ビョンチョル訳『ニューロトライブ』、アルマ、二〇一八、六〇六～六〇七ページ(原書『NeuroTribes』(二〇一五)、邦訳書『自閉症の世界――多様性に満ちた内面の真実』正高信男、入口真夕子訳、講談社、二〇一七)。この引用箇所については日本語版で合致する箇所が特定できず、韓国語版に忠実に訳すこととした。

14　Ginny Russell, "Critiques of the Neurodiversity Movement", *Autistic Community and the Neurodiversity Movement*, November 8, 2019, pp. 287–303.

15　エイブリズム（ableism）は非障害者中心主義、障害者差別主義、能力差別主義などと翻訳される〔日本語では「健常主義」「健常者主義」などとも訳される〕。

16　〔Blog Post〕Ashley Shew, "Technoableism, Cyborg Bodies and Mars", *Technology and Disability*, November 2017（https://techanddisability.com/2017/11/11/technoableism-cyborg-bodies-and-mars/）;〔Blog Post〕Ashley Shew, "Stop Depicting Technology as Redeeming Disabled People", *Nursing Clio*, April 2019（https://nursingclio.org/2019/04/23/stop-depicting-technology-as-redeeming-disabled-people/）; Ashley Shew, "Ableism, Technoableism, and Future AI", *IEEE Technology and Society Magazine*, Vol. 39, No. 1, March 2020.

4章 青テープ型サイボーグ

キム・ウォニョン

火星で生き残ったヒューマン

火星探査に加わった植物学者マーク・ワトニーは予期せぬ事故により、仲間たちが去った火星に一人取り残されてしまう。負傷した身体に応急処置を施したあと、基地に残っている食料や装備を調べ、救助隊が来るまで生き残ることを決意する。手元にある資源は乏しく、地球との通信も途絶えた状態だ。マークは古いディスコミュージックを流し、シニカルなジョークを口にしながら、残っている資源でできるだけ長く生存できるよう日常を設計する。科学知識を動員して水を合成し、基地内でじゃがいもを栽培して食料を調達する。過去に人類が地球から送った探査ロボットの通信機能を回復させ、地球との通信にも成功する。たった一人で数百日も耐え抜いたマークは、自分を救出しにきた仲間たちと火星の大気圏で再会し、ついに地球への帰還を果たす。

映画『オデッセイ』でわたしたちは、だらしなさそうに見えて実はヒーロー的な面も持っている一人の人物と対面する。地球から五六〇〇万キロ以上離れた火星に一人取り残されることは、ネットで注文した料理を食べながら自主隔離することとは比較にならないほど不安で心細いはずだ。だがマークは毅然とした態度で、ユーモアを忘れず、科学知識と合理的な思考をもとに劣悪な環境を改善しながら耐える。失敗するたびに、それまで積み上げてきたものをすべてぶち壊して生きることを諦めたくなるものの、すぐにまた冷静さを取り戻す人物。心を落ち着かせ、被害を最小限にする戦略を模索する合理的な人物。衝動的な感情にも、外部環境の刺激にもけっして支配されることなく、自身と周囲をコントロールし理性の力で自立して生きるこういう人物は、成熟した人間のモデルとも言える「自由で独立した主体」だ。

二〇〇〇年代に入る直前、わたしは車椅子に乗って世の中に出ていき、学校に通った。多様な障害のある仲間たちの共同体で満ち足りた気分を味わい、自分が「正常から何か欠けた人間」であるという思いを少しずつ振り払っていった。だが当時のわたしたちの現実は社会から遠く隔離された障害者学校と障害者施設であり、その狭い世界の外側には車椅子でスムーズに出入りできる場所も、足となってくれる公共交通機関もなかった。自分たちに許された居心地のいい空間は火星の探査基地くらい小さかったので、最終的に自分たちが地球でまともに生きていくには、外の世界でのサバイバル技術が必要だった。

二十数年前の韓国社会で車椅子に乗った一〇代の若者は、ダクトテープ（duct tape：強力接着テープ）とじゃがいも数個を握りしめ「不親切な」惑星から救出されるのを待つワトニーと同じような境遇にあった。こういう場合、何が必要だろうか。たくましさとユーモア精神、冷静で合理的な判断力、強靭な独立精神、バスや電車で移動するような距離を二本の腕で車椅子をこいで移動する筋力、といったもの。つまり「ヒューマニズム的ヒーロー（自由で独立した主体）」にならなければならない。

わたしはなかなかの優等生だった。乗車拒否に遭ったときは、走り去るタクシーに悪態をつくのではなく、冷静かつユーモアたっぷりに運転手の心を「啓発」しなければならないことを知っていた。主体とは一種のテクノロジーだ。マーク・ワトニーのような主体へと自分自身を成長させてこそ、不親切な惑星で生き残れる可能性が高まるのだ。

あるときからわたしの目に、周りの生徒たちがあまりに甘ったれで無能に見えるようになった。時間はかかってもちょっと練習すれば充分、牛乳パックを開けられそうな同級生が、母親が開けに来てくれるまで待っているのを見たときは、どうしても黙っていられなくなった。

「自分でできることは、お母さんを待ってないで自分でやれよ！」

そう怒鳴った。友人は、自分の障害とわたしの障害は違うと（正当に）反論した。わたしは、僕はこの不自由な場所で生き残ろうと必死でがんばっているのに、みんなは実にのんきなもんだと思った。

人間を超えた人間

ヒューマニズム（humanism）は人間（ヒューマン）を、動物とは区別される自由で合理的な行為者と捉える。人間だけが自由で合理的な存在であり得る理由は、理性にあると考える。アリストテレスは、ほかの動物にはない人間固有の属性を理性に見いだした最初の人物だ[1]。西洋の近代社会は、そうした考え方が本格的に広まる中で発展していった。一六〜一七世紀のヨーロッパの哲学者は人間を、外部と区別される固有で独立した精神を持つ存在と捉えた。理性を啓発しうまく用いることができれば、そして自然の原理を数学的に分析、測定することができれば、人間は自然に従属するのではなく自然を利用できるようになるだろうとの考えが根づいていった。人間は合理的に思考し労働する存在として、自然はもちろんのこと、王を含め他人の意志に従属しない自由な主体として生まれたと考えられたのだ。

　もちろんヒューマニズムの人間像は、あくまでもわたしたちにそういう潜在力があるという意味であって、現実のわたしたちがそうであるということではない。人間は普通、衝動的で、依存的で、外部の力に振り回される弱い存在だ。潜在力は啓発、訓練されなければならない。伝統的なヒューマニストはそれゆえ、良い教育が重要だと考えていた（人文学 humanitas はまさに、ヒューマニズム的主体としての成熟を目指す人間に必要な知的探求を指す言葉だった）。二一世紀のヒューマニストは、それまで教育にかけていた期待を科学技術にかける。現実のわたしたちは弱く未熟だが、適切なテクノロジーの助けを借りれば変われるというのだ。いわゆるＮＢＩＣ、すなわちナノテクノロジー（Nanotechnology）、バイオテクノロジー（Biotechnology）、情報技術（Information Technology）、認知科学（Cognitive Science）をうまく活用すれば、[2]わたしたちはより強く、賢明になり、合理的に思考し、長生きし、互いに協力し合うことができると信じる。これが、トランスヒューマニズムと呼ばれる現代のヒューマニズムだ。

　たとえば、二〇三〇年に火星に基地を建設し植民地化するというイーロン・マスクの夢が実現されるとしよう。スペースＸ（イーロン・マスクが設立した宇宙開発企業）の最新の宇宙船に乗って火星に到着したわたしたちは、ソーラーシティ（テスラの子会社で、太陽エネルギーサービスに特化した企業）の生産する太陽エネルギーで火星の大気と氷から酸素と水を抽出し、植民地開拓を始めるだろう。最先端化するのは、宇宙船や、火星の地球化(terraforming)に必要な装備だけではない。わたしたち自身が「最先端化」されるかもしれない。ニューラリンク(イーロン・マスクが設立した、脳を研究するスタートアップ企業)が開発しているというチップなんかを頭の中に埋め込んで脳をオンラインにつなげば、慣れない惑星での生存方法をいち早く身につけ、孤独感や不安といった情緒反応も効果的にコントロールできるかもしれない。わたしたちは身体を強化するにとどまらず、精神面でもマーク・ワトニーのようなヒューマニズム的ヒーローに近づくことができる。

もちろん、数十年後に火星に建設される都市を闊歩する瞬間を想像する前に、今ここで提起しておくべき問いがある。わたしたちがみんなでトランスヒューマニズムの夢を見れば、わたしのように骨が弱く、ちょっとした困難にも心が揺らぐ弱い人間も、今この世界で、もっと強く、自由で、独立した存在へと変わっていけるのだろうか?

ホーキングほど人間的でないなら

スティーブン・ホーキング(Stephen Hawking)は、筋萎縮性側索硬化症が進行して声を出せなくなってからは、あらかじめ入力しておいた文字情報を音声に変換してくれるソフトを使って意思疎通した。彼が「時間の歴史」を講義するとき、身体は電動車椅子の上で微動だにしない状態で、音声補助ソフトの発する合成音声だけが会場に響き渡っていた。各種テクノロジーのおかげで彼は病気が進行する中でも研究を続け、その結果を世に発表することもできた。彼が電動車椅子に身を預け、冷たい機械音声で講演しているとき、人々は壇上の彼をただの無力で依存的な存在とは見ていなかったはずだ。

むしろ彼は誰よりも自由で独立した「ヒューマニズム的ヒーロー」だった。ホーキングの身体に結合された各種テクノロジーは、ヒーローである彼の単なる脇役のように見えた。[3] ソウル大学地球環境科学部のイ・サンムク教授は二〇〇六年、フィールドワーク中の大きな事故のせいで首から下が麻痺し、障害者になった。だが、つらいリハビリにも耐え、工学者らしく当時の最先端の補助機器を活用して二年後に大学に復帰した。息で電動車椅子を操作し、音声認識ソフトで論文を書き講義資料を作った（当時のソフトは韓国語の認識能力が英語よりかなり劣っていたため、英語で講義資料を作らざるを得なかった）。彼の別名は「韓国のスティーブン・ホーキング」だった。二〇一四年には、延世(ヨンセ)大学工科大学院の修士課程に在籍していたシン・ヒョンジンさんに、サムスン電子が自社開発の視線マウスを提供して話題になった。[4] シンさんには、眼球を除いて身体をほとんど動かせない重度の筋肉障害があるが、視線マウスのおかげで研究に効率よく取り組めるようになった。目でクリックし画面に文字を表示させて言いたいことを伝える彼を、ただの「機械」と見る人はいなかった。彼の別名は「延世大のホーキング」だった。イ・サンムク教授もシン・ヒョンジンさんも、スティーブン・ホーキングのように機械と結合したおかげで、そして機械に頼りながらも、充分に自由で独立したヒューマニズム的ヒーローの姿を見せている。

だが、機械と結合した人間がヒューマニズム的ヒーローのオーラを放つケースは、むしろ例外に近い。ＫＴが「ＡＩを活用して聴覚障害者（ろう者）の声を取り戻したい」と始めたプロジェクトの映像を思い出してみよう。このプロジェクトに参加したろう者は、科学技術と出合うことでより自由で独立した、すなわち理想的な「ヒューマン」の姿を手に入れたようにはまったく見えない。[5] むしろ手話を使っているときのほうがより「人間的」に見える。障害者がウェアラブルロボットを着用して再び二本の脚で立ち上がった映像では、彼の感極まった様子のどこにもヒューマニズムの理想的な姿は見当たらない。理想的なヒューマンはむしろ、彼に寄り添ってロボットを設計していたMITメディアラボの工学者の、知的で温和な表情に見いだすことができる。ある種の技術のおかげでわたしたちはより自由に、便利に、やりたいことができるようになったが、そのことが、トランスヒューマニズムの夢見る理想的な人間へとわたしたちを変えてくれるわけではない（最先端のスマートフォンを握ったからといって、あなたやわたしが何か自由になったか？）。

たいていの人はむしろ、機械と身体が強く結合すればするほど、より依存的になるのではないかと（またはそう見えるのではないかと）恐れるものだ。高齢者は「脚が動くうちは自分の力で歩きたい」と、歩行補助機器を使うのを嫌がる。電動車椅子や補聴器、スマートフォンなどが障害者の生活の質を大きく向上させることは明らかなのに、それらが自分の身体の一部として関与してくる度合いが大きくなると負担に感じられるのも、それと同じ理由だ。わたしも電動車椅子に初めて乗ったとき、少しそんな気持ちになった。手動車椅子は電動に比べるとサイズが小さく自分の腕でこいで移動するので自分の身体の一部という感じがしたが、電動車椅子に乗るとどういうわけか自分が「機械の一部」になった気がした。障害者人権活動家のキム・サンヒさんは、身体を直立姿勢にしてくれるスタンディング機能つきの多機能電動車椅子を使っている。非常に高価だったが、起立性低血圧や腰痛に悩んでいたこともあり、一大決心をして購入した。実際に使ってみると、自分の身体や条件によく合う便利な機器だった。だがその車椅子を使用している自分に対する人々の反応にはいつも、もやもやしたものを感じたという。彼女は『ビーマイナー』への寄稿文でこう述べている。

多機能電動車椅子に乗っていると、好意的でない目で見られることが多い。「自分が金持ちなのをひけらかしたくて買ったんだろ」というような言い方をする人もいたし、後先考えずに生きている人みたいに思われることもあった。ブルジョア特権階級だと思う人もいる。そのため場所によっては、車椅子の機能を作動させるのがためらわれることも多い。実際、こういう問題は購入前から予想はしていた。わたしは借金をしてでも買うことができたけれど、借金することもままならない状況にある人たちのことを考えると、そういうもやもやした気持ちは自分が引き受けなければならないものだとも思う。誰かに電動車椅子の値段を聞かれるたびに後ろめたい気持ちになるのはそのためだ。[6]

わたしは彼女の悩みがある程度理解できる。そういう車椅子は極端に高価で、大きくて場所を取るし、いろいろな機能もついていて、とにかく目立つ。身体はより自由に、便利に動かせるようになるかもしれないけれど、「そのためなら他人の視線や態度なんてどうでもいい」というわけにはいかないのが現実だ。あるテクノロジーと結合した人間の主体性は、それによって機能的な自由をどれほど獲得するかではなく、そのテクノロジーを「支配する資格」があるかどうかにかかっている。アイアンマンがヒーロー物語の主人公になる理由は、トニー・スタークがアイアンマンのスーツを自分で開発したからだ。ヒューマニズム的ヒーローは、自身をより強く自由にしてくれるテクノロジーを能力で圧倒するか（飼いならすのが難しい野生動物の背中に乗ったり、誰も持ち上げられない斧を持ち上げたり）、自分で創造するか、あるいは過酷な試験に全身で耐え抜いて生き残るかしなければならない。そうして初めて、その武器（テクノロジー）を所有する「資格」が認められる。不思議な放射線を偶然浴びてすごい能力を手に入れたからといって誰でもヒーローになれるわけではなく、もともと何度倒れても立ち上がるような人物でなければヒーローにはなれないのだ。ヒーローの成長物語は、障害とテクノロジーの関係にもそっくり当てはまる。最先端技術で武装した高価なテクノロジーと結合した障害者は、その技術を圧倒するようなストーリー（悲劇的な事故で、ある日突然すべてを失ってしまう、という類の）、またはテクノロジー関連の職業や知識、技術力（ハイテク企業の創業者、天才的な工学者など）を持っていなければ「ヒューマニズム的ヒーロー」にはなれないのだ。

キム・サンヒさんは人権活動家として長い経歴を持ち、すばらしい文章を書くライターでもあるが、「ホーキング」ではない。社会は、脳性麻痺の障害を持つ人権活動家の女性をヒューマニズム的ヒーローとして見ようとはしない。そのため彼女は後ろめたい思いをし、「こんな車椅子に乗っていると変わった人だと思われるのではないか」と悩むことになる。わたしは彼女に、そんなふうに悩むことなくその車椅子と共にもっといろいろなことに積極的にチャレンジしてほしいと願っているけれど、そういうわたしだって、もし彼女の立場だったらやはり同じように感じ、考えていただろう。技術はわたしたちの生活をより便利にしてくれるが、すべての人をより「人間的」にしてくれるわけではない。

人間というアイデンティティーを問題視する存在

わたしたちはつねに人間でありつづけてきた、あるいは、わたしたちは人間でしかない。少しでも確信をもって、誰もがそう断言できるわけではない。西洋の社会・政治・科学におけるこれまでの歴史的契機は言うに及ばず、現在でもなお、わたしたちのなかには完全には人間とみなされていない者がいるのだ。[7]

ヒューマニズムの時代に、すべての人が常に「人間」であるわけではなかった。自由で独立した、合理的な主体となり得る潜在力を持っていたのは、ヨーロッパの特定地域に暮らす白人男性、それも障害のない人たちだったはずだ。時代が変わり「人間」の範疇は少しずつ広がっていったが、そもそもヒューマニズムのいうところの「人間」は空虚で偏った観念だったと批判する人は多い。(批判的)ポストヒューマニズムと呼ばれる立場が代表的だ。彼らは、トランスヒューマニズムとは逆に、科学技術の発展はそうした空虚な概念の「人間」を完成させるというより、さらに解体させるほうに働くだろうと予想する。

コミュニケーション技術や情報科学の発展は、世の中に存在するあらゆるものを「デジタル化」し、異質なもの同士の境界を壊す。絵と音楽はそれぞれ異なるアイデンティティーを持つ、明確に区別される芸術様式だが、デジタル化が可能になったことで、今や質的な差はなくなった。音楽であれ絵であれ、すべて0と1からなるデジタル情報に変換して機器に保存し、出力し、離れたところとも転送し合う。人体の切断部位の神経情報をデジタル化して最新型の義足(人工補綴物)とつなげば、人間の「純粋な」脚と人工の脚の区別はあいまいになる。同じ文脈で、今この時代において「純粋に」独立した自律的な主体としての「わたし」とは何か、という問いに答えるのは容易ではない。わたしはある日家で焼き豆腐を作りながら、誰に強制されたわけでも邪魔されることもなく、ふと、退職金でアルゼンチン最南端の都市ウシュアイアへ行こうと決心するかもしれない。だが前の晩、眠る直前にFacebookのタイムラインで南米旅行の広告を(記憶にも残っていないが)目にしていたとしたら？　わたしの脳は事実上、二四時間、デジタルネットワークにつながっている。わたしが過去に考えたことや目にしたイメージはデジタル化されてネットワーク上を漂いつづけ、それぞれ拡散された場所でほかの人の脳にリアルタイムで影響を与える。外部と分離した、独立した「精神」を持つ「わたし」という主体は、そもそもが幻想だったのかもしれないが、ますます疑問の的になっていく。

トランスヒューマニズムにおけるサイボーグはあくまでも、わたしたちがより自由で独立した人間であるための手段、わたしたちのヒューマニズム的主体性を強化する手段として存在する。だが(批判的)ポストヒューマニズムにおけるサイボーグは、異質なもの同士が混じり合った、情報科学時代の「雑種的な」主体性を象徴している。ダナ・ハラウェイ(Donna Haraway)によると、ハイテク文化において「人間と機械の関係では、誰が生産者で誰が生産物なのかはっきりしない。プログラミングされて動く機械では、何が精神で何が肉体なのかはっきりしない」。今の時代に「わたしたちは自分自身がサイボーグ、ハイブリッド、モザイク(一つの個体に異なる遺伝子型の細胞が共存している状態。二つ以上の受精卵が合わさってできるキメラとは違い、一つの受精卵に由来する)、キメラであることに気づくことになるだろう」。情報科学やコミュニケーション学が高度に発達した世界では、機械と有機体、技術的なものと有機体的なもののあいだに根本的な分離はないということだ。[8]

ハラウェイは、モノや他者とシームレスでつながる存在として障害者に注目し、「身体の麻痺など重度障害のある人は、コミュニケーション装置との複合的なハイブリッド化を最も直接的に試み、体験するだろう」と述べている。[9]その観点からすると障害者は、高価な最先端の車椅子を自在に操るヒューマニズム的ヒーローでも、機械に全面的に依存する無力な（欠如した）人間でもなく、車椅子や盲導犬、補聴器、ヘルパー、白杖と一体となって動く、簡単には規定することのできないハイブリッド的存在だ。そしてこの観点は、先に述べた、今の時代を生きる多くの障害者の経験とよく符合しているように思える。彼らは、最先端機器の補助を受けるわけでもなく、テクノロジーの存在感などかき消してしまうスティーブン・ホーキングのようなヒューマニズム的ヒーローでもないけれど、正常と非正常、人間と非人間という伝統的な区分に問題を提起するサイボーグだ。巨大な電動車椅子に乗って「人間の権利」を主張する障害者運動の現場は、今の時代に、人間とは何かという根本的な問いを最も明確に投げかけている。

これまで障害者は、ヒューマニズムのいうところのヒューマン（人間）と認めてもらえず、長いあいだ闘ってきた。そういう意味で、障害者を「ヒューマンの観念を解体し、境界を横断する存在としてのサイボーグ」と捉えることは、識者たちの理論的遊戯に過ぎないようにも思える（いまだに「人間」と見てもらえず差別や抑圧を受けているのに、「人間」を解体する存在になってどうするというのか）。[10]しかし、わたしたちが新しいサイボーグの隠喩をもとに、障害者の身体とテクノロジーが結ぶ関係の実態を探るのは、単に障害者を「堅固なアイデンティティーを解体する存在」として見るためではない。テクノロジー(機械)と緊密に結びついた障害者の身体とその日常に目を向けることによって、これまでテクノロジーをめぐる議論に登場してこなかった存在のヒーロー的な面を発見することができる、という点をわたしは強調したい。それはもちろん、最先端テクノロジーを開発、販売するシリコンバレーの人々の能力のことでも、逆に、機械の力を借りつつその機械を圧倒してしまうヒューマニズム的ヒーロー(スティーブン・ホーキング)のオーラのことでもない。

青テープのような存在たち

映画『オデッセイ』にはダクトテープがよく登場する。ヒビの入った宇宙ヘルメットに貼って酸素漏れを防ぎ、爆発した探査基地の一部をビニールで覆って修復するのにも使われる。ダクトテープは一九四三年、ベスタ・スタウト(Vesta Stoudt)という女性のアイデアで開発された。防水や接着力に優れているため軍隊での安全な物資運搬に活用され、その後ジョンソン・エンド・ジョンソンが商品として発売し、万能テープとして広く使われるようになった。一九七〇年、アポロ一三号の酸素タンク爆発事故の際、二酸化炭素の除去装置を一時的に設置するのに使われたことは有名だ。当代の最先端テクノロジーが総動員される宇宙ミッションにおいて、ダクトテープは必須アイテムだった(NASAが最も愛する道具だとも言われている)。韓国で有名なダクトテープとしては「青テープ」がある。どこの家にも引き出しの奥やチェストの上なんかにあるはずだ。わたしは大学時代、壁新聞を貼るのにときどき使っていた。粘着面を外側にして輪にすると、広場の掲示板に大きな壁新聞をしっかりくっつけることができた。自動車が古くなると車体が腐食してくるが、そのときにも活躍してくれる。青テープは二つの物をつなぎ合わせるのに最も簡単、便利で効果的な「テクノロジー」だ。ヒビの入ったガラス戸や、壊れたプラスチックのおもちゃ、重い荷物の入ったダンボール箱に青テープを貼れば、二つの物の関係は修繕／治療／矯正／連結される。

映画記者キム・ヘリさんは『オデッセイ』に関するエッセーで、マーク・ワトニーを演じたマット・デイモン(Matt Damon)を「ゴム紐のような存在感を持つ人」と表現している。ハリウッドスターでありながらどこかとぼけて見え、一般人の中にゆうゆうと紛れ込んでいくような人物だからだ。スクリーンでは圧倒的な存在感を放ちながらも、時にあまりに「普通の人」に見えて、ロンドンで通行人に写真を撮ってほしいと頼まれたこともあるという(当然、スター俳優である自分と一緒に撮ってくれという意味だと思ってポーズを取っていたら、どやされてしまった。「おじさん、何してんの。わたしたちを撮ってほしいんですけど」)。マーク・ワトニーはエリート植物学者として「ヒューマニズム的ヒーロー」ぶりを存分に発揮するが、一方で、探査車ローバーを命あるもののように大切にしたり、「オレは宇宙海賊だ」とおどけたりする姿は子どものようでもある。そんな人物のヒーローぶりをうまく表現したマット・デイモンを、キム・ヘリ記者はこう分析する。「みんなとわいわい騒いでいても、いざというときには黙ってヒーロー的な行動をとる人物に、マット・デイモンほどぴったりな役者はいない。彼はいわば、『オデッセイ』に出てくるダクトテープのようなヒーローだ」[11]。

ここでわたしは、現実を生きるサイボーグは「ヒューマニズム的ヒーロー」とは一味違うヒーロー的な面を持っていることを、旧友たちの例を通して紹介したい。Yは車椅子ユーザーで、聴覚障害があるため補聴器を使っている。さらに別の慢性疾患もある。わたしがこれを書いている二〇二〇年の秋の手前、乗りはじめて一〇年をゆうに過ぎたYの自動車は走行距離もかなり長くなり、買い替えどきを迎えていた。Yは車がないと自由に移動できないが、まだ学生という身分なので経済的に余裕がない。そこでYの旧友Jが自分の車を、相場よりうんと安い値段で譲ることにした。

Jは建築士で、聴覚障害のある女性で、一〇年以上の社会人経験がある。現在の社会的地位を得るまでにはさまざまなハードルがあったはずだが、長年、真摯に努力して職業的な専門性を培ってきた。だがJは「ヒューマニズム的ヒーロー」とはかけ離れている（Jはマーク・ワトニーよりはるかにつまらない「オヤジギャグ」を連発したり、自分の車を譲ったはいいが悲しくて一晩めそめそしたりする人間だ）。Jの生活には複数のテクノロジーや人間が結合している。職場では、ソボロというソフトとGoogleの開発した音声字幕変換アプリを併用。スマートフォンやタブレットPCは、意思疎通のためだけでなく、建築専門家という職業的にも欠かせないものだ。もちろん、それだけでない。Jは建築士試験の勉強をしていたころ、オンライン講義の動画に字幕がまったくついておらず往生してしまった。そこでJの父親Aが全講義を視聴して内容を書き取り、字幕を作成。Jは講義の動画とAの作った字幕を見ながら試験の準備をし、建築士になった。[12] このようにして培った力量や知識、経験をもとに職務を忠実に果たして経済活動をおこない、買い替え時期を早めてまで快くYに車を譲ってあげたのだ（Jがとんでもなく安い値段で譲ると言うので、Yがそういうわけにはいかないと少し上乗せして支払ったほどだ）。

Yは慢性疾患のせいで筋肉量が減ったため、車椅子に小さなモーターをつけて電力で楽に動けるようにした。ところが車椅子の重量が増え、自分一人で車に積むのが難しくなってしまった。そこでY

は、車椅子を車に積んでくれるオートボックスという装置を設置することにした。ベルトで車椅子を吊り上げて、車の屋根の上のボックスに自動で収納するものだ。Yはオートボックスを設置するため二〇二〇年の晩夏、京畿道（キョンギド）にある自動車整備工場を訪ねた。新型コロナウイルスの影響でマスク着用が日常化し、Yは人との対話がいっそう困難になっていたため、わたしが同行した。そこでわたしたちは整備士Bと会った。彼は片脚に小児麻痺による障害があった。仕事に行くJに代わって父親Aが整備工場までJの車を運転してきた。そして設置予定のオートボックスがそこにあった。わたしは不思議な感覚を覚えた。

Yをよく知らない人がこれを読むと、Yを常に誰かの助けを必要とする依存的で無力な人間だと想像するかもしれない。または、Yの生活を改善するには、Yの障害や慢性疾患を治療する劇的な技術が開発されるか、さもなければ、マスク越しの声まで完璧に認識する最先端の補聴器や、電動車椅子に座ったまま自動で乗り込める高価な特殊車両が必要だと考えるかもしれない。

YがJから譲り受けた車に設置したオートボックスは、ものすごく特別な技術が適用されているというわけではないけれど、車椅子を自力で車に積めない障害者にとっては非常に有用なものだ[13]。車椅子を楽に、スムーズに車に積んでくれるこのような技術が、もっと安価で、もっとたくさん開発されて、重い障害のある人が気軽に利用できるようになることを願う。だがここでは、オートボックスというテクノロジーとYが出合った、その具体的な過程に注目したい。障害のあるBは自動車整備士として専門性を深める中で、おそらく彼の周りにもいる車椅子ユーザーたちに必要なオートボックスにも関心を持つようになったのだろう。Jの父親Aは、自分の娘が、車椅子は使っていないものの補聴器やデジタルデバイスを活用して建築の専門家へと成長していく過程を見守りながら、娘の友人Yの障害とテクノロジーとの関係や、Yの職業的な成長にも特別な関心を寄せていたのだろう（だからこそJに代わってわざわざ仁川(インチョン)から京畿道南部まで車を運転して来てくれたのだろう）。わたしはYをよく知っているのでYがマスクをした人と対話するのが難しいことを認識していたし、Yと同じ車椅子を使っているので（Aはあまり詳しくない）身体障害者用の車両の特殊性についても理解していた。こうしてYとわたし、Jの父親A、整備士B、Jの自動車、オートボックスという機械がそこで出合い、さまざまな方法で協力し意見を交わしながら、Yに適したオートボックスを設置した。

電動モーター[14]をつけた車椅子に乗っているYは、オートボックスと出合うことでより自由に、快適に、自分の車椅子や自動車と共に移動できるようになった。この過程にはヒューマニズム的ヒーローはいない。Yは障害者の健康や病気、労働に関するすばらしい研究をおこなってはいるが、これまで見てきたように、自身の抱える障害のうち「克服」したものは一つもない。Yの生活に高価なテクノロジーが動員されているわけでもない。かといって、Yとつながったわたしや J、Jの父親A、整備士Bの誰かがヒーロー的な行為をしたのでもない。わたしは、Yを中心とした人間と機械のネットワークの中に、あるテクノロジーが効果的に作動する瞬間を捉えた「細密画」を見る。どんなに目を凝らしてみてもその絵には、たくましく、堂々と、独立して問題を解決する主体や、最先端テクノロジーで身体や精神を強化した主体はいない。ある特定の技術に行為の主体性が完全に縛られている個人も存在しない。

言うなればYは、本書でこれまで述べてきた、そしてこのあとの章でもさらに詳しく述べる、サイボーグの具体的な形象(figure)だ。アイアンマンのスーツを着て海や空を飛び回るスーパーヒーローでもなく、機械と人間、正常と非正常という境界や区分を超えて横断する驚異的な「雑種」でもない。目立たない平凡な連結の中心にいるサイボーグ的存在は、その連結のおかげで力を発揮するだけでなく、その連結を支え、維持するという点で(キム・ヘリ記者の表現を若干アレンジして引用するなら)「青テープのようなヒーローだ」。

注

1　アリストテレスは、「感覚的な生」はほかの動物たちにも共通したものだが「理性的な部分の活動的な生」は人間固有のものだと述べた(チョン・ビョンヒ訳、『ニコマコス倫理学(NE 1098a)』、図書出版スプ、二〇一三、三九ページ。

2　イ・ジョングァン、『ポストヒューマンがやってくる』、サウォレチェク、二〇一七、三五〜四二ページ。

3　アメリカのコメディードラマ『ビッグバン・セオリー』の中で、世間知らずの純粋な工学研究者である主人公がホーキングの合成音声を真似るシーンが、違和感を感じさせることなく成り立っているのはそのためだ。このシーンは、ホーキングという偉大な学者で(しかも)障害者である人物をコメディーの対象とするという大胆なものでありながら、彼を尊重する姿勢にはまったく影響を及ぼしていない。ホーキングの合成音声はホーキングではない。ホーキングの「本質」は彼の卓越した思考力と不屈の意志にある。

4　サムスン電子は普及型視線マウス「EYECAN+(アイキャンプラス)」をシン・ヒョンジンさんに贈った(「〝目でクリック〟して意思疎通する延世大のスティーブン・ホーキング」、『韓国経済』、二〇一四年一一月二六日)。既存の視線マウスは一〇〇〇万ウォンもする高価なものだったが、サムスン電子の普及型は価格を大幅に抑えた。サムスン電子は自社の広報サイトで、五万ウォンほどの材料費で製作が可能だと述べている。二〇二一年現在、視線マウス(アイトラッカー)は特別支援教育の現場で補助機器として広く活用されている。視線マウス機能を内蔵したiPad Proも発売されている。

5　このプロジェクトに関する本格的な議論は、本書第3章のキム・チョヨプの文章(四五〜四八ページ)を参照のこと。

6　キム・サンヒ、前掲記事〔第3章注10〕。

7　ロージ・ブライドッティ著、イ・ギョンナン訳、『ポストヒューマン』、アカネット、二〇一五、八ページ〔原書『The Posthuman』(二〇一三)、邦訳書『ポストヒューマン——新しい人文学に向けて』門林岳史ほか訳、フィルムアート社、二〇一九〕。

8　ダナ・ハラウェイ著、ファン・ヒソン訳、『ハラウェイ宣言文』、チェクセサン、二〇一九、七八ページ〔原書『Manifestly Haraway』(二〇一六)〕。ただしハラウェイは、新しいテクノロジーが生み出すハイブリッド的(雑種的)アイデンティティー(すなわち汚染されたアイデンティティー)としてのポストヒューマンやポストヒューマン的主体性とは次第に距離を置き、サイボーグを「伴侶種」として理解するようになった。ハラウェイに関する研究書でチェ・ユミはこう述べている。「アイデンティティーの汚染は、最新のテクノロジーがもたらした祝福(もしくは呪い)ではない。地球上の存在は最初から異種混交的な雑種だったのであり、単体や個体ではなく伴侶種だったからだ。それゆえハラウェイはサイボーグを伴侶種のカテゴリーに含める。サイボーグはごく最近の関係網によって形成された、伴侶種の最も新しい種族だ。……伴侶種になるというのは、その無垢ではない関係の中に入っていくということだ。この関係をできるだけ暴力的、支配的でないものにするために、わたしたちは不死のポストヒューマンになるべきなのではなく、堆肥体(compost)になるべきなのだ」(チェ・ユミ、『ハラウェイ、共—産の思惟』、図書出版b、二〇二〇、一八四ページ)。

9　ダナ・ハラウェイ、前掲書、七八ページ。

10　障害者はこれまで無力で依存的な存在とされ、常に保護と統制の対象だった。アメリカのカリフォルニア大学バークレー校で一九六〇年代末、重度障害者エド・ロバーツ(Ed Roberts)が始めた障害者運動の名称は「自立生活運動(independent living movement)」だった。代表的な発達障害者運動の名称は「ピープルファースト(people first)」だ。二〇世紀後半、世界中に広がった障害者運動は、障害者が医療機関や福祉施設で保護を受けながら生活する人生、すなわち施設化(institutionalization)に反対した。統制や隷属ではなく自律性や独立を欲した。つまり障害者運動は、近代以降ヒューマニズムが理想的な「人間」として提示してきたまさにその範疇に障害者も入ることができ、入るべきだという前提に基づいている(アメリカの障害者運動の歴史は『障害の歴史』=キム・ニールセン著、キム・スンソプ訳、東アジア、二〇二〇=に詳しい。Netflixのドキュメンタリー『ハンディキャップ・キャンプ』も興味深い。韓国の障害者運動の歴史は『差別に抵抗せよ』=キム・ドヒョン、朴鍾哲出版社、二〇〇七=に詳細にまとめられている)。同時に、障害者の権利のための闘争は常に、近代ヒューマニズムの人間中心主義を問題視し解体しようとする運動でもあった。二〇二一年の今、ますますそうだ。スナウラ・テイラーの『荷を引く獣たち』(今津有梨、チャン・ハンギル訳、オウォレポム、二〇二〇)〔原書『Beasts of Burden: Animal and Disability Liberation』(二〇一七)、邦訳書『荷を引く獣たち』今津有梨訳、洛北出版、二〇二〇〕が代表的な書籍だ。この本で障害者は「人間として」同等であるゆえに権利の主体となるのではなく、動物として、動物と共に解放の主体として存在している。

11　キム・ヘリ、『わたしを見るあなたを見ていた』、アクロス、二〇一七、二九五ページ。

12　なぜ予備校のオンライン講義には字幕がついていないのか、つける義務があるのではないのか、批判的に考えてみるべきことだ。なぜ必要な情報がJの利用できる形で提供されず、Jの家族がその役割を負わねばならなかったのか。ただしここでは、制度や政策、人権といったレベルでの批判は置いておき、Jの父親がノートブックというデジタルデバイスと共にJの生活に「テクノロジー」として結合したという点に注目したい。

13　オートボックスは五〇〇万ウォンから一〇〇〇万ウォンもする、かなり高価なものだ。職場で働いている障害者には韓国障害者雇用公団が設置費用の一部を負担してくれる。Yは運良くオートボックスも中古で手に入れることができた。

14　この電動モーターはエンジニアのシム・ジェシンさんが開発したものだ。開発のきっかけとなったのは「障害のある友人が重い電動車椅子を自動車に積むことができず困っている」という娘の話だった。本書第7章でキム・チョヨプがその事例を紹介している(一五五〜一五六ページ)。

II　ケアと修繕の想像力

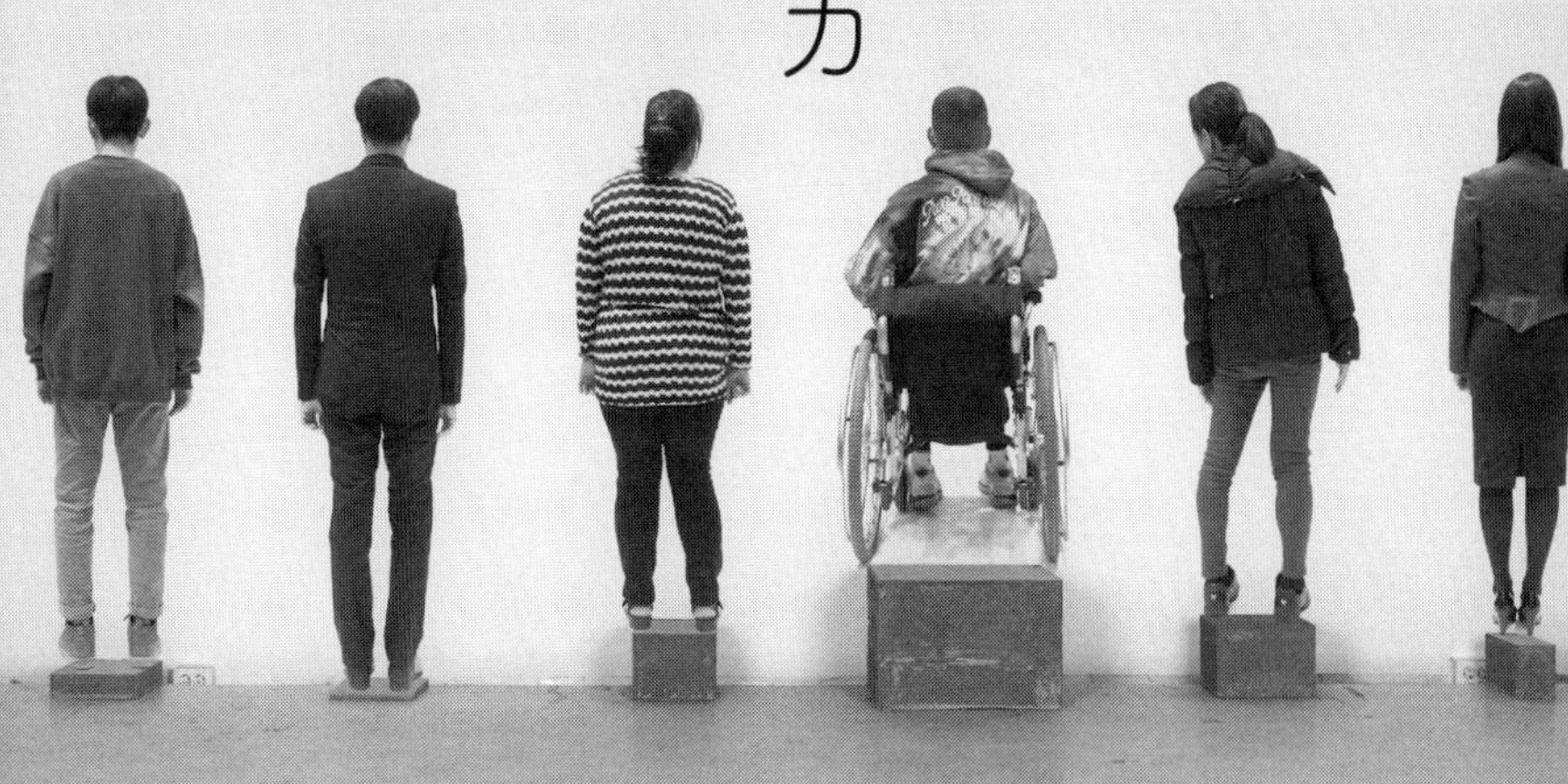

したがって，あるものはより小さく，あるものはより大きい．
(2020 年展示会「見ちがい言いちがい」イ・ジヤン)

5章 衝突するサイボーグ

キム・チョヨプ

一五歳のとき、神経性難聴と診断された。特に治療法はなく、これ以上悪くならないよう補聴器を使うくらいしかないと医師に告げられた両親は、どうしたものかと周囲に相談した。すると、親戚の知り合いに補聴器の店を営んでいる人がいるという。補聴器は非常に高価なので、誰かの紹介で行けば少しでも経済的な負担を抑えられていいだろうという話だった。教えてもらった住所を手に、母と共に西面(ソミョン)駅〔釜山市の繁華街にある地下鉄の駅〕一三番出口を出ると、見慣れない光景が広がっていた。補聴器の店がずらりと軒を連ねていたのだ。道路を挟んだ向かい側の出口の前にもあった。できたばかりのようなピカピカの店もあれば、年季の入った看板を掲げた古びた店もあった。補聴器の店だらけだ。店はこんなにたくさんあるのに、実際に使っている人はどうして一度も見たことがなかったのだろう。

中に入った第一印象は「眼鏡屋さんみたい」。聴力検査に必要な機器が並ぶ検査室や、補聴器を点検するための小さなブース、補聴器をモデル別に並べた陳列台があった。病院とは違って聴力検査もとてもリラックスした感じで進められ、インテリアや壁のポスター、宣伝文句も、聴力に問題があると診断された人を安心させるような雰囲気があった。技能者も「補聴器はおかしなものではありません。眼鏡と同じようなものです」と言って、それがごくありふれたものであることを強調した。補聴器に抵抗感を持っている客に数多く接してきたことがうかがえた。

けれどカタログに載っている補聴器の値段は、眼鏡とは比べ物にならないほど高かった。値段を見て驚いているわたしたちに技能者は、補聴器は最先端技術が集約された「超小型コンピューター」のようなものだ、と付け加えた。今もそうだが、補聴器は、ごく一般的な家庭にとって経済的に非常に大きな負担となる代物だった。当時はわが家の経済状況が特に思わしくないころだったので、親戚に助けてもらってなんとか初めての補聴器を買うことができた。

わたしは技能者に薦められた、耳の中にすっぽり入る「耳あな型」補聴器を注文した。外殻であるシェルは耳の形状に合わせたオーダーメイドだった。品物を受け取るため店を再訪した日、シェルまで完成した実物を初めて目にした。爪の大きさほどの小さなものだが、赤と青のシェルの色（見分けやすいよう右は赤、左は青と世界共通で決められている）は目に鮮やかだった。技能者はつけ方を説明したあと、わたしの前に鏡を置いた。わたしは教えられたとおりに補聴器を耳に入れ、顔を右に向けたり左に向けたりしてみた。技能者がにこやかに尋ねた。

「どうですか、全然見えないでしょう？」

補聴器は目立たなかった。鏡の前のわたしは平凡に見えた。補聴器をつけている一五歳には見えない。隣にいた母もうなずいていた。耳をふさいでいる窮屈な異物感さえなければ、補聴器をつけているようには思えなかった。技能者は念を押すように言った。

「近くからだと見えるかもしれませんが、女性の場合は髪の毛で隠れるので、見た目にはほぼわかりませんよ」

髪を耳にかけた状態で鏡に映してみた。そうしながらわたしは、この一連の作業が、自分に似合う眼鏡を選ぶのとはまったく違うということに気がついた。眼鏡店のそれとは違って補聴器店の鏡は、補聴器が外から見えないことを確認させるために置いてあった。わたしは補聴器をつけていることをずっと隠していられた。そして、これからもわたしにはそうすることが求められるのかもしれない、という気がした。

韓国では、本体が大きくて目立つ「耳かけ型」補聴器（Behind the Ear）と、耳の中にすっぽり入って目立たない「耳あな型」補聴器（In the Ear）のうち、後者のほうが好まれてきた。耳あな型は、耳かけ型よりかなり小さいため性能が相対的に劣るうえ、異物感や湿気、閉鎖感などデメリットが多いにもかかわらず、「外から見えない」という特徴が何よりのメリットとされてきたのだ。だが最近は、従来の耳かけ型と同じく本体を耳にかける「小型耳かけ型」補聴器（Receiver In the Canal）が主流になりつつある。小型耳かけ型は従来型と構造が似ているため、利点もほぼ同じだ。ただ、本体から分離されたレシーバー〔スピーカー〕を耳の中に入れるように設計されているので、従来型より本体がコンパクトだ。実際に装着しても、本体とレシーバーをつなぐ透明のワイヤー以外はほとんど見えない。補聴器の専門家たちは、この小型耳かけ型が最近主流になりつつある理由の一つとして、従来型に比べて「審美性」に優れていることを挙げる。補聴器における審美性は、人目を引くようなファッション性ではなく「外から見えない」ことにあるというわけだ。

補聴器が隠すべき機器と考えられていること、眼鏡はファッションだが補聴器はファッションではないということは、わたしを悩ませた。補聴器をつけ始めたことを親しい友人たちに話そうかとも思ったが、「どうせ見えないようにできてるのに、わざわざ言う必要ある？」と思い直したりもした。テレビで、言葉がうまく聞き取れない人に「補聴器が合ってないんじゃないですか」とからかうことがあるが、その言葉は「眼鏡が合ってないんじゃないですか」とは、まるで違うように感じられた。数年後にワイヤレスイヤホンが登場すると、そのデザインを「補聴器みたいだ」と茶化す言葉をよく見聞きした。これらはすべて障害の「烙印（スティグマ）」に関係しているものだったが、わたしは長いあいだ「補聴器は恥ずかしい物なのか？　それともそれを隠すのが恥ずかしいことなのか？」という問いと格闘しなければならなかった。補聴器を隠すのは当事者の単なるコンプレックスだ、という言葉では片付けられないほど、この小さな機器にかぶせられた社会的イメージがだんだんはっきりと見えてきたからだ。

見えない障害

聴覚障害は目には見えない。聴力の損傷があることを自分から言わなければ、相手はわたしの障害に気がつかない。もちろん、いくつかの手がかりから気づく場合もある。言葉をよく聞き取れないとか、発音が不自然だとかいうのは相手にも伝わることだ。でも人々は普通、そういう人に出会うと、特にそれが若い人である場合、聴力の損傷ではなく何か別の理由があると考えるようだ。わたしも

「もしかして外国の方ですか？」「歯の矯正をされてるんですか？」と聞かれたことが何度もある。ろう者の場合は手話で気づかれるだろうが、音声言語を使って暮らす聴覚障害者や、片耳だけ聞こえない片側性障害、軽症の障害の場合は、聴覚障害があることに気づかれにくい。

このような、見た目ではわかりにくい、当事者が言わなければわからない障害を「見えない障害（invisible disability）」または「隠された障害（hidden disability）」と呼ぶ。これには、心理的な問題や内部障害、慢性疼痛、視野狭窄など他人には気づかれにくい症状が原因となっている移動障害、発達障害、精神障害など、さまざまな種類がある。こういう障害のある人は、見た目でわかる障害のある人とはまた違った困難に直面する。障害はその人の日常に常に影響を及ぼしているのに周囲がそれにすぐには気づかず、必要な助けの手を差し伸べられないケースが多いからだ。場合によっては、周りがその人の障害を忘れてしまったり、本人の苦痛に鈍感になったりすることもある。

見えない障害の中には、常に「疑いの目」を向けられるものもある。たとえば慢性疼痛のような、国の障害登録制度には含まれないものの日常生活に絶えず影響を及ぼす障害が、特にそうだ。スーザン・ウェンデル（Susan Wendell）は著書『拒絶された身体』で、筋肉痛性脳脊髄炎という慢性疾患を抱える自身の経験を語っている。見るからに病人という感じではなく、日常生活もおおむねこなしていたので、周囲は彼女に障害があるとは思わなかった。そのためウェンデルは自身の状況や限界、苦痛について何度も人に説明しなければならなかった。『難治の想像力』の著者アン・ヒジェもやはり、クローン病による慢性的な疼痛や日常での困難について、繰り返し人々の理解を得なければならないことの大変さを述べている。見た目にはわからず、かつ障害等級のような明確な「証明」もない場合

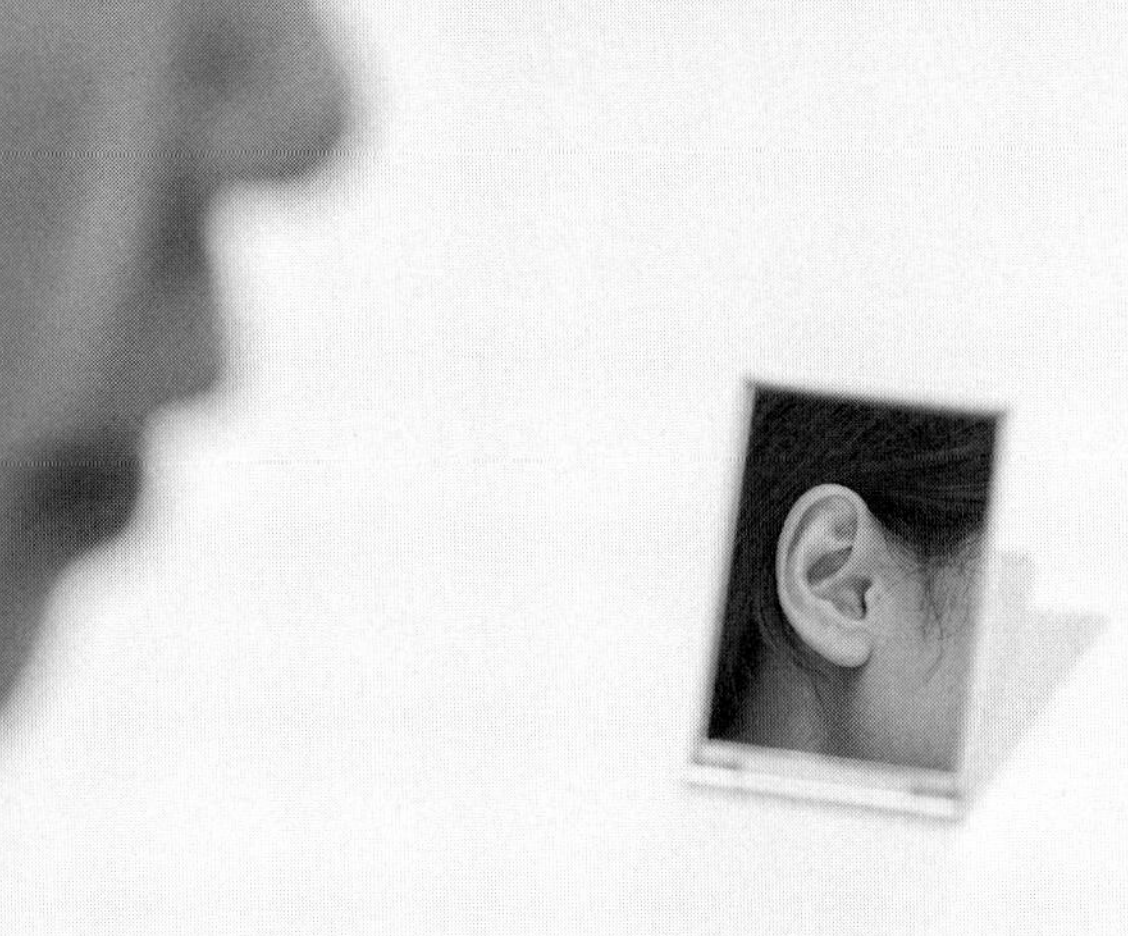

「どうですか，全然見えないでしょう？」

は、二重の困難を抱えることになるのだ。

見えない障害のある人は、障害者用駐車スペースなどの施設を利用したり手助けを求めたりすると訝しげな目で見られ、時には面と向かって非難されることもある。「その身体のどこに障害があるというんだ」と。障害のある人は何もできないという意味ではないが、障害者にとって、適切な手助けや、アクセシビリティーに配慮した環境が必要なのは事実だ。だが障害が否定的なスティグマとして作用する社会では、「適切な環境や条件のもとでは障害者は力を発揮できる」という選択肢は消え、障害は「完全なる無能」または「証明しなければ疑いの目を向けられるもの」の二択となってしまう。

補聴器はかなり特異な技術、装置と言える。もともと見えていなかった障害を見えるようにする、つまり障害を可視化するという点においてだ。耳かけ型のように外から見える補聴器を使っていれば、聴覚障害があるとわざわざ言わなくても人々は簡単に気づくだろう。人工内耳の体外装置も同じだ。障害を補助するテクノロジーや装置にはこのように、見えていなかった障害を可視化するものが多い。視覚障害は、道具を使用しないときより白杖を使うときのほうが、より可視化される。発達障害や自閉のある人が、写真や絵、スマートフォンのアプリを利用した「補助代替コミュニケーション」（コミュニケーションに障害のある人が、本人の残存能力（絵で事物を表現した「シンボル」や文字盤を指すなど）とテクノロジーを活用して相手に意思を伝える手法）を活用すれば、障害はより可視的なものとなる。関節炎自体は目に見えないが、膝関節の装具は関節炎を可視化する。このようにテクノロジーや装置を使用することで、隠れていた障害が可視化されること、それによって障害の社会的スティグマを負うようになることは補助技術スティグマ（assistive technology stigma）と呼ばれ、これは障害者が補助技術の使用をためらったり拒否したりという結果にもつながる。[1] ところで先に、見えない障害を抱える人の苦労を繰り返し述べたので、もしかしたらこんなふうに思う人もいるかもしれない。「障害が外から見えないせいで大変だったなら、障害が見えるようになれば苦労しないで済むのでは？」

サイボーグという烙印

障害の可視性と非可視性、障害当事者がどちらを選択し、どこまでオープンにするかという問題は、非常に複雑だ。障害に対するスティグマの存在する社会で障害を公表するというのは、単に個人の特性を何か一つ公表することとはわけが違う。障害は、それだけで個人のほかの特性を消し去ってしまう否定的なアイデンティティーとして捉えられる。特に障害は「無能さ」と結びつけられやすいため、障害があることを明かすと、不当な社会的評価を受けたり職を脅かされたりといった、非障害者なら経験しないようなことを経験することもある。見えない障害を抱える人は、障害の公表による利点（必要な助けを得られる）とスティグマの二つを天秤にかけざるを得ず、多くの場合、障害を隠して非障害者としてパッシング（passing）する（もとは、肌の色が白い黒人が白人になりすますことを指す言葉。ここでは、非障害者のふりをすること）ことを選ぶ。

補聴器に関する情報を得ようとアクセスしたコミュニティーサイトには、補聴器にまつわるさまざまな苦労が書き込まれていた。サイトの利用者たちが一番悩んでいたのは、補聴器を使っていることを周りに伝えるべきか、聴覚障害があることを明かすべきか、という問題だった。そういう悩みについてはいつも意見が分かれた。誰かが「それでも公表して、配慮してもらうほうがいい」とコメントすれば、すぐに「障害があることを公表してから、職場でちゃんとした同僚として見てもらえなくなった気がする」という反論が書き込まれる、という具合だ。実際に不利益を被った経験を紹介する人もいた。多くは、障害のせいで昇進から外され、重要な仕事を任せてもらえず、解雇を心配していた。あからさまな差別だけでなく微妙な空気のような差別も存在するため、障害を明かすことで得られる周囲の支持や助けを放棄するというケースも多かった。自分自身として生きていくことが、社会的差別と相まって、非常に複雑な悩みを生み出しているのだ。

補聴器効果（hearing aid effect）または補聴器スティグマ（hearing aid stigma）という言葉がある。一九七七年にブラッド(Ingrid M. Blood)という学者が、補聴器をつけている子どもが否定的な烙印を押される現象について報告した際に名づけたもので、この現象は今も盛んに研究されている。聴覚障害は老化と結びつけられたり、認知力の低下や性格上の欠陥と誤解されたりしやすいため、聴覚障害者は「自分に聴覚の損傷があることを隠さなければ」という社会的圧力を受けることになる。そういう状況において、障害を可視化する補聴器は障害のスティグマとして作用することになるのだ。[2]

セルゲイ・コクキン(Sergei Kochkin)の研究によると、聴力の損傷があるのに補聴器を使用していない三五〜六五歳の四八%が、社会的スティグマをそのおもな理由として挙げている。補聴器は目立つ、障害者や年寄りみたいに見られる、人に笑われる、というのだ。[3] 老化で耳が遠くなった高齢者が補聴器を使いたがらないのもよくあることだが、ある研究によると、補聴器の使用について高齢者は「老化を認めることだ」「老人だと宣言するようなものだ」「自分の社会的権威を失墜させる」など、非常に否定的な認識を持っていることがわかった。[4]

歴史的に、補聴器メーカーの目標は、障害の可視化に抵抗感を持つ顧客を説得することだった。耳にすっぽり入るほど小型化される前は、どのメーカーも、いかにうまく隠せるかという点をアピールすることに尽力していた。二〇世紀当時、大手メーカーだったソノトーンの広告が代表的で、ポスターには、手のひらほどもある補聴器をドレスの中の下着に隠す女性の写真が使われている。その隣には、男性の場合はワイシャツの下やスーツのベストのポケットに入れてもよい、という文言が添えてある。だが、「見える」補聴器の販売にはやはり手こずったようで、ソノトーンの会長はこんな言葉を残している。「誰も補聴器を使いたがらない。補聴器は売るのが非常に難しい代物だ」。補聴器産業は、電子製品の小型化という原理が真っ先に導入された分野でもあった。トランジスターや集積回路（IC）、軍用軽量装備などに適用されていたさまざまな技術は、まず補聴器産業を通して大衆化、産業化された。聴覚障害に対する社会的スティグマ、補聴器ユーザーの「隠したい」という心理、科学技術や軍事分野における電子製品の小型化への技術的ニーズ、これらがうまく噛み合って、一種のテストベッド（新技術の実証試験に使用される環境）となったのだ。だが「見えないこと」を求める声は、補聴器の機能を制限してきた。性能の向上のためには、むやみに小型化するわけにいかなかったのだ。補聴器の機能とサイズは、微妙なバランスを取りながら変化してきた。[5]

現在も、スターキーやオーティコン、シグニアなどのメーカーの製品サイトや、韓国にある販売店の広報ブログは、外見上あまり目立たない製品を中心に紹介している。どの製品にも「耳の中にすっぽり入る」「ほとんど目立たない」「つけていてもほとんど見えない」「最新の Bluetooth イヤホンをしているように見える」といった謳い文句がついている。最近では、「スタイリッシュな」デザインを強調するなど、社会的スティグマを軽減しようとする試みも見られる。

補聴器の事例からわかるように、補助技術の選択においては、それが障害をどれほど可視化するのか、もしくはそれを使用している姿が社会的な「正常さ」とどれほど合致しているか、がキーポイントとなる。「見えないこと」を求めるサイボーグたちの声は、障害を明かした途端に差別や嫌悪の烙印を押される社会的抑圧とつながっているということだ。補助技術スティグマと障害の可視性との関係を、実際の障害者サイボーグたちの具体例を通して詳しく見てみよう。

サイボーグはロボットスーツを夢見るのか

ヒュー・ハーがステージに立って「わたしたちは障害を根絶します」と言ったとき、彼はロボット義足を着用していた。ウェアラブルロボットを身に着けて歩く障害者は「人間勝利」（苦難や逆境に打ち勝つことを指す、韓国でよく使われる表現）の象徴とされる。車椅子をこいでいる人と、ロボット義足を着用し自然な足取りで歩いている人がいれば、ほとんどの人は「歩くこと」のほうがうまく機能していると判断するだろう。しかし、障害当事者にとっても「歩くこと」だけが快適で、うまく機能している状態なのだろうか？　ロボットスーツは本当に、歩けない人にとっての唯一の希望なのだろうか？

多くの障害学者が、ロボットスーツで人を歩けるようにするという発想は非障害者中心主義であると指摘している。自身をクリップボーグ（cripborg）[6]と称する三人の障害学者は「トランスモビリティー——サイボーグ（クリップボーグ）の身体の可能性を再考する」[7]という論考で、複数の移動補助装置を使い分けながら生活する自分たちの経験を紹介している。クリップボーグの使用する装置は多様だ。松葉杖や義足を使って歩くこともあるし、歩行器や歩行車を押したり車椅子をこいだりして移動することもある。なかには、正常性の規範から一段と外れているように見えるものもある。クリップボーグがこれら装置を選択する基準は、そのときの状況による。装置に向けられる人々の視線、装置を使用する具体的な状況、その日の身体のコンディション、これらはすべて選択の基準となる。

三人の筆者のうち、生まれつき骨形成不全症を患うべサニー・スティーブンス（Bethany Stevens）の例をまず見てみよう。スティーブンスは六歳まではおおむね歩いて生活し、階段を上るときは滑り止めつきの杖を使っていた。初めて車椅子に乗ったときはスピードと自由を味わったが、母親は、「立っている」姿勢のほうが人間の身体には自然なのだという奇妙な理由で、彼女に杖を使って歩くことを勧めた。だが、時が経つにつれ「歩くこと」が彼女の脚の骨に圧力をかけることになり、だんだん骨が曲がってきた。金属の支えを入れる手術を受けたあと、彼女は歩くのをやめた。今は手動車椅子と電動車椅子を状況に応じて使い分け、機器と自分はつながっていると感じている。

大人になってから後天的にクローン病と聴覚障害、切断障害を抱えることになったアシュリー・シュー（Ashley Shew）は、外出時は義足をつけて、歩行車や松葉杖、クラッチ杖、ステッキを状況に応じて使う。天気が悪いときはステッキ、旅行時は持ち運びしやすい松葉杖、という具合だ。シューは、人々は自分が義足をつけている姿のほうが負担に感じにくいようだ、そればかりかその義足に「障害の克服」を見いだしているようだ、と述べる。だが実際に使う者の立場からすると、義足は日々の手入れが面倒で、脚に食い込んで水ぶくれやかゆみを誘発し、値段は一万五〇〇〇ドルほどもし、定期的なメンテナンスや交換を必要とする。シューは日課を終えると義足を外し、自宅の滑らかなフローリングの上を歩行車を押して移動する。歩行車は高齢者の使うものだと思われがちだが、シューにとってはたった八〇ドルで内面の自由をプレゼントしてくれる、最も快適な移動装置なのだ。

マロリー・ネルソン（Mallory Nelson）は片側骨盤切除術を受けた障害者で、クラッチ杖から車椅子、スクーター、自動車まで、さまざまな装置を使用する。だが、リハビリ初期にはそうした選択肢はまったく与えられなかった。真っ直ぐに立って歩くことを求められ、補助具を自分で選ぶことができず、理学療法士の決めた車椅子を使わなければならなかった。その後、大学の広大なキャンパスを移動するために電動スクーターを購入したのだが、それに乗っていると、車椅子や松葉杖を使っているときとは違って、人々から白い目で見られた。今は複数の装置を状況に応じて使い分けている。けれど人々はいまだに、どうして杖や車椅子を使わないのかと聞いてくる。

三人の話には共通点がある。当事者ではない周囲の人から「歩くこと」が一番良いという正常性の規範を押し付けられている点、歩けない場合は歩くことに最も近い義足や杖が社会的に好まれるという点だ。しかし当事者たちは、日常における数多くの状況や環境の中で、どれが自分に最適な装置なのかを経験から学んでいく。この論考のタイトルでもある「トランスモビリティー」は、多様な移動方法を自由に使い分け、典型的な「移動」の概念を覆す能力を表す言葉だ。単一の移動方式(monomobile)を超越する可能性や想像力が必要だという意味も含んでいる。障害学者たちは、社会は直立歩行だけを正常な移動方式と捉えているため、障害者の多様な移動方式を尊重しそのためのインフラを整備することなく、ただ「歩く」技術にのみ集中している、と指摘してきた。シューは「直立という規範、技術と障害」という論文で、下肢麻痺の障害者のための技術的解決策のほとんどが、障害者に対して「正常性の規範」への適応を求める方向で提示されていると述べる。もし社会が「座っていること」を基本として設計されるとしたら、人々は世界と、今とは根本的に違う関係を結ぶことになるだろう。空間や建築物、そして社会の仮定は、人間の生活を制限するものとなる。[8]

わたしもときどき、「聞く」ことの正常性について考えることがある。補聴器や人工内耳は、音がよく聞こえない人を聞こえるように補助する技術だ。音声中心の「正常性の規範」に適応できるよう助ける技術であるとも言える。だが、ここには明らかな限界がある。補聴器や人工内耳を使っている人は、騒々しい場所や複数人が話す場で会話に加わるのが容易ではない。本人の残存聴力による制約も大きい。一方、文字通訳を利用すれば、少々騒がしくても、複数の人が話す場であっても、問題なく意思疎通ができる。けれどわたしは、どうしても必要なときだけ文字通訳サービスを利用するようにしている。スマートフォンの字幕アプリも、講義などのように一方的に話を聞く場でない限り、あまり使わない。親しい相手であれば特に、声を直接聞き、目を合わせ、言葉を交わしているという手応えを感じてもらいたいと思うことが多い。もしそういう場でも文字通訳の技術を利用すれば、わたしは正常性の規範から少し外れていると思われるだろう。今自分の使っているものが何なのか毎回説明しなければならないだろうし、会話を録音していると誤解されるかもしれない。わたしは、自分に便利な機能を提供してくれる技術ではなく、正常性の規範を選択する。

歩行車ではなく松葉杖を使い、あまり楽ではないけれど「脚のように見える」義足をつけ、リアルタイムで字幕を表示してくれるプログラムを使う代わりに、全神経を集中させて相手の口の形を見つめる人たち、つまりサイボーグになることよりならないことを、隠れたサイボーグとして生きることを選ぶ人たちが、ここにいる。スティグマ、非障害者のふりをして生きたいという切望、ありのまま受け入れてもらいたいという思い、それらのはざまで障害者は絶えず緊張の中に置かれている。スティグマが強い社会であるほど、障害や病気を抱える人たちはそれを隠すことを選択する。わたしたちの想像する未来世界ではサイボーグが機械の身体を堂々と見せて闊歩しているけれど、現実世界のサイボーグは常に自分を隠して生きている。障害者サイボーグは最先端技術の最前線のように脚光を浴びるけれど、今を生きるサイボーグには「サイボーグの烙印」という影が色濃く落ちている。

サイボーグの身体を維持すること

荒川弘(ひろむ)の漫画『鋼の錬金術師』には、戦争のあと「オートメイル」と呼ばれる神経義肢が普遍化した世界が登場する。オートメイルは人間の普通の腕より強力な武器にもなるが、持続的なメンテナンスを必要とする。オートメイルを神経につなぐ手術は激痛を伴い、リハビリにも数年を要する。ユーザーは定期的に整備士のもとを訪れて点検を受けなければならない。こうした設定は、実際の義手や義足を考えてみても非常に現実的だ。サイボーグになること、身体と機械が結合することは、たった一度の手術で終わりという単純なものではないことをよく表している。機械の腕は人体とスムーズに一体化するわけではなく、身体は「異物」に抵抗する。サイボーグ当事者は機械の腕について完璧な知識を持っているわけでも、その扱いに習熟しているわけでもない。ほとんどのサイボーグは、機械を維持するのに誰かの助けを借りなければならない。機械は、装着から維持、調整に至るまで、高度な知識を必要とするからだ。わたしたちが身体のメンテナンスに医療の専門家の力を借りるのと同じく、サイボーグの機械もやはりそうだ。自分で自分のサイボーグの身体を扱える人はごく一部しかいない。

科学技術社会論の学者ネリー・オウドショーン(Nelly Oudshoorn)は「サイボーグを維持すること」[9]という論文で、現実の「心臓サイボーグ」が自身の装置をどのように維持、調整するのかを検証している。彼の表現を借りれば、心臓補助装置の移植を受けた心臓サイボーグは、現実世界にずっと前から存在してきた古株のサイボーグだ。サイボーグの経験を知るために、遠い未来の、まだ登場してもいない最先端技術にばかり目を向ける必要はないという話だ。心臓サイボーグの証言は、サイボーグとして生きるとはどういうことなのかをリアルに教えてくれる。

心臓補助装置を使用している人は、機械が体内に移植されているという点で、身体と機械の最も密接な結合を経験していると言える。しかし彼らは、その装置を自分で直接コントロールすることはできない。心拍を制御する技術は高度な専門知識を要し、適切に制御できなければ生命に危険が及ぶからだ。よって彼らは、装置の移植を受けた瞬間からほぼ生涯にわたって、技術者との「調整の過程」を共に歩むことになる。心臓サイボーグ当事者、心臓の装置、技術者の三者が複雑に絡み合ったその過程で、心臓サイボーグは自身の機械と相互作用し、それについて説明できるようになっていく。機械で調整される心拍が身体にもたらす違和感や、ペースメーカーの電池残量が減ってきたときの動悸やアラーム音は、サイボーグの身体ならではの独特な経験であり、人によって異なる固有の経験でもある。

心臓サイボーグは、装置の調整が不適切なために適応に苦労したり、装置が予想どおりに作動しないことに落胆したり、積極的に情報を調べて技術者とコミュニケーションをとったりしながら、自身の機械に能動的に介入していく。オウドショーンはこうした分析を通して、「身体は何の抵抗もなく機械と結合できる」という誤解や、メディアが美化する洗練されたサイボーグの虚像を批判する。有機体とシームレスに、滑らかに連結される機械などない。少なくとも近い未来には。

ジョシュア・アール(Joshua Earle)が「サイボーグのメンテナンス——設計、分析そして包括[10]」という文章で指摘しているように、機械と人体の接触は互いを腐食させ、ついには故障に至らせる。水分や酸性度の変化、身体の治癒過程は体内の機械の作動を阻害し、また機械という体内の異物は周辺組織の線維化や感染、免疫反応を誘発する。人々の想像する、サイボーグの効率的で洗練された生活からは、日常的に機械をメンテナンスするわずらわしさが抜け落ちている。サイボーグ神話は、サイボーグの現実は機械との不完全な同居、すなわち「不和」に近いという事実を覆い隠してしまう。障害学者トビン・シーバース（Tobin Siebers）は『障害理論』でこう述べている。

> 補綴物を装着する多くの障害者は、それがある種の苦痛を和らげる代わりに、また別の苦痛をもたらすことを知っている。わたしの母は義眼を入れていた。最初は問題なかったが、周辺組織が収縮しだすと眼窩（眼球の入っているくぼみ）で回転するようになり、眼窩に炎症を起こした。わたしは膝から下を支えるプラスチック製の装具を使っている。これは腰痛を和らげてくれるが、ずっと装着しているとタコができて痛むし、暑い夏にはふくらはぎの皮膚がすりむけたりもする。……わたしはサイボーグ神話の真実を、非障害者が障害を「驚異の力」であるかのように言うことの真実を知っている。なぜならわたし自身がサイボーグだからだ。[11]

義足はつけている脚を圧迫し、耳に入れた補聴器は湿疹や中耳炎を悪化させる。機械は時に、機能と共に苦痛をもたらす。一方で、機械と連結した障害者は、以前にはなかった種類の感覚を経験し、自身の身体と機械の相互作用について考察し、新しいハイブリッドの身体の可能性を探りはじめる。技術が、解放か抑圧のどちらか一方に帰結するのでないならば、障害者サイボーグの可能性もあらゆる方向に開かれているはずだ。そしてその可能性を議論するには、まず現実のサイボーグが経験している「人間と技術の結合」における二面性をありのままに見ることが必要だ。実際のサイボーグの生活は、完璧でも滑らかでもない、技術との融合と不和から成っているからだ。

単一のサイボーグはない

ここまで、「障害と技術」を捉える観点の何が問題なのかを見てきた。また、正常性の規範に沿った補助技術が必ずしも当事者により良い日常を保障するわけではないこと、サイボーグの現実はメディアのイメージや人々の想像とは違って複雑さや危うさをはらんでいることを述べてきた。では、技術とは単に良い、悪いというものだろうか？　障害者のための科学や技術は何の意味もないのだろうか？　技術が障害当事者にとって無条件で良いものではなく苦痛や抑圧を与えることもあるのなら、障害者のための技術の発展は中断されるべきなのか？　おそらくほとんどの人はこの問いにノーと答えるだろう。

科学と技術は、影の部分があるとはいえ、より多くの生命を生かす方向へと発展してきた。昔なら早死にしていたであろう人たちが、「本来の」寿命よりはるかに長く生きるようになった。障害者に、過去には考えられなかった方法で移動する機会を与え、社会参加の可能性を開いてくれる技術もある。留意すべき点があるとすれば、すべての人がそうであるように障害者もまた、ただ一方的に技術の恩恵を受けているわけではないということだ。時に矛盾し衝突する技術と人間の関係は、特に、サイボーグの最前線にいる障害者の生活にはっきりと現れている。

障害学者アリソン・ケーファーは、障害者と科学、技術、医学の複雑な関係や脈絡を説明するのに、かつてポスターチャイルド〔寄付金やボランティアを募るためのポスターに写真が掲載される、病気や障害のある子ども〕だったローラ・ハーシー(Laura Hershey)[12]の例を挙げている。フェミニストで障害者運動家でもあったローラ・ハーシーは幼いころ、筋ジストロフィー協会(Muscular Dystrophy Association, MDA)のポスターチャイルドだった。同協会は「神経筋肉疾患の征服」を目標に掲げる慈善団体で、各種メディアを通して数多くの広告を打ち出している。イーライ・クレア(Eli Clare)は著書『亡命とプライド』で、そのうちの一つをこのように描写している。

手動車椅子が置いてある。半分は日陰に、右側の大きな車輪は日なたにある。車椅子には誰も座っておらず、カメラとは少し反対のほうを向いている。足を置くフットレストは跳ね上げられている。車椅子の上のほうには黒地に白字でこう書かれている。「うまくいけば、人々は立ち上がって歩くようになるでしょう[13]」

筋ジストロフィー協会は基金を募るため、毎年、MDAテレソンという大規模なチャリティー番組を放送していたことでも有名だ[14]。番組の宣伝ポスターにはおもに筋ジストロフィーに苦しむ子どもたちの姿を載せて、産前検査や胎児治療のための募金を呼びかける。つまり、MDAテレソンのポスターチャイルドは、ポスターを見る人にこんなメッセージを伝えるべく動員されているのだ。「わたしのような子どもが生まれないように寄付してください」。一九七〇年代にポスターチャイルドだったローラ・ハーシーは後年、障害者運動を始めるとともにアンチ・テレソン運動を主導し、幼いころの自分をモデルとして使った協会を強く批判した。協会は筋ジストロフィーの子どもが生まれないようにすることだけに巨額をつぎ込み、筋ジストロフィーを抱えてすでにこの世に生まれている人たちのためには何もしない、というものだった。[15]

筋ジストロフィー協会の宣伝の仕方からは、障害を医療的な観点でしか見ていないことや、障害を持って生きることは障害のない人生に比べて価値がないという考えがうかがえる。ローラ・ハーシーはそうした考え方に対抗してアンチ・テレソンの運動家として活動したが、また一方で、その生活はかなりの部分を機械に頼っていた。彼女はさまざまな技術を活用して障害者運動や作家としての活動を続けた。これら二つは相反することだろうか？　アリソン・ケーファーはハーシーの経験を、障害と技術の「複雑で矛盾した取引」であると理解し、その複雑さが投げかける問いに注目しようと言う。技術を良いもの、悪いものと決めつけてしまわず、それぞれの技術がどういう状況や脈絡で、どのように障害者と相互作用しているのかを具体的に見てみようということだ。重度障害者として車椅子や医療機器と密接につながって生きていたローラ・ハーシーは、最前線にいるサイボーグの例であると同時に、「人間と技術」の関係の複雑さを示す存在でもあった。彼女は、障害者の生活に介入しそれを維持してくれる技術と、障害を矯正や除去の対象とする価値観に根ざした技術、その両方をわたしたちに示した。

ローラ・ハーシーが批判したのは、現実の障害者を道具化し「未来の約束」にのみ巨額をつぎ込む慈善団体だった。では今度は、すでに現実のものとなったサイボーグ技術が、障害当事者にどのように受け入れられているのかを見てみよう。人工内耳は、内耳の代わりに聴神経にじかに電気信号を送るインプラント機器だ。聴覚障害を解決する最先端技術であり、実現されているほぼ唯一の感覚回復技術とされている。多くの慈善団体が、聴覚障害児の人工内耳手術と術後のリハビリの支援に力を入れている。ところが、肝心の当事者の反応は必ずしも良いとは言えない。人工内耳をめぐる医療界とろう者コミュニティー間の葛藤には、長い歴史がある。医者は聴覚障害を治療の対象と捉えて人工内耳の手術を勧めてきた。だが、ろう者を「少数言語」のアイデンティティーと認識してきたろう者コミュニティーはこれをアイデンティティーの「抹殺」と受け止め、両者は対立した。人工内耳の手術がかなり普遍化した現在も論争は続いている。聴覚障害のある子どもに人工内耳を選択するかどうかの決定権を与えないまま、彼らを音声言語の世界に入らせるのは正しいことなのか、手話による言語発達と、音声言語による多少不完全な言語発達のうち、どちらが子どものための選択なのか、明確な答えはない。

ろう者ユーチューバー、ハゲウォルによる「人工内耳ユーザーたちへのインタビュー」[16]を見ると、人工内耳の手術後も、ろう者アイデンティティーを持ちつづけている人がいることがわかる。のちに人工内耳を使用しなくなったとか、除去手術を受けたというユーザーもいた。彼らは共通して、リハビリや言語訓練がとても大変だったと語っている。耳鳴りや頭痛、リハビリの失敗、人工内耳による生活の制約（運動、ＭＲＩ撮影など）、高額のメンテナンス費用といったものは、人工内耳を擁護する人たちが表立って口にすることのない、技術の影の部分だ。インタビューでは、手術を受けてよかったという人も、後悔しているという人もいたが、みな口を揃えて言っていたのは、人工内耳が誰にとっても「正解」とは限らない、よくよく検討したうえで決めるべきだという点だ。ここでも、サイボーグの技術が唯一の答えにはならないことが示されている。人工内耳は「回復の技術」ではあるが、けっして完全な技術ではなく、絶対的な答えにもなり得ない。

このように障害者サイボーグは、自身の生活に技術を導入し日常を改善しながらも、同時に、技術と衝突し、技術に関連する「正常性の規範」とも衝突する。では、技術が障害の唯一の解決策でないことを認めたうえで、障害と技術がもっとポジティブな関係を築いていく可能性を語ることは可能だろうか？　第7章では、サイボーグの意味を拡張して、技術と関係を結びその技術の設計に加わる知識生産者としての障害者サイボーグについて探ってみようと思う。

注

1　Heather A. Faucett, Kate E. Ringland, Amanda L. L. Cullen and Gillian R. Hayes, "(In) Visibility in Disability and Assistive Technology", *ACM Transactions on Accessible Computing*, Vol. 10, No. 4, October 5, 2017, pp. 1–17.

2　Erik P. Rauterkus and Catherine V. Palmer, "The Hearing Aid Effect in 2013", *Journal of the American Academy of Audiology*, Vol. 25, No. 9, 2014.

3　Sergei Kochkin, "MarkeTrak VII: Obstacles to Adult Non-user Adoption of Hearing Aids", *The Hearing Journal*, Vol. 60, No. 4, 2007.

4　Margaret I. Wallhagen, "The Stigma of Hearing Loss", *Gerontologist*, Vol. 50, No. 1, 2010, pp. 66–75.

5　Mara Mills, "Hearing Aids and the History of Electronics Miniaturization", *IEEE Annals of the History of Computing*, Vol. 33, No. 2, February 2011.

6　不具を意味する「クリップ(crip)」と「サイボーグ」を合わせた造語。「クリップ」の意味については第7章で詳しく述べる。

7　Mallory Kay Nelson, Ashley Shew and Bethany Stevens, "Transmobility: Rethinking the Possibilities in Cyborg (Cripborg) Bodies", *Catalyst: Feminism, Theory, Technoscience*, Vol. 5, No. 1, 2019.

8　Ashley Shew, "Up-Standing Norms, Technology, and Disability", Presentation as Part of a Panel on Discrimination and Technology at IEEE Ethics 2016.

9　Nelly Oudshoorn, "Sustaining Cyborgs: Sensing and Tuning Agencies of Pacemakers and Implantable Cardioverter Defibrillators", *Social Studies of Science*, Vol. 45, No. 1, 2015, pp. 56–76.

10　Joshua Earle, "Cyborg Maintenance: Design, Breakdown, and Inclusion", Aaron Marcus and Wentao Wang (eds), *Design, User Experience, and Usability: Design Philosophy and Theory*, Springer, 2019, pp. 47–55.

11　トビン・シーバース著、ソン・ホンイル訳、『障害理論』、ハクチサ、二〇一九、一一七～一一八ページ(引用文の一部は著者が修正)〔原書：『Disability Theory』(二〇〇八)〕。

12　Alison Kafer, *Feminist, Queer, Crip*, Indiana University Press (Kindle Edition), 2013, Chapter 5.

13　イーライ・クレア著、チョン・ヘウン、ジェイ訳、『亡命とプライド』、現実文化、二〇二〇、二二二ページ。

14　一九六六年から毎年レイバー・デーに開かれていたＭＤＡテレソンは二〇一四年を最後に中断し、現在は規模を縮小して運営されている〔テレソンはもともと二〇時間以上に及ぶ長時間の番組だった。名称は「テレビ」と「マラソン」を合わせたもの〕。

15　John Ingold, "Laura Hershey, 48, Championed Disability Rights", *The Denver Post*, November 27, 2010.

16　ハゲウォル、「人工内耳ユーザーたちへのインタビュー」、二〇一八年一一月二日(https://youtu.be/5pV8nGA11jc)。

6章 「障害とサイボーグ」のデザイン

キム・ウォニョン

骨工学の限界

漢陽(ハニャン)大学病院の整形外科に、一歳のころから一五歳まで一五年間通った。最後の外来受診日までずっと担当してくれた故ファン・ゴンソン教授が主治医だった。声が太くて恰幅のいい、温かみのある人だった。わたしはファン教授率いる整形外科チームに、一〇回以上の手術と毎年四、五回の定期検診でお世話になった。彼らはわたしの膝から下の骨を切ってまっすぐに固定しなおし、髄内釘(ずいないてい)(intra-medullary rod)という支えの棒を挿入した。棒は背が伸びるにつれて骨より短くなってしまうため、入れ替える手術も定期的に受けた。切って、くっつけて、支え棒を入れ、交換するという一連の治療を一〇年以上続けるうちに骨折の回数は目に見えて減り、脚に体重をかけて立つこともできるようになった。わたしの身体は機能的に改善され、構造的に安定した。わたしが「ファン博士」と慕っていたその整形外科医は、当時わたしのヒーローだった。

身体を思うように動かせるようになり、骨折しやすいという問題もかなり改善されたが、思春期が近づくにつれ、わたしは自分が新たな問題に直面していることに気づいた。友人たちの身体は滑らかですらりと長く、しっかりとバランスが取れていくころだった。わたしは、自分が歩けないために「正常な人間」から何か欠けた存在なのではなく、自分の身体が彼らのように滑らかでないために正常な人間から遠い存在なのだと考えるようになった。そのころ、骨をまっすぐに延長して身長を伸ばし、身体のバランスを良くする「骨延長術」なるものがあると聞いた。定期検診でソウルに行く日にファン博士にその手術について相談してみようと心に決めた。

ついに定期検診の日となり、母と一緒に漢陽大学病院本館にあるファン博士の診察室を訪ねた。先生はレントゲン写真などいくつかの検査結果を見ながら、状態が良いからこれからしっかり運動すれば歩けるようになるかもしれない、などと前向きなことを言ってくれた。追加の手術が必要だと言われることもときどきあったので、わたしは定期検診のたびにどきどきしていた。この日は、手術は必要ないと言われたのに胸のどきどきは収まらなかった。わたしは母をちらりと見て、早く「骨延長術」について聞いてくれと目で合図した。母がおずおずと切り出した。検診結果を待っているときより緊張して先生の答えを待った。ファン博士は若干首をかしげてわたしを見ながら、太い声でこう言った。

「やめとこう、な?」

わたしは目を見開いて彼の顔を見つめた。彼はもう一度言った。

「やめとこう」

次回の診察日を予約して母と病院を出た。いつも緊張感の漂っている病院から遠ざかるにつれ、わたしは漠然とながら、ある現実を悟ったような気がした。自分の知る中で最もヒーロー的な人物、弱くて曲がった脚の骨を切ってまっすぐにし、特殊素材の支え棒を入れて身体の崩壊を防いでくれた構造エンジニア。これからはわたしの問題を解決してくれるのはこの「骨エンジニア」ではないのかもしれない、わたしの「ファン博士」は根本的に自分を救ってくれるヒーローではないのかもしれない、という思いに動揺した。わたしには身体の機能的な問題を解決してくれるエンジニアではなく、滑らかな身体にしてくれるデザイナーが必要だった。

マッコウクジラの骨と見えない補聴器

人工補綴物(prosthesis)は、事故や病気で脚や腕など身体の一部を失ったとき身体に装着する代替物のことだ。膝から下を切断した場合に太ももに装着する木製の義足(peg legs)や『ピーターパン』のフック船長のトレードマークである鉤型の義手(hand hooks)などが、古くから使用されてきた人工補綴物だ。古代エジプトの遺物の中には、革と木を利用して精巧に作られた、足の親指の補綴物がある。紀元前六〇〇年ごろに使われていたとみられ、靴下のように履くと、革で覆われた親指形の木が親指の代わりをしてくれる。中世の西洋には、剣や盾を握れるように作られた義手もあった。実際にそれで戦えるようなものではなかったので、手の機能を代替するというより、騎士(knight)の威厳を保つデザイン的な側面が強かった。[1] ハーマン・メルヴィル(Herman Melville)の小説『白鯨』で、マッコウクジラに脚を食いちぎられ復讐に燃える船長エイハブは、クジラの骨で作った義足を装着していた。

二〇世紀に入ると、人工補綴物のテクノロジーが急激に発展、大衆化しはじめた。〔二度の〕世界大戦を経て数多くの軍人が切断障害者となり、人工補綴物の製作と普及は、多くの国で緊急の国家的プロジェクトとなった。切断障害者はドイツだけで八万人にのぼるほどだった。それまでの人工補綴物はおもに人間の身体に似せたデザインで、手作業で作られていたが、そのころから機能性を重視した廉価型が大量生産されるようになった。[2] 機械と人間の身体が結合した姿に、人々はもう違和感を覚えなくなった。現代では、最先端テクノロジーの適用された、切断部周囲の微細な筋肉だけで五本のロボットの指を自由に動かせる義手（オープンバイオニクス社が開発したヒーロー・アーム：Hero Arm）から、先に紹介したＭＩＴのヒュー・ハー教授のロボット義足まで、多様な人工補綴物が登場している。補綴物で代替可能な身体の部位も大幅に増えた。すでにわたしたちの多くが人工補綴物を使用している。歯のインプラントや、欠けた歯にかぶせるクラウン、人工関節、心臓の血管を拡張するステント（stent）、形成外科で使われる充塡剤、これらはすべて人工補綴物だ。車椅子や白杖、補聴器などのように、身体の損傷を物理的には代替しなくても機能的にその代わりをし、使用者の身体と長時間、深く結びついている物も人工補綴物と言えるだろう（コンタクトレンズはどうだろう？　スマートフォンも人工補綴物だろうか？）。人間の生活をより便利にしてくれる各種テクノロジーがわたしたちの身体と精神に、より広く、より緊密に結合するにつれ、人工補綴物の概念も徐々に拡張されつつある。[3]

人工補綴物が技術的、商業的に飛躍を遂げた注目すべき事例は、一八六六年、イギリス南西部の都市チャードから始まった。靴職人ジェームス・ギリンガム（James Gillingham）はある日、大砲の事故で腕を失い絶望していたシングルトン（William Singleton）という人物と言葉を交わす。気の毒に思ったギリンガムは義手を作ることを約束し、靴職人としての技術と経験を生かして新しい革製義手を製作す

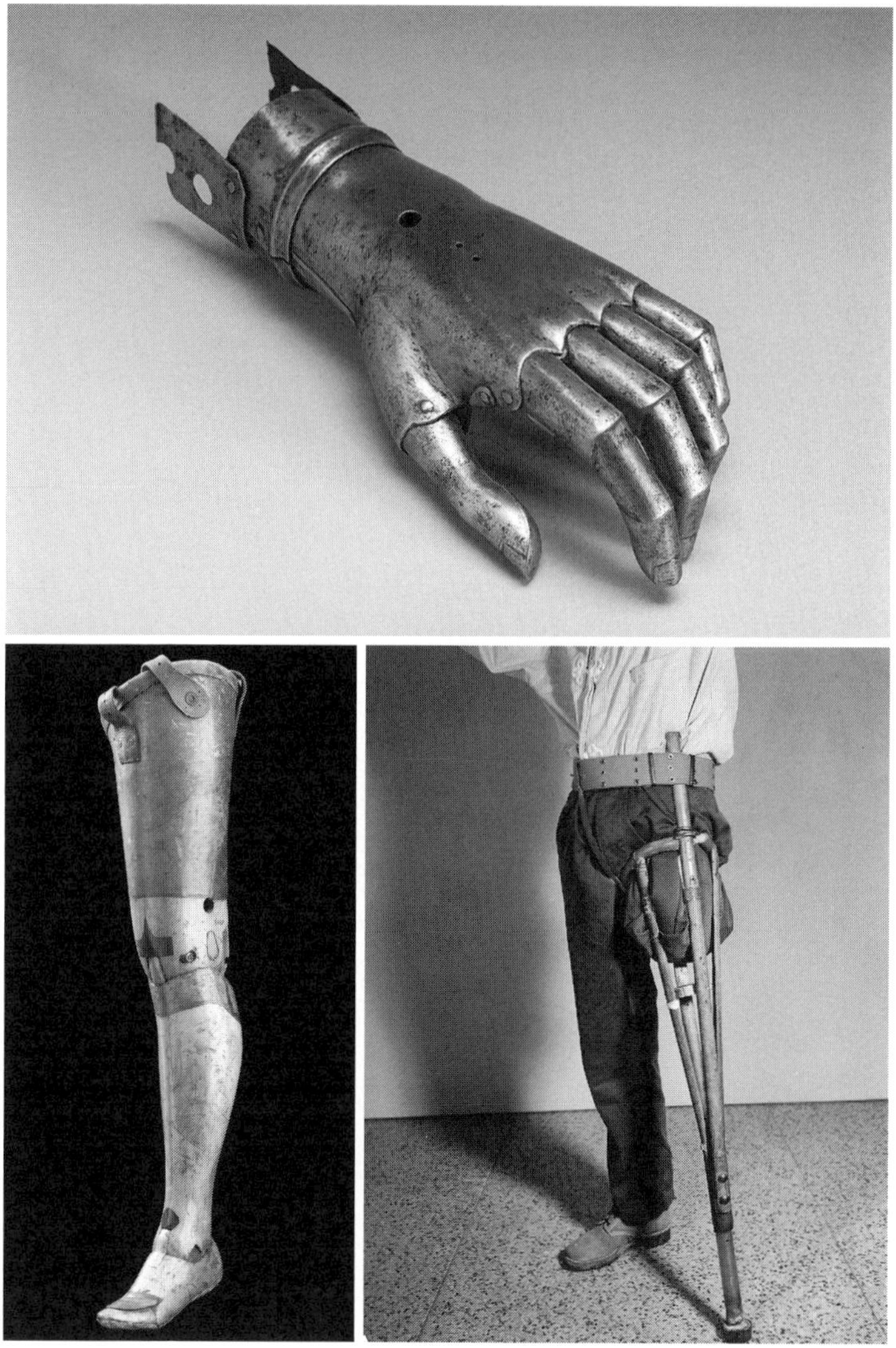

出所：wikimedia commons

人工補綴物は，事故や病気で脚や腕など身体の一部を失ったとき身体に装着する代替物のことだ．人間の生活をより便利にしてくれる各種テクノロジーがわたしたちの身体と精神に，より広く，より緊密に結合するにつれ，人工補綴物の概念も徐々に拡張されつつある．

る。義手は強くて丈夫で、かつシングルトンの身体にぴったりフィットした（ギリンガムは代金も受け取らなかった）。この話が広まると、自分に合う義手や義足を作ってくれと多くの人が訪ねてくるようになった。彼は義肢の製作と販売を専門とするビジネスを始め、義肢職人、事業家として大きな成功を収めた。二〇世紀初めまでに一万五〇〇〇人以上が彼の義肢を使用した。[4]

ギリンガムの義手や義足を使った人はその着用感とデザインに非常に満足し、感想を綴った手紙を送る人もいた。障害者である客の一人は、一九〇七年七月ごろの手紙でこう書いている。

あなたの作品（義足）をわたしの友人たちがどう思ったか、なんとお伝えすればいいかわかりません。一言で言うなら「奇跡のようだ」以外にないでしょう。これまでずっと松葉杖だったのが義足をつけて歩くようになったものだから、友人たちはわたしだと気づかなかったほどです。[5]

「奇跡のようだ」と驚いているのが、義足を使ってみた手紙の主ではなく「友人たち」であることに注目してみよう。ギリンガムの義足は確かにつけ心地の面でも優れていたが、[6]手紙の主は何よりも友人たちが自分だと「気づかなかった」という点を強調している。他人の目に奇跡のように映るほど、ギリンガムの義肢は自然だった。この手紙に限らず、彼の義肢のおかげで自分が別人のように見えるという感想が多く寄せられた。言い換えれば、彼の製品は「不自然な」身体を目立たなくしたということだ。

身体の損傷によって失われた機能を補い、かつ目立ちにくいデザインというのは、長らく、障害者向けの補綴物の製作において外せないポイントだった。それは今も、人工補綴物の販売者と消費者のどちらにとっても重要なポイントだ。わたしたちは前歯にクラウンをかぶせるとなれば歯に似た色や材質を選ぶし、高い金を払ってでも透明な矯正器具を選ぶ。補聴器は、耳にすっぽり入って目立たないものであるほど高価だ。一九八〇年代後半によく見かけた補聴器のコマーシャルで(昔の韓国映画の吹き替え声優のような口調で)「聞こえないわ」とつらそうにしていたモデルは、補聴器を耳に入れた途端、明るい顔でカメラに向かって「見えないでしょう?」と問いかける。そうして補聴器が見えないことを確認したあとにようやく、「なんてきれいな音色なの」「まあ!」と感嘆の言葉を連発するシーンが続く。[7]

障害(disability)は、単に身体の特定の機能が欠如(dis-ability)した状態というより、「正常でない身体」という社会的評価が下された一種の身分(地位)に近い。したがって、高度に発達したテクノロジーが機能の欠如を補っても、障害は依然として存在する。たとえば少し先の未来に、わたしがボストン・ダイナミクス社の登山用ウェアラブルロボットを身に着けて北漢山(ブッカンサン)(ソウル市北部と京畿道高陽市にまたがる高さ八三六メートルの山)[8]の頂上でInstagramに投稿(「#エベレスト 待ってろよ#車椅子 登山家#講演の問い合わせは プロフィールから」)したとしても、華々しいロボットスーツの下にゆがんでいて、短く、左右非対称の身体があるなら、わたしは依然として障害者であると認識されるはずだ。

ファッションとディスクレション

パラリンピック陸上選手のエイミー・マリンズ(Aimee Mullins)が一九九八年に有名ファッション誌

『Dazed & Confused』の表紙を飾るや、一躍大きな話題となった。写真の中でマリンズは、上半身は裸、下半身は身体にフィットするスポーツウェアという姿で肩越しに振り返り、カメラに向かってポーズをとっている。両膝から下がない切断障害者である彼女の背中から脚へと続くラインは、膝から下に装着した、優雅な曲線を描くカーボン・ファイバー製の義足へと滑らかに続いている。義足は、それ自体も美しいが、マリンズの身体やポーズと相まって一段と美しく見えた。[9] 写真の下のほうには「Fashion-Able?」という言葉が記されていた。大きな注目を集めたこの写真でマリンズは、それまでファッション面で「disable（障害がある）」とされてきた障害者の身体が、人工補綴物と結合することで「fashionable（ファッショナブル）」な姿でグラビアの主人公になれることを堂々と示してくれた。

デザイン研究者グラハム・プリン（Graham Pullin）によると、人工補綴物[10]のデザインは、ファッションとディスクレション（discretion：目立たず控えめで、派手でなく落ち着いた、いわゆる「さりげなくおしゃれな」スタイル）とのあいだで揺れ動きながら発展してきた。ディスクレション志向を推し進めたのは、損傷のある身体を目立たないようにしたいという人々の思いだけではなかった。眼鏡は、そのデザインがディスクレション志向からファッション志向へと移行した代表的な補綴物だろう。一九三〇年代まで英国国立保健院は、医療品である眼鏡のデザインにいかなる「スタイル」も付与してはならないとし、医療機器として「適切であらねば」ならない（not be 'styled' but only 'adequate'）という立場をとっていた。[11] 障害者の「目立ちたくない」という心理に加え、損傷した身体を治療と回復の対象と捉えそれを助ける道具を「医療機器」と規定する近代の医療システムのもとでは、損傷のある身体とそれに結合する人工補綴物のファッション化は、追求するのが難しい目標だった。

エイミー・マリンズはファッションデザインに関心が高く、障害者の服や補綴物のデザインを目立たないものにしようとする戦略には賛同しなかった。「控えめ？　わたしはとびっきりゴージャスでありたいですね！(Discreet?　I want off-the-chart glamorous!)」。マリンズのクローゼットには服だけでなく、カーボン・ファイバーでできた陸上用義足や、いつもより背を高く見せたいときに使う「厚底」義足、手彫りの彫刻が施された木製義足なども収納されている。彼女にとって人工補綴物はファッションの領域であり、それぞれの「ファッション用品」は、モデルやスポーツ選手、バイクのライダーなどさまざまなアイデンティティーを表現してファッションを完成させる。[12]これは誰にでもできることではない。あなたが標準的な身体を持っているとしたら、その日の気分に合った、あるいは訪問先にふさわしい長さやデザインの脚に取り替えるなんてことはできないはずだ。「脚があると」不可能な、あくまでもエイミー・マリンズの身体だから可能なスタイルということだ。したがって正確に言えば、彼女は人工補綴物のデザインをファッション化したのではなく、補綴物と結合した自身の身体を、すなわち「障害」をファッション化したのだ。

このように、最先端テクノロジーと損傷した身体の出合いが生み出す独特な身体デザインは、障害を新しいファッションへと変化させ、ひいては、典型的な社会的評価や通念に閉じ込められていた身体を解放する。映画『キングスマン』で短剣の仕込まれた義足をつけ、華麗な飛び蹴りで相手の身体を真っ二つにする悪党に、同情や憐れみを抱く観客はいないだろう(「若いお嬢さんが気の毒に……」と言いかけた瞬間、首を飛ばされるかもしれない)。エイミー・マリンズと同じような身体のオスカー・ピストリウス(Oscar Pistorius)が二〇一二年のロンドンオリンピック・パラリンピックの陸上競技でつけていた「チーター（Flex-Foot Cheetah）」と呼ばれる義足（マリンズもこれを使っていた）も大きな注目を集めた。チーターをつけた彼の姿はスポーツ系メディアのみならず、慈善事業のポスターや商品の広告にも登場した。メディアの脚光を浴びた彼は、最先端テクノロジーと結合した未来的な人間として、人々の想像力と好奇心をかきたてた。[13] そうした関心の背景には、最先端の補綴物が象徴するテクノロジーと、それに完璧に結合した身体に対する社会的、文化的な熱狂があったのだろう。ピストリウスやマリンズのイメージは、障害者の身体を不運や悲劇の象徴としてではなく、エネルギッシュで、エロティックで、革新的なハイブリッド的存在として見る契機となった。

義足や義手ほどドラマチックな効果はないと思うが、わたしも車椅子のファッション化を考えてみることがある。子どものころは、お金をたくさん稼いで、その日の服に合わせて毎日違う色やデザインの車椅子に乗ってみたいと思っていた。つい最近、それを具体的に考える機会があった。思いがけず二〇二〇年六月、多くの芸能人が集まる、ある授賞式に招待されたのだ。予想外のことに戸惑うばかりだったが、一番の心配はファッションだった。つまり、俳優のキム・ヒエさんやチョン・ウソンさん、パク・ボゴムさんに続いて、万が一にも自分の姿が画面に映し出されることになったら、それこそ大変だ。簡単にはお目にかかれないというファッションデザイナーを運良く紹介してもらい、自分の身体に合う衣装をあつらえた。

わたしは、「正常すぎるほど正常な」身体を持つ数百人の中で唯一「標準的でない（正常でない）」人間としてそこにいることになるはずだった。少しでも「標準的に」見えるようにするにはどんな衣装がいいか、どんな姿勢でいるのがいいか頭を悩ませた。だが、こんなふうにも思った。無理に自分の

「黄金のレンガの道」(2019 年の展示会「正常軌道」)
自分の変形した身体をなるべく偽装してできるだけ「正常に」見せたいという気持ちと，これまで隠してきた自分の「非正常性」を自分だけの個性として果敢に表現したいという気持ちが拮抗しながら共存している．

身体を標準的に見せようとするのではなく、この機会に、身体のラインが出る服を着てみたらどうだろう？　そして、もしもステージに上がることになったら、いっそ車椅子なしで上がってみたらどうだろう？　幸い、ステージに上がる機会はなかったけれど、あったとしてもわざわざそんな選択をするはずもなかった。そうした心の葛藤が生まれたのも、自分の変形した身体をなるべく偽装してできるだけ「正常に」見せたいという気持ち（ディスクレション）と、これまで隠してきた自分の「非正常性（非標準）」を自分だけの個性として果敢に表現したいという気持ち（ファッション）が拮抗しながら共存していたからかもしれない。

　補綴物を活用すれば、自分の身体を隠したくもあり、ありのまま見せたくもあるという矛盾した気持ちの妥協点を見つけやすい。床を這って移動することに比べれば、現代社会で車椅子に乗っている姿は相対的に平凡に見える（ディスクレション）。同時に、とはいっても車椅子は「標準的でない存在」の象徴でもあるので、自分のアイデンティティーを積極的にファッションの一部とすることも可能だ。たとえば、スイスのKüschall社が航空宇宙工学で用いられるグラフェン（graphene）を素材に製作した、優雅なデザインの超軽量車椅子ならどうだっただろう？[14]　それに乗ったところでチョン・ウソンさんの前で萎縮しないはずはないが、障害のある自分の身体を否定せず、かつ、より効果的に、一般的な感覚に合わせてファッション化することもできただろう。最先端の技術力とテクノロジーが動員され、シンプルで滑らかなデザインに設計された補綴物は、人々の注目を集めるからだ。映画『X-MEN』のチャールズ・エグゼビア教授の車椅子のようなものなら、乗ってみる価値があるのではないだろうか？　実際にデザイナーの先生とわたしは車椅子と衣装のコーディネートに力を入れ、わたしは車椅子を隅々までぴかぴかに磨き上げた。

テクノロジーと結合した損傷(変形)した身体のファッション化戦略は、しかしながら議論の対象でもある。エイミー・マリンズの写真は最も成功したファッション化の事例のように思えるが、多くの批判も浴びた。マリンズのグラビアは、烙印を押された障害者のイメージを打ち壊して新しい認識を示すきっかけになるかもしれないが、一方で、美しい非障害者がたまたま脚を失って人工補綴物をつけた姿を捉えたに過ぎない、という見解もあった。マリンズの写真は、身体に損傷を負った切断障害者の美しさとはほとんど関係がないというのだ。[15] オスカー・ピストリウスの写真もやはり議論の対象となっている。彼は、障害者と「未来の身体」を結びつける人々の想像力をかき立てたけれど、また一方で、メディアは彼を「逆境に立ち向かったヒーロー」という陳腐なイメージで描きたてた。彼の「ファッション化された」イメージは、新しい身体の美的可能性を広げたというより、科学技術に対する盲目的な熱狂や古典的な克服ストーリー、逆境に立ち向かった「正常でない人」への好奇心が合わさったものに過ぎなかったのかもしれない。それをまざまざと証明する例が、二〇一六年、ピストリウスが恋人を殺害した容疑で裁判を受けていたころメディアがこぞって掲載した、義足を外し裁判官の前で無罪を主張する彼の写真だ。[16] 写真の中の彼は「典型的な」(奇異で、正常でない)障害者の姿で南アフリカ共和国の裁判所で何かを証明しようとしているのだが、その姿はひどくみすぼらしい。[17]

エイミー・マリンズとオスカー・ピストリウスの事例は、障害のファッション化に関していくつかの問いを投げかける。彼らの「チーター」義足や損傷した身体のファッション化は、正常性に関する通念を打ち破り、美の地平を切り拓いてくれる新しいデザインなのか？　それとも、ただ商業的な目的で身体を性的な対象としているだけなのか？　逆境を克服した「人生の物語」や身体の「非正常さ」を、好奇心のネタとして消費しているに過ぎないのか？

わたしがファン博士に望んでいたのは「偽装が可能な」身体だった。しっかり歩けなくても手足や胴体が「標準」に近ければ、損傷の意味するところは、ある程度隠せたはずだ。だが、それは叶わぬことだ。では、もしわたしが、数億ウォンもする、宇宙船のような車椅子に乗ってテレビに出ていたとしたら、障害者に対する人々の認識を拡張できたのだろうか？　それともそれは、YouTubeでチック症（トゥレット症候群）を装い数十万人の登録者を集めて小金を稼ぐ行為と同じく、人々の関心を引こうと普段使ってもいない車椅子に乗って障害を消費しているに過ぎなかっただろうか？[18]　かといって、普段誰の目もないときの最も自然で自由な姿のまま、四つん這いでステージに上がっていたとしたら何か違ったのか？　わたしは自分の身体をどのように「デザイン」したいのだろうか？

テクノロジー、障害、フェティシズム

イギリスの義肢職人ジェームス・ギリンガムの話に戻ろう。彼は自身の製作した義肢を着用している障害者の姿を多くの写真に残した。一部は、義肢を宣伝する商業的な目的で撮影されたものだ。モデルたちは芝居のワンシーンのようにポーズをとり、明るい照明のもと義足や義手をさらしている。義肢の見せ方は男性と女性で異なっていた。男性の場合、カメラを見据えているか、あるいは顔を見せることに抵抗がないように見える姿勢、人間の手に似た義手をつけ高級そうな服を着て外出の準備をしている姿、鉤型の義手をつけて何かを作っている姿など、さまざまなパターンがある。女性の場

合も、家の中で手紙を読むなど日常の自然な姿を捉えたものも一部あるが、多くは顔を後ろに向けたり新聞で隠したりした状態でスカートをたくし上げて義足を見せている。

ギリンガムの義肢は損傷した身体をうまく隠しつつ機能を補うものだったため、障害者の顧客に人気があった。だが広告写真の義手や義足は、けっして「ディスクレション」志向のデザインには見えない。積極的に機能を重視した鉤型のデザインもあるし、おしゃれな服の上からつけた義手やスカートをたくし上げて見せている義足は、靴職人ギリンガムの腕を証明するかのように、高級な革靴や革の手袋がそのまま脚や腕になったかのように、滑らかで洗練されている。

おもに男性モデルのイメージは、二〇一二年のロンドンオリンピック前後にメディアが描いていたオスカー・ピストリウス像の「原型」とも言えるだろう。補綴物と一体になった新しいハイブリッドの身体で社会の構成員として活躍する、ドラマチックなイメージだ。一方、(男性モデルでも一部見られるが)おもに女性モデルのイメージは、一九九〇年代の日本のアニメによく見られた、エロティックに描かれた(eroticized)女性サイボーグの身体の原型のように思える。このような、損傷を負った身体と当代のテクノロジーの奇妙な結合は、「障害のファッション化」がもたらし得る問題をそっくりそのまま表している。マーカード・スミス(Marquard Smith)はこうしたイメージから、損傷した身体やテクノロジーに対するフェティッシュ的(fetishistic)衝動を読み取る。[19]

フェティシズム[20]は、ある特定の物や身体の部位を宗教的、美的(芸術的)、あるいは性的な対象と捉えて執着することを指す。フェティッシュ的欲望に共通しているのは、物や身体を取り巻く現実の複雑な脈絡や社会的関係、本来の目的などを消し去り、それ自体を、価値を内在する「何か」として理想化し熱望するという点だ。現代文明の特徴としてよく言及されるテクノフェティシズム(technofetishism)は、テクノロジーが問題解決の道具(tool)や手段であることをやめ、それ自体が目的となって象徴的、性的、美学的な対象へと高められていく傾向のことだ。メディアや科学技術などを研究するルツキー(R. L. Rutsky)は、『WIRED』や『MONDO 2000』といった代表的な科学技術誌が、ある特定のテクノロジーを紹介する際に、その生産過程やアクセシビリティー(機会の公正な分配)などに関しては一切省略し、まるで一つの芸術作品のように審美的な対象としてのみ扱っていると批判する。[21]スマートフォンなどの最先端技術はどこからか降って湧いてくるものではなく、半導体の工程をはじめとする数多くのプロセスに資源や知識、労働が介入しており、そこに低賃金労働や安全問題といった複雑な現実が絡み合っている(これについては第8章で詳しく述べる)。

損傷/変形した身体に対するフェティシズムも同じだ。標準的な人間の身体とは異なる、特に切断障害のある人に性的欲望を抱く傾向(ディボーティズム：devoteeism)[22]は、現代でも知られるフェティシズムだ。ここでも同じように、障害のある身体の、複雑で重層的な現実や意味は省かれる。たとえば、いくら立派に作られた義肢でも、人間の身体とのあいだには滑らかでない「継ぎ目」が存在するが、ギリンガムの広告写真ではそれが省略されている。身体の切断部と義足の接する部分の痛みはかなり長期間持続するし、「目立たないよう自然に」歩こうと体重をかけるたびに(特に二〇世紀初めの技術力ではなおさら)着地の衝撃が硬い義足を通して腰まで響いてくるものだが、[23]写真の中の義足はただ滑らかな靴のように身体と接合している。この写真の中で義足をつけている損傷した身体は、実際の不便さや苦痛、現実で経験するはずの無数の偏見や排除などを一切省略し、ただ商業的な成功のために、継ぎ目ひとつなく装具と完全に一体となっている。

まさにこの点が、先述のエイミー・マリンズの写真が議論の的になった理由の一つであろう。チーター義足と美的に滑らかに一体化したマリンズの写真は、身体の形態や動き、現実に存在する障害者の多種多様な身体(経験)をほぼ消し去っているように見える。もちろん、だからマリンズの写真はあらゆる意味で失敗だった、と言っているのではない。今の時代のファッションモデルとしてマリンズはけっして失敗したわけではないし、ギリンガムのモデルの一部のように障害を受動的に消費されたわけでもない。彼女は堂々たるスポーツ選手、ファッションモデルとして充分にオーラを放っている。ただ、マリンズの挑戦が、障害者の身体に対する偏見や同情の視線などを打ち破り、新しい認識をもたらしたかというと疑問の余地はある、という意味だ。

「不気味の谷」を回避して

このあたりで、なぜ最先端テクノロジーが「デザイン」として障害者の身体と結合すると商業的な成功を収めるのかを考えてみたい。今の時代、多くの人はテクノロジーを単なる「道具」とだけ考えてはいないはずだ。Apple社が時価総額二〇〇〇兆ウォンを超えるグローバル企業に成長したことは、iPhoneが道具として(機能的に)非常に便利だからという理由だけでは説明がつかない。だが、機械が道具としての役目を完全にやめてしまったら、それはそれで恐ろしいことだ。優れた人工知能ソフトの開発を待ち望んでいる人も、もしそれが、映画『her/世界でひとつの彼女』のサマンサ(人工知能型オペレーティングシステムで、コンピューターや携帯電話から発せられる「声」でしかないが、主人公は「彼女」と会話するうちに恋に落ちる」のように完全に自律的な行為者になったように感じられたら、つまり、もはや単なる人間の道具とは思えなくなったら、一種の「不気味さ(the uncanny)」を感じるはずだ。テクノロジーが道具以上であるときわたしたちは魅了されるが、道具を超えた存在となった瞬間、なんとも言えない恐怖を感じる。メアリー・シェリーの『フランケンシュタイン』が数多くのＳＦ小説の原型となっている理由はこれだ。

障害者の身体に対する態度もこれと似ている。わたしは先に、障害とは単に身体の機能的(道具的)役割が欠如した状態なのではなく、その身体に人々が「非正常」という否定的な評価を下すことで初めて障害となる、と述べた。だからといって逆に、障害のある身体を、その機能的な部分とは関係なく神聖なものと崇めたり、(ディボーティズムのように)性的欲望の対象として捉えたりすれば、それで障害はなくなるのだろうか？　損傷した身体に偏見の目を向けないこと、醜いとか見苦しいと思わないこと、その身体を持つ人の複合的な美しさに注目することは、間違いなく大事なことだ。だが誰かがもし、自分の身体の「デザイン」のために脚を切断してエイミー・マリンズと同じチーター義足をつけると言いだしたら、ぞっとするだろう。マリンズが義足をつけず、切断した脚をさらしてファッショングラビアを撮ったとして、それに嫌悪の目を向けるのは明らかに問題だが、それを見て宗教的な感情や性欲を覚えるというのもやはり、受け入れがたいことだろう。

障害者が最先端の人工補綴物を着用しているとき、技術と障害に関するこうした「不気味さ」は相対的に回避されやすい。ジェームス・ギリンガムの義肢やチーター義足の美しさをどれだけ賞賛しようと、それが障害者の「補助機器」として認識されている限り、極端なテクノフェティシズムによる不気味さはそれほど喚起されない。「障害者を助ける道具」に執着することは、フェティッシュ的衝動とは無関係の、善良で利他的な関心、倫理的で医療的な行為に見えるからだ。ギリンガムの写真でスカートをたくし上げエロティックなポーズをとっている女性にいくら熱い視線を送ろうと、彼女たちが義足を着用している限り、その視線の主はいわば「安全圏」にいられる（義肢を着用していない障害者の身体を見て衝動に駆られるなら、ただちに倒錯的な欲望の持ち主と疑われるはずだ）。もう少し一般的な状況に置き換えてみよう。「テクノロジーは人間を救う」という盲目的な信念でさえも、そこにモデルとして障害者を登場させれば、その信念は安全で合理的な、つまりテクノロジーを道具として捉える「健全」で常識的なもの、ということになる。障害者を商業的、性的、宗教的に消費しようとする場合も、その障害者がスタイリッシュな高級車椅子や幻想的なデザインの義足、ウィンター・ソルジャーのような義手を身につけている姿であれば、それは障害者をクールで未来志向的で魅力的に描いている、安全で「健全な」描写として認められやすい。

つまりこういうことだ。わたしたちは、科学技術を道具以上のものとして崇める文化的態度が存在する社会で生きている（テクノフェティシズム）。一方、わたしたちの多くは障害者の身体に対し、嫌悪であれ、崇拝であれ、性的対象化であれ、「能力（機能）」ではなくそのデザインに対するなんらかの感情や衝動を持っている。それゆえにテクノロジーと障害者の身体とが合わさって一つのイメージとなるとき、「不気味の谷（uncanny valley）」に落ちることなくそれらをフェティッシュ的に捉えやすくなるのだ（人型ロボットの姿や仕草をどんどん人間に似せていくと、ある程度までは親近感が増すが、人間にかなり近づいたところで急に不気味さや嫌悪感が出てくる。この現象を東京工業大学の森政弘名誉教授らは「不気味の谷」と名づけた。この谷を越えてさらに人間に似せていくと、今度は急速に親近感が増すという。ここでは、「障害者の身体」への崇拝はそこに「テクノロジー」が加わることで未来志向的だと正当化され、同様に「テクノロジー」への崇拝は「障害者を助ける」という大義名分を得ることで正当化され、結果的に、障害者の身体やテクノロジーをフェティッシュ的に捉えることで生じる「不気味さ」を回避しやすくなることを述べている。ジェームス・ギリンガムの広告写真をはじめとし、エイミー・マリンズやオスカー・ピストリウス、障害者のイメージが登場する「第四次産業革命」の希望に満ちた記事が商業的に成功を収めやすいのはそうした理由からであろうと、わたしは推測する。

障害をデザインすること

ここまで、障害者と補綴テクノロジーが結合した「デザイン」についてかなり批判的に述べてきたが、わたしはそれを一〇〇％否定しているわけではない。（特に）エイミー・マリンズの写真はとてもかっこいいと思う。フェティッシュ的な関心イコール悪いもの、ということでもない。問題は、それだけにとらわれてしまうことだ。よって、何か別のアプローチで、障害のある身体をファッション化することはできないか考えてみる必要がある。

現代社会における変化で興味深いのは、人工補綴物のファッション化そのものが普遍的な現象になりつつあるという点だ。誰もがテクノロジーを身にまとい、自身の感覚や身体の一部を補ったり代替したりしながら生きているため、障害者も自身の人工補綴物を一般的なファッションアイテムのように捉えやすい環境になったとも言える。二〇〇五年、イギリスの王立聴覚障害者研究所は産業デザイナーのサム・ヘクト(Sam Hecht)と共に、個人用聴覚デバイスの展示会「聞くことの未来(HearWear-The Future of Hearing)」を開いた。展示会では、眼鏡のようにかけると四つのマイクが相手の声を拾って耳に伝え、下に連結されているコントローラーで特定の音を消したり増幅したりもできる眼鏡形の聴覚デバイスが紹介されていた。操作ボタンやマイクまでついているこのデバイスは、「耳にすっぽり」入るどころか非常に目立っていた。聴力のレベルを自分で設定できる機能は、障害の有無によらず誰にとっても有用なので、この機器はもはや障害者だけの人工補綴物とは言えない。つまり、スティグマを避けるため補綴物はなるべく隠す(ディスクレション)という、デザインの足かせから解放されたのだ。[24]

二〇二〇年代を生きるわたしたちは、イギリスの展示会を見にいくまでもない。現代のテクノロジー企業の製品は、すべての人間の身体と深く結合する人工補綴物であるだけでなく、もともと障害者のためだけに活用されていたテクノロジーを内蔵していたり、障害者向けの人工補綴物とつながっていたりもする。補聴器はスマートフォンとの連結が可能なので、特殊な機器(補聴器)と普遍的な機器(イヤホン)の区分はあいまいになりつつある。Apple社はiOS12から、日常生活の特定の音をiPhoneによって増幅する「ライブリスニング」機能を提供している(この機能のPR動画には、聴覚障害や難聴といった言葉はまったく使われていない)。[25]すでに多くの人が使っている白いAirPodsを耳につけてこの機能を活用すれば、聴覚障害を「見えなく」しようと努力する必要もない。電動キックボードをはじめとする短距離モビリティー産業の成長は、車椅子という補綴物の特殊性やスティグマを軽減させる。日本では若者が、非障害者向けに作られたモビリティーではなく、あえて(障害者や高齢者向けに作られた）電動車椅子で移動するケースが増えている。[26] 車椅子が普遍的なモビリティーになれば、ファッション化もしやすくなるだろう。

補綴テクノロジーが障害の有無に関係なく普遍的に利用されている状況は、確かに、「耳にすっぽり」入る補聴器や、障害が「少しでも軽く見えるような」デザインを追求する必要性が減ったことを意味する。だが人工補綴物が一般化されても、障害者が補綴物と結ぶ関係は依然として固有で特殊なものだ。AirPodsで「ライブリスニング」を使う人と、補聴器を常に使用している人の経験はけっして同じではない。通勤に便利だからとモビリティーの一種として電動車椅子に乗る日本の三〇代会社員と、わたしの経験はまったく違う。ファッション化された補綴物を使うことと、補綴物と結合した障害者の身体を「ファッション化」することとのあいだには、質的な差異が存在する。

商業的に消費されるだけではない障害のファッション化、つまり障害を隠したり無いものとしたりせず堂々と見せつつも、身体に結合したテクノロジーを単なるファッションアクセサリー、あるいは性的、神秘的、特異な何かとして表現するのでもない、そういうファッション化はいったいどうすれば可能だろうか？　わたしもよくわからない。一つ事例を紹介してこの章を終えようと思う。

エイミー・マリンズは二〇〇二年、アメリカの映像アーティスト、マシュー・バーニー（Matthew Barney）の映画『クレマスター』シリーズ第三部に出演した。彼女はこの作品に多様な義足をつけて登場している。一九九八年のファッショングラビアをめぐる論争で限界を認識した彼女は、自らその限界を打ち破り、より良い「ファッション化」を試みてみたかったのかもしれない。ラストシーンで、自我を失い「脱人間」となった姿を表現するため、目隠しをして身体の一部を露出し義足を外した状態で座っていてほしいと、監督のバーニーはマリンズに求める。彼女は義足をつけていない脚をさらすことを望まず、二人の意見の違いはなかなか縮まらなかった。監督という立場で、障害のある身体部位をさらけ出すよう強要することはできなかったはずだ。話し合いの末、バーニーは、クラゲのような形の透明な補綴物をつけるのはどうかと提案する。それは形状的に、脚につけても立つことはできず、透明なので切断部が透けて見えてしまう。機能的にもデザイン的にもほとんど意味のない補綴物ということだ。それならつけていないのと同じではないのか？　ところがマリンズはその提案を快諾した。彼女は「脚と地面とのあいだに何かがあることで素っ裸になった気分にならずに済むのなら、その補綴物は効果があると思う」と述べている。[27] そうやって『クレマスター』のラストシーンが完成した。

エイミー・マリンズにとって補綴物はどういう意味を持つのか？　それは機能（つけても立てない）のためのものとは言えず、障害を隠したり装飾したりするデザイン（障害を隠すこともできないし、クラゲのデザインは実に奇妙だ）でもない。マリンズは長年、補綴物と自分の身体を一体として認識し、そこに安らぎや落ち着きを感じていたのだろう。つまり、補綴物は単なる道具やデザインではない、一種の「家」のようなものなのかもしれない。

大勢の芸能人の集まる授賞式でどう振る舞うべきか悩んでいたときのことを、このエピソードを聞いたあと思い返してみた。その日わたしは車椅子を磨き上げ、自分なりに色やデザインをコーディネートした衣装を着ていった。もし可能なら、最先端の技術力が結集した高価な車椅子に乗っていくとか、いっそ車椅子から降りて這って移動してみたらどうだろうと考えたりもした。だが、もし最先端の高級車椅子に乗っていき人々の注目を集めていたとしたら（実際、特に注目もされなかっただろうが）、それは現代のテクノフェティシズムと何ら変わらなかっただろう。その車椅子はわたしの現実ではなく、多くの障害者の現実ともかけ離れていて、そのうえ、わたしの身体になじんだものでもないからだ。

また一方で、もし車椅子を捨てて、這って階段を上っていたとしたら、単に奇異の目で見られるか、せいぜい、障害のある身体で逆境を克服したという典型的なイメージで語られるだけだっただろう。車椅子を捨てることがすなわち、わたし自身として存在することではない。華やかなファッションではなくとも、車椅子はわたしが長年過ごした「家」であり、その家の中にいる友人、家族であるかもしれない（それそのものがわたしという存在かもしれない）。義足がないと「素っ裸」になったような気分になるというマリンズの気持ちを、車椅子から降りたわたしも感じていたことだろう。

わたしは「ファン博士」のことを、立派なエンジニアではあるけれどデザイナーではないと考えていたが、もしかしたら、彼の考える本当に美しいデザインが当時のわたしの考えと違っていただけなのかもしれない。ファン・ゴンソン教授は二〇〇八年、がんでこの世を去った。その一年前、歯科治療に関する意見を求めるため、わたしは十数年ぶりに先生の診療室を訪ねた。先生はわたしを見て言った。

「ウォニョンはもう完全に車椅子べったりになったな」

残念だという意味なのか、それはそれでよくやっているという意味なのかわからなかったが、こう答えた。

「おかげさまで身体も安定してすごく元気に過ごしています、ファン博士」

わたしはもう骨延長術について聞きはしなかったし、最先端の滑らかな車椅子が買えないからと、もどかしがることもなかった。

注

1 Physical Medicine and Rehabilitation, “Timeline: Prosthetic Limbs Through the Years”, *UPMC HealthBeat*, March 8, 2015.

2 Tomoko Tamari, “Body Image and Prosthetic Aesthetics”, *Body & Society*, Vol. 23, No. 2, 2017, pp. 29–30.

3 第Ⅰ部でも述べたように、車椅子や白杖などはそれを使用する人と緊密に結びついている。わたしは「人工補綴物」を、車椅子や補聴器のように実際に身体を代替はしないものの、身体と深くつながりその一部となっているような物まで含めた概念として捉えている。実際に一九九〇年代以降、人工補綴物という言葉は、身体の一部を代替、補助する人工物という従来の意味を超え、人間とテクノロジーの融合という大きな流れの比喩として使われている。現代人はすでに補綴的(prosthetic)な存在だ。人工補綴物の多様な、拡張された意味についてはカン・スミ「人工補綴物の美——現代アートにおける『テクノストレス』と『テクノ快楽』の傾向性」、『美学芸術学研究』、第三九集、二〇二一、三一〜三九ページを参照するとよい。

4 [Blog Post] embracetheplanetnl, “James Gillingham prosthetic limbs”, June 25, 2018 (https:/embrace-yourself-embrace-the-world.com/2018/06/25/james-gillingham-prosthetic-limbs/).

5 Marquard Smith, “The vulnerable articulate: James Gillingham, Aimee Mullins, and Matthew Barney”, in Marquard Smith and Joanne Morra (eds), *The Prosthetic Impulse: From A Posthuman Present to A Biocultural Future*, Cambridge, MIT press, 2006, p. 49.

6　手紙には、背中側に若干の痛みがあるのを除けば非常に快適だと書かれていた。

7　大韓補聴器株式会社が一九八八年に生産していた「トゥラミ補聴器」のテレビコマーシャルだ。「聞こえないわ」という台詞は一種のミームとなって当時流行した。この映像は大韓補聴器のホームページ(http://www.maxo.co.kr)の「顧客センター」タブの中の「ニュース&資料室」の掲示板にリンクが掲載されている。

8　二本足で人間のように階段を上り、宙返りまでするロボットの映像で有名だ。その映像はYouTubeチャンネル「Boston Dynamics」(https://www.youtube.com/user/BostonDynamics)で視聴できる。

9　Graham Pullin, *Design Meets Disability*, MIT Press, Cambridge, 2009, p. 31. Aimee Mullins, Dazed & Confusedなどのキーワードで検索すれば、マリンズの画像はすぐに見つけられる。

10　グラハム・プリンは、義足だけでなく車椅子や補聴器、眼鏡、白杖など補助装置すべてを指している。ただし一三五ページの注3で述べたように、ここではそれらを「人工補綴物」という言葉で総称する。

11　Graham Pullin、前掲書、p. 16.

12　Graham Pullin、前掲書、pp. 31–33.

13　Tomoko Tamari、前掲論文、p. 31.

14　次のリンクから画像を見ることができる。フレームの重さはわずか一・五キロだ(https://www.yankodesign.com/2018/09/20/this-wheelchair-is-winning/)。

15　Marquard Smith、前掲書、p. 58.

16　Tomoko Tamari、前掲書、p. 27.

17　ピストリウスはなぜ義足を外したのだろうか？　義足をつけていない状態では恋人より体格が小さいので殺害は物理的に難しいことを示すため、というのが表向きの理由だ。これは当然、裁判官の同情を買おうとしていると受け止められた(実際そうだったのだろう)。彼はかつてすばらしい陸上選手だったかもしれないが、結局、殺人を犯した犯罪者となった。ヒーローどころか情けない人間だったのだ。彼の「損傷した身体」のイメージは、ヒーローとしてのイメージを極大化したのと同様に、その情けなさを極大化することにもなった(Sewell Chan, "Oscar Pistorius Removes His Artificial Legs at Sentencing Hearing", *The New York Times*, June 15, 2016)。

18 二〇一九年末、「アイム・トゥレット」というチャンネル名でチック症に関するエピソードを発信していたホン・ジョンオさんが、実はチック症ではないか、ごく軽度であるにもかかわらず、症状を誇張していたことが発覚して問題となった。彼は、ラーメンを食べている途中チックの症状が出て器をひっくり返すといった「パフォーマンス」をして、一カ月で三八万人の登録者を集めた。彼が得た収益はひと月で約八〇〇〇ドルだったという(「八〇〇〇ドル稼いだユーチューバー『アイム・トゥレット』、チック症は演技だったのか」、『中央日報』、二〇二〇年一月七日)。

19 Marquard Smith、前掲書、pp. 51-54. この場合のフェティッシュ的衝動はジェームス・ギリンガムだけのものとは言えないだろう。これらの写真は、多くの顧客にアピールするという商業目的で撮影されたものだからだ。

20 フェティシズムは、物に霊的なものが宿っていると信じる西アフリカ人の宗教的態度を指すポルトガル語「フェティソ(fetisso)」を語源としている。ヨーロッパ人は、自分と異なる「他者」が、人格もない木や彫刻品などに意味を付与し崇拝までする行為を、未開で奇異なものと捉えた。だが一八世紀に入り、ヨーロッパ人は自らの内にフェティシズムを発見する。マルクスは資本主義社会の生産と消費に関連して、フロイトは性的な脈絡において、それぞれフェティシズムを見いだした。資本主義社会では、商品を生産する人(生産者)たちの複雑な関係やその過程は完全に消え去り、商品そのものだけが欲望の対象として崇拝される。抑圧された性的衝動は、本来の目的や脈絡を失って、その性の代わりとなる物への執着となって戻ってくる。このように、商品そのもの、あるいは性的欲望を代替する身体の部位や物(髪の毛、足、眼鏡など)はその起源や脈絡を失い、それ自体が欲望の対象となるのだ(チャン・ソンマン、「フェティシズムの概念史――その発明と意味網」、『宗教文化批評』、九巻、二〇〇六)。

21 R. L. Rutsky, *High Techne: Art and Technology from the Machine Aesthetic to the Posthuman*, University of Minne-

sota Press, 1999, pp. 129–158. こうした批判的な議論のおかげか、少なくとも二〇一〇年代以降は、『WIRED』をはじめとする科学技術誌もときどき、テクノフェティシズムについて重点的に扱っている。

22　わたしは『だれも私たちに「失格の烙印」を押すことはできない』の第八章でこのテーマを扱った。当時わたしが参考にした論文はその後、韓国語にも翻訳された。韓国語版ではディボーティズムは「追従主義」と訳されている(アリソン・ケーファー著、チョン・ヘウン訳、「欲望と嫌悪——追従主義の中でわたしが経験した両面的冒険」、『女/性理論』、三九号、二〇一八、四八〜八六ページ)。

23　伊藤亜紗著、キム・ギョンウォン訳、『記憶する体』、ヒョナムサ、二〇二〇、八一〜八二ページ(原書『記憶する体』、春秋社、二〇一九、七八ページ)。

24　Graham Pullin、前掲書、p. 27; Robert Andrews, "Hearing Aids for the Unimpaired", *Wired*, August 8, 2005.

25　IT World Korea,「AirPodsで『ライブリスニング』を使う方法」、二〇一八年八月二一日(https://youtu.be/IrRIL4zPSGI)。

26　「『車より便利』日本の若者層に広がる電動車椅子」、『東亜日報』、二〇一九年一二月六日。

27　この事例についての論評は、先に引用したマーカード・スミスの本(六二〜六六ページ)を参照した。マリンズの発言("Personal Perspective", in Nancy Spector and Neville Wakefield, *Matthew Barney: Cremaster Cycle*, New York: Guggenheim Museum, 2002, pp. 492–493)はスミスの引用を再引用した。

7章 世界を再設計するサイボーグ

キム・チョヨプ

大学生のとき「考える会」というセミナーを運営していたことがある。科学哲学や科学技術社会論に関心のある学部生や院生、教職員が集まって発表や討論をおこなう勉強会だ。扱っていたテーマは、科学論とも呼ばれる、科学という学問そのものを研究対象とするメタ学問で、普通の理工系の学生には接する機会が少ないので学生だけでも集まって勉強しようという趣旨だった。わたしたちはGMO〔遺伝子組み換え作物〕をめぐる論争や、食品添加物や原子力発電所のリスクコミュニケーション〔あるリスクについて、当事者全員が情報を共有し意見を交換することで、意思疎通や相互理解を図ること〕、研究開発過程における「資金」の流れ、政府主導の科学技術の発展や、科学への市民参加について、毎週討論した。アラン・チャーマーズ（Alan Chalmers）の『科学とは何か』という科学哲学の概説書を取り上げて、一章ずつ発表したりもした。最初は「科学ってこういうものなんだ！」という気づきがあったけれど、難解な現代科学哲学を扱う後半に進むにつれ、「で、結局、科学っていったい何なの？」という疑問がむくむくと膨れ上がり、そのままその学期のセミナーを終えた記憶がある。

　ともかく、わたしたちは毎週月曜日の夜に集まって「科学技術の知識はどのようにして社会的に作られるのか」についての問答を自分たちなりに深めていった。もちろん、その分野の専攻者ではなく隣接分野の学部生と院生からなる勉強会だったので、それほど専門的ではなかったけれど、研究事業計画書を一度でも書いたことのある院生たちは「科学技術の知識は社会的に作られる」という命題をすぐに理解し、受け入れていた。わたしは、自分が非常に堅固な学問、方法論であると考えてきた科学が、実はそれほど堅固ではないことを、社会的な文脈や権力構造と無関係ではないことを、討論を重ねる中で徐々に学んでいった。

　科学技術社会論(Science and Technology Studies：ＳＴＳ)は、科学や技術、社会、文化をそれぞれ分離したものではなく、互いに関連した複合的な文脈の総体として捉える。科学技術の知識は文化、政治、経済的な文脈の中で生産、構成され、そうやって生産された知識はまた別の問いや問題を生み出す。科学技術社会論の学者たちは「科学技術は中立的、客観的である」という古くからの通念を破壊し、技術知識の生産に権力が関与していることを暴いてみせた。つまり科学技術社会論は、科学を否定するものではなく、科学技術知識の生産のされ方、利用のされ方を批判的に省察する学問なのだ。

　特に興味深かったのは、フェミニストＳＴＳの学者たちの活躍だ。かれらはフェミニズムの観点を取り入れて、科学の世界でいかに頻繁に女性の功績や関わりが無きものとされているか、技術の設計から使用に至るまで社会のジェンダー序列がいかに深い影響を及ぼしているか、性差に関する科学研究はどのように社会的差別を反映しているか、技術知識の形成にどのように女性の観点が介入できるかを論じている。[1] フェミニストＳＴＳのことを学びながら、こういう観点はクィアや人種、障害の話にも通じるかもしれないと、漠然と思ったことがある。けれど、障害と科学技術について積極的に考えるようになったのは、かなり最近のことだ。遅まきながら知ったことだが、科学技術社会論の領域に障害学の観点が取り入れられたのも、そう古いことではない。

初めて障害学に触れたときの衝撃が思い出される。障害は損傷した身体を持つ一個人の問題ではない、損傷と相互作用する社会や環境が特定の身体を「障害化」するのだ、という命題を読んだときの驚きといったら。音声言語を使わず手話だけで対話する社会や、車椅子ユーザーに合わせた社会を想像しながら、わたしは自分の障害が「欠如」としてのみ規定されるわけではないという事実に解放感を覚えた。数十年前にその主張に初めて触れた障害者たちの衝撃は、わたしのそれよりはるかに強烈だったはずだ。西欧圏では一九六〇～七〇年代、障害学や「障害の社会モデル」〔障害を治療の対象と捉えるのではなく、物理的な施設や社会制度を変えることによって解消しようとするアプローチ〕が、急進的な障害者運動の動力となった。障害を身体的、精神的な損傷を持つ個人だけの問題とする「障害の医療モデル」に対抗して、損傷を障害化する社会構造そのものを変えるべきだと主張できるようになったのだ。社会モデルを根拠とした障害学や障害者運動は、前例のない大きな成果を収めた。

障害学が、科学技術に対して批判的な姿勢や、ある程度距離を置くような姿勢をとってきたのは、障害学自体が「医療モデル」に対抗する過程で生まれたものだからだろう。技術や医学の領域において、障害は矯正と治療の対象だった。障害者の身体はリハビリや治療を受けるのが当然だと考えられていた。矯正の対象である身体を持つ障害者は、固有の価値を認めてもらえず、リハビリや治療という抑圧を受け、そして多くの場合、矯正に失敗した価値のない人間へと転落した。科学の進歩がいつも障害者の生活の進歩につながってきたわけではないし、また、技術に対する期待は、時に障害を対象化し、障害克服のイメージを積極的に消費することを後押ししてきた。産前検査や遺伝子治療、人工内耳、補綴物といった進歩的な技術はしばしば、障害を除去したり「有能な」状態に矯正したりするものであると捉えられる。

そういう理由で、障害者の権利を取り戻そうとする障害学と、障害を治療、矯正しようとする考え方が優勢だった科学・技術・医学とが、ちぐはぐで噛み合わない、どこか矛盾した関係のように見られてきたのも事実だ。しかし当然ながら、科学・技術・医学と障害との関係を、ただ抑圧的、対立的なものとしてのみ見ることはできない。多くの障害者の生活は医学や技術によって維持されている。新しい技術を自身の生活に積極的に取り入れて日常を改善する障害者もいるし、技術を活用して障害者にやさしい環境をつくろうとする障害者もいる。

現代の文明社会では誰もがそうであるように、障害者もやはり技術と複雑で矛盾した関係を結んでいる。技術は必ずしも抑圧的または解放的なものとして存在しているわけではなく、技術と障害者が社会でどのような関係を結んでいるのか、その文脈が重要なのだ。ならば、科学技術の領域に根づく非障害者中心主義を批判しつつ、その構造を逆転させて、障害者中心的な科学技術を想像してみることも可能だろうか？　障害学の観点を取り入れて、障害を排除しない技術、アクセシビリティーや「障害者の正義」〔障害者の平等や権利を追求していた既存の障害者運動に対し、日常生活における公正さを追求する新しい動き〕の実現を目指す技術を語ることもできるのではないだろうか？

障害学と科学技術社会論の接点を探ろうとした人たちの既存の議論が、一つの手がかりとなるかもしれない。初期の障害の社会モデルは、障害のある身体の固有な経験や、技術が社会構造に及ぼす影響を考慮していないという批判を受けた。障害学者たちは、社会や物質世界の中で障害者の身体が直面する具体的な経験や、社会と物質の複雑なネットワークを考慮しなければならないと指摘した。ブルーノ・ラトゥール（Bruno Latour）のアクターネットワーク理論（Actor-Network-Theory：ＡＮＴ）[2]の表現を借りれば、障害は、人間だけで構成された社会や文化によって形成されるのではなく、身体や自然、建築環境、人工物をすべて含むネットワーク上でつくられ、規定されるからだ。[3]

第5章で見たように、障害者の身体が技術や医学と結んでいる関係は単純なものではない。障害者の日常を改善するのに役立つ技術が、また別の面では苦痛を与えることもある。障害や病気のある人の生命維持や苦痛緩和に決定的な役割を果たす技術もあるが、そういう有用な技術であっても、いつも「良い」働きだけをするわけではない。障害者の身体はすでに技術と密接に、複雑に、時には間接的に結びついており、この関係を一概に「良い」「悪い」と規定することはできない。であるならば、わたしたちに必要なのは「技術は障害者にとって抑圧か解放か」という二分法的な観点ではなく、技術と障害者の関係を、障害者を中心に据えて再解釈する新たな観点であるはずだ。

不具の科学技術を宣言する

二〇一九年、エイミー・ハムライ（Aimi Hamraie）とケリー・フリッチュ（Kelly Fritsch）は「クリップ・テクノサイエンス宣言」[4]という論文を発表した。ハラウェイの「サイボーグ宣言」にちなんだようなこのタイトルには、馴染みのない概念が多く含まれている。まず「クリップ（crip）」[5]について見てみよう。クリップとは、性的少数者が自らをクィア(queer：奇妙な、風変わりな)と呼ぶのと同じような概念の言葉だ。イーライ・クレアは『亡命とプライド』でこう書いている。「クィアと不具者はいとこ同士だ。衝撃を与える言葉、自尊心や自己愛をもたらす言葉、内面化された嫌悪に抵抗する言葉、政治を構築するよう促す言葉。多くのゲイ、レズビアン、バイ、トランスがクィアという言葉を、多くの障害者が不具者または不具(cripple or crip)という言葉を、あえて選択した」[6]。障害者を蔑んできたその言葉を占有することで、呼称の権力を奪還するということだ。よって、何かを「クリッピング(cripping)」するとは、非障害者中心主義や「正常性の規範」に積極的に抵抗するという意味を持っており、障害を単なる欠陥ではなく可能性や多様性の源として理解するということだ[7]。次に「テクノサイエンス(技術科学)」とは、ラトゥールのアクターネットワーク理論の影響を受けた言葉で、「科学知識や技術的世界は、物質、社会、歴史的なアクター〔社会を構成する人間とモノ〕が複雑に絡み合った構造物である」という意味を含んでいる。ラトゥールのこの考え方によると、科学と技術は厳密に区別されるものではない。

「クリップ・テクノサイエンス宣言」は、言い換えれば「不具の技術科学宣言」だ。この宣言でハムライとフリッチュは、既存の障害者技術はおもに非障害者の専門家によって、障害者「のために」つくられた技術であったと指摘する。つまり障害者は技術の知識生産者ではなく、単なるユーザー、消費者に過ぎない。このような構図では、非障害者の専門家が生産した知識の結果物を障害者が一方的に受容することになる。障害者の身体を矯正しその能力を復元しようとするこうした技術は、障害を脱政治化し、社会の構成物と見ず、個人の問題にしてしまう。多くの技術が既存の障害物を克服の対象と捉えるように、障害者技術は障害そのものを「革新」の対象と捉えるケースが多いのだ。[8]

クリップ・テクノサイエンスは、知識の生産と消費という定型化された既存の構図を覆す。障害者のための技術ではなく、障害者や障害者コミュニティーが自ら築き上げるテクノポリティクス〔政治的目的を具現化するための技術の設計、使用〕の実現を目標とする。ハムライとフリッチュが提案するクリップ・テクノサイエンスの四原則はこうだ。一、障害者を知識人、製作者として中心に据える。二、「アクセシビリティー」を、統合ではなく政治的摩擦と論争の場とする。[9] 三、政治的技術としての相互依存性を重視する。[10] 四、「障害者の正義」の実現に焦点を当てる。

クリップ・テクノサイエンスは、障害者が自身の障害の経験の中でどのように日常の技術を再構成し、世界を改編していくのかに注目する。障害者は単なる世界の受容者でも、世界によって形成される存在でもなく、積極的に世界を再創造していく人間だ。この宣言で筆者たちは、技術の複雑な側面を複雑なまま捉え、人間と技術の結ぶ矛盾した関係を否定せず、その矛盾について繰り返し考えることを促す。一人の人間の努力や克服による解決ではなく、集団全体のアクセシビリティーや相互依存を肯定する未来を設計しようと提案する。技術の分野で一般的に見られる「専門家―大衆」という構図を覆し、技術を「障害の政治」の道具として積極的に占有しようという意味でもある。

フェミニストSTS関連の専門誌『CATALYST』の「クリップ・テクノサイエンス特集号」に寄稿された文章には、障害者は日常の専門家、設計者であるという認識が示されている。わたしたちの暮らしている環境のほとんどは障害者が生活するには適さないように設計されているため、障害者は身の回りの環境はもちろんのこと、地域社会や共同体を絶えず「修繕」しながら生きることになる。障害学者はこれを「障害者の世界づくり」と名づけた。[11]障害者が自身の障害に適応する中で環境を独創的に修繕してきた行為、たとえば車椅子ユーザーが車椅子を自分で修理したり、介護者が家庭環境に合わせて日常の道具を活用したりといったことはこれまで、まっとうな知識生産活動や専門技術として認められてこなかった。だが、こうした「日常の」知識をきちんと拾い上げれば、障害者に限らず、弱く、依存的な身体を持つすべての人に役立つ知識が確保できるはずだ。

ソフトウェアのプログラミングから建築デザイン、車椅子の修理、障害児向け衣類の製作、デジタルメディアを活用した障害者アートに至るまで、障害者と技術の関係は、「恩恵を受ける人」と「専門家」という区分に縛られていない。障害者は生活を改善し環境を整えるために新たな技術を考案し、知識を共有し、非障害者中心主義の社会に亀裂と摩擦を生み出す。その過程で、「障害者でない専門家」と「障害者であるユーザー」という区分はあいまいになり、ついには消滅する。

クリップ・テクノサイエンスを最も創造的に解釈しているのは、芸術の領域だ。サンフランシスコで二〇二〇年一月に開幕した展示会「クリップテクを記録する(Recoding CripTech)」は「クリップ・テクノサイエンス」の概念の影響を受けたプロジェクトで、アクセシビリティー技術をテーマとしていた。参加アーティストたちは、障害のアイデンティティーや誇りを表現するツールとして、技術と芸術を結合させた作品を展示した。その多くは複数の感覚によるアクセスが可能で、たとえば彫刻作品が揺れたり、振動したり、音を発したりし、実際に触れられるようにもなっていた。そのため、ある一つの感覚が損傷していても、ほかの感覚を使って作品を鑑賞することができる。こうした作品はアクセシビリティー技術について考えるきっかけとなる。[12]

展示作品の一つである「補綴記憶(Prosthetic Memory)」は、脳に障害を負った障害当事者が制作した「外部の記憶」だ。制作者アイフラー(M Eifler)は幼いころの事故で長期記憶を損傷し、記憶喪失日記(Amnesia Diaries)をつけている。補綴記憶の構成要素は、アイフラーの日記、日常を記録した映像、そしてカスタム人工知能だ。この人工知能は、機械学習によって彼自身が個人アーカイブをつくったり、記憶の保管場所で必要な情報を分類、検索したりできるよう設計されたプログラムだ。このような補綴記憶は、人間と機械の脳が結合した典型的なサイボーグのイメージを連想させるが、定型発達の人の思考を模倣するのではなく、アイフラーに合わせて構成されているという意味で特別だ。見る人は彼の日記を読みながら、人工知能が探し出してくれる記録映像も併せて鑑賞することができ、彼の思考パターンを間接的ながら体験することになる。[13]

クリップ・テクノサイエンスという概念を初めて紹介した学者たちも、このようなメディアアートや、芸術と技術の結合において障害者が技術の中心となっている事例を数多く紹介している。ところがそうした事例を読んでみると、興味深いと感じる一方で、技術の中心に障害者が立てるのは、今はまだ、展示会場やアーティストのアトリエ、デモの現場に限られているのではないかという思いも浮かぶ。多くの障害者が技術面で高いハードルを経験している現実において、クリップ・テクノサイエンスは理論的にのみ可能な、まだ遠い先の話なのではないか？　だが、障害者たちはすでに日常のいろいろなところで技術の設計者、知識の生産者として活躍してきた。生産終了となった車椅子を使いつづけるために部品を集め修理の技術を学ぶ、家庭用の医療機器を使いこなすといった日常の領域から、技術を通して自身の属する地域やコミュニティーに変化を起こし、技術知識を共有し、既存の技術を刷新するといったことまで、障害者はさまざまな領域で、多彩な方法で技術に関わっている。続いて、テクノサイエンスの知識生産者として障害者は現在どのようなことをしているのか、そして今後、どうすれば障害と技術がポジティブな関係を築いていけるのかを、いくつかの例を通して見てみようと思う。

知識生産者としての障害者

大学生のとき、海外研修プログラムでロンドンの英国王立盲人協会を訪問したことが思い出される。第1章でも少し触れたが、協会の建物のワンフロアーをまるごと使って、視覚障害者のための道具や補助機器を展示していた。案内してくれたメリーは二人の子の母親で、視覚障害者だった。彼女は展示されている道具を一つずつ示しながら、実際に家でどんなふうに子どもの世話をし、キッチンで料理しているのかを説明してくれた。フロアーのキッチンには、料理の全過程を声や音、触覚で確認できる道具が並んでいた。メリーはそれらを家で使いこなし、キッチンが安全に感じられ満足しているという。そしてこう言った。「わたしは家では障害を経験しません」。実際に彼女の家に行ったことはないけれど、きっと、彼女の生活しやすい構造になっているので、家の外にいるときほど視覚障害が問題にならないのだろうと想像できた。メリーの家は、彼女の視覚の損傷を「障害化」しないのだ。

一般的なキッチンでは料理をするのが難しい視覚障害者も、自分に合わせて設計された安全なキッチンでなら可能かもしれない。公共施設や道路、オフィスに比べて個人の家は、障害者の意見を迅速かつダイレクトに反映させられる固有な空間だ。そのため障害者の家は、障害者の身体と環境、建築

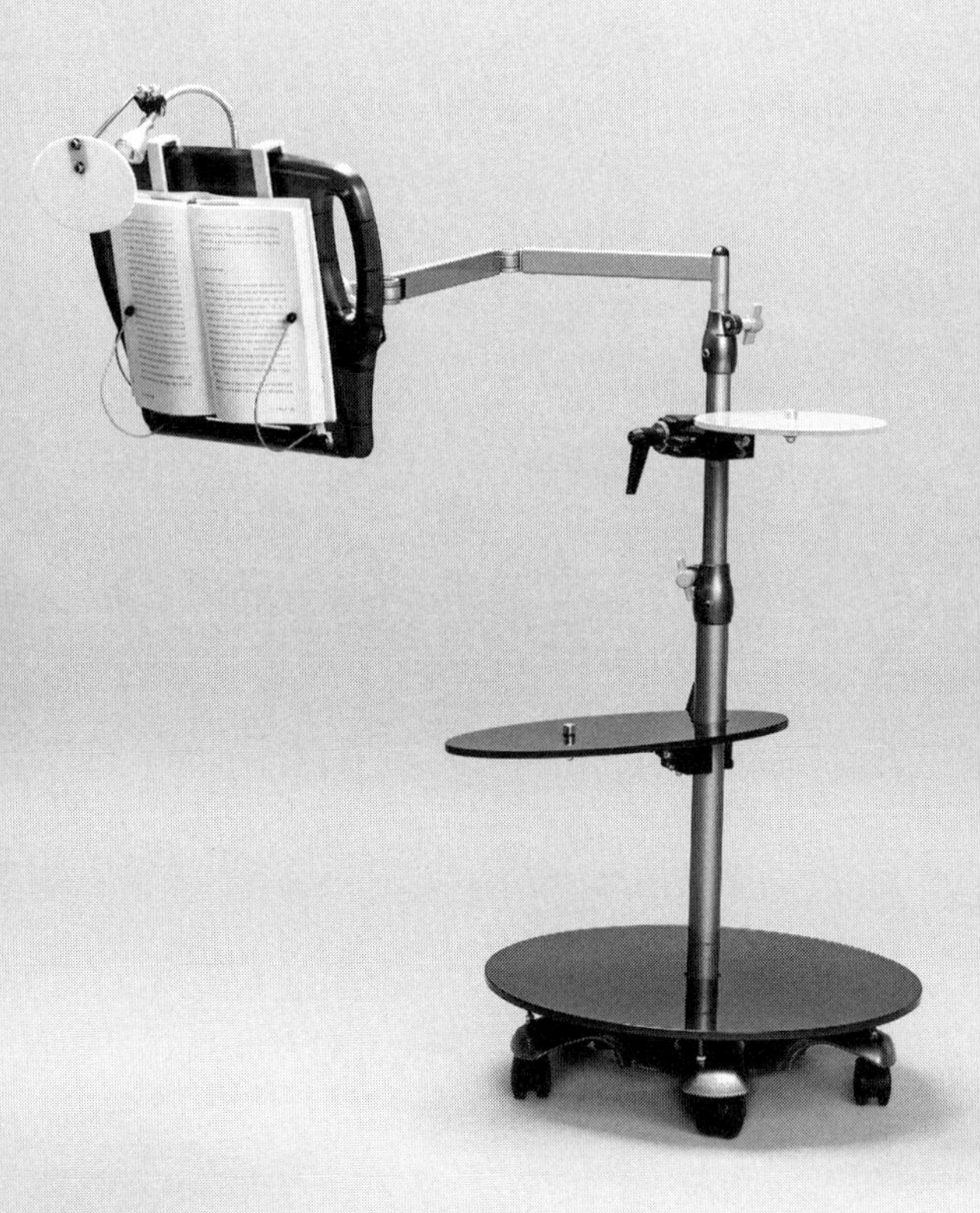

「つぶやく家具：キム・ウォニョン」(2018 年の展示会「あなたの角度」)
障害者に必要なのは，身体の形態や運用方式に合った便利な家具だろうか？
それとも日常を優雅なものにし，自身の個性を表現してくれる固有な家具だろうか？

がどのように相互作用して障害を生み出すのかを知るヒントになる。もちろん現実的には、高価な物件の中からなんとか手の届きそうな、身体への負担が少ない家を苦労して探さなければならないケースが多い。特に韓国のように、障害者が自分の身体に合う家を手に入れるのが難しく、賃貸住宅など自由に改造できない居住環境がほとんどという状況では、家だからといって自由が保障されるわけではない。家族や同居人が本人の意思を尊重してくれるかどうかも問題となるだろう。けれど、そういう現実があるにしても、障害者が障害を経験しないか、あまり経験しないで済む家について考えてみることは、空間に対する社会的想像力を広げてくれる。障害は損傷に伴う必然的な結果ではなく、空間に応じて再規定される概念であることを教えてくれるからだ。

「ランプハウス（The Ramp House：スロープの家）」はロンドンのポートベローに建てられた車椅子対応の家だ。それぞれ建築家、デザイナーであるイアン・マクミラン（Ian McMillan）とシア・マクミラン（Thea McMillan）夫妻は、車椅子ユーザーである娘グレタが階段のために不便な思いをしていることから、車椅子を中心とした新しい家を建てる計画を立てた。だが、ポートベローには新たに家を建てられるような土地がない。グレタは学校に馴染んでいたため、簡単に引っ越しを決めることもできなかった。幸い、隣人の一人がガレージ横の土地の提供を申し出てくれ、イアンとシアはこの建築プロジェクトに着手できるようになった。

車椅子のアクセシビリティーのための一番簡単な解決法は、家を平屋にすることだ。だが、ガレージ横の狭い土地という制約のため二階建て以上にせざるを得ず、そうなるとフロアー間の移動をどうするかというのが最も重要な問題となった。シアは、一般的な建物のように階段とエレベーターを併設する代わりに、誰もが利用できるスロープを家の中心に設置した。のちにシアはインタビューで、娘グレタを「一人だけ違うように」扱いたくなかったと述べている。みんなは階段を上るのにグレタだけエレベーターを使うという「分離」の経験を、せめて家でだけはさせたくなかったということだ。このプロジェクトは複数の人の共同作業によって完成した。グレタと妹は設計段階で意見を出すなど重要な役割を果たし、近隣の住民たちは家を完成させられるよう関連部署を説得し積極的に支援した。完成した家でグレタは自由に、活動的に、そして自立して生活している。

この代案空間はもともとグレタのためにつくられたものだが、イアンとシアが設計に関する情報を共有し家を公開したことで、彼らの暮らす地域以外へも新しい認識が広まりつつある。ランプハウスは建築賞の候補にも選ばれ、これをヒントに新たな車椅子対応の家を建てようとする動きもある。[14] 二人は、空間に対する考え方や垂直・水平方向への移動方式について従来とは違う視点を持ってもらえればと思った、と述べている。彼らはランプハウスを設計した経験をもとに、インクルーシブデザイン〔これまでデザインの対象から排除されてきた人々を巻き込んで一緒にデザインをおこなっていく手法〕やバリアフリーデザインについてのアイデアを共有する活動をおこなっている。ランプハウスの図面や設計過程はブログ「チェンバースマクミラン」でも公開されている。[15]

このように自分の家を一からつくり上げられる環境にある人は稀だが、そういうやり方でなくとも、今住んでいる家を自分に合った居住環境に変える方法を、障害者たちは積極的に共有し合っている。たとえばイギリスの視覚障害者の権利擁護団体ＴＰＴ（Thomas Pocklington Trust）は、視覚に損傷のある人の参考になる九〇ページほどの住居ガイドを提供している。[16] このガイドには、引っ越しを考えている人や寄宿舎など学生用の住居施設に入る予定の人が安全のために確認すべき項目や、家を視覚障害者向けに改修しようとする人に必要な情報が掲載されている。一方、先に紹介した英国王立盲人協会はオンラインガイドで、「階段の端の部分を壁と対称的な色で塗る」「ドアの取っ手にカラーテープを貼る」など日常で実践できるアイデアを提示しているほか、専門家の助けが必要な住宅改修の場合、どうすれば補助金を受けられるかも紹介している。また協会では、家事や料理、趣味に役立つ視覚障害者用の生活用品を数百種類も販売している。点字のダイアリーやステッカーなどの文房具から、凹凸つきの触れる地球儀、包丁を安全に使えるプラスチック製の保護具、特殊照明、〝話す〟電子レンジや洗濯機に至るまで、多様だ。特に、視覚障害当事者のアイデアを集めた「違った方法で見る（See Differently）」プロジェクトでは、ちょっとした発想の転換で生活にとても役立つ道具が多数紹介されている。「小物ファインダー」がその一例だ。靴下と輪ゴムがセットになっただけのシンプルな商品だが、掃除機のパイプの先に靴下をかぶせ輪ゴムで固定した状態で吸引すると、目につきにくい小さな物を簡単に見つけられるという。協会の商品は公的補助金で購入可能で、売上金は協会の運営に使われる。

倉澤奈津子は「補助機器を設計する知識生産者」としての障害者の姿を見せてくれる。伊藤亜紗は、骨肉腫で右腕を切断したあとも右腕があるという感覚、すなわち幻肢を感じるという倉澤の身体の経験をインタビューし、著書『記憶する体』で紹介している。幻肢はたいてい「幻肢痛」と呼ばれる痛みを伴って感じられる。腕を失ったことによる悲しみや幻肢痛など二重、三重の苦しみを味わっていた倉澤は、同じような状況にある仲間と共にＭＡＪ（Mission ARM Japan）という特定非営利活動法人を

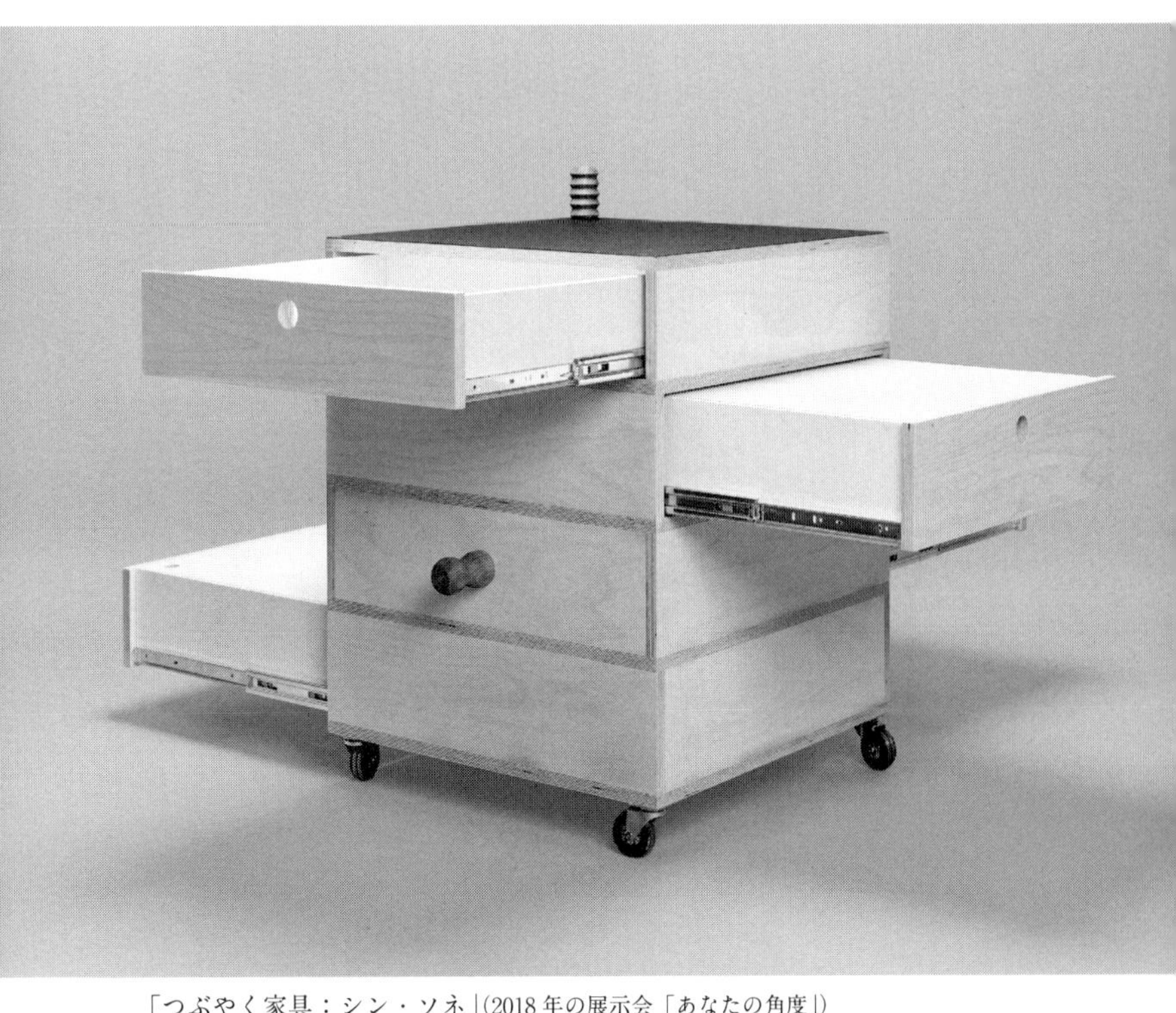

「つぶやく家具：シン・ソネ」(2018年の展示会「あなたの角度」)
キャスターつきのチェスト兼テーブル．一人ひとりの身体や動きに合わせて家具を設計すれば，身体障害のある人もこぼさずに汁物を運んだり，身の回りのものを使い勝手のいいように収納したりすることができる．

二〇一四年に設立した。この団体は、義肢や障害者向けの商品を扱う専門業者への企画提案、開発支援をおこなっていて、これは「義手は切断経験者の幻肢痛をなくしたり和らげたりするのに役立つ」という発想がもとになっている。肩も含めて切断している倉澤は、義手をつける肩の役割をする「肩パッド」を製作していたとき、３Ｄプリンターで身体にぴったり合う肩パッドを作れば幻肢痛が顕著に和らぐことを発見した。左肩を立体的にスキャンしてそのデータを反転させ３Ｄプリンターで出力すると、身体と一体になって動いてくれる肩パッドを作ることができた。

倉澤が肩パッドを自作するようになったのは、ＭＡＪにデザイナー兼リサーチャーとして加わった竹腰美夏の提案がきっかけだった。二人は共同生活をしながらいろいろなパッドを試していく。日常生活を観察することで新しいアイデアが生まれてきた。倉澤が料理をする姿を竹腰が目にすることで、意外なヒントを得ることもあった。障害当事者の生活の場が、同時にラボの役割を果たしていたのだ。

当事者もニーズが分からないことが多い、と竹腰さんは言います。「どんな肩パッドが欲しいか」「どんな義手が欲しいか」と問うても、当事者から必ずしも明確な答えがかえってくるわけではない。二〇一六年から施行された障害者差別解消法でも、役所や事業者に対して合理的配慮が求められていますが、その前提となるニーズは、本人にとってただちに説明可能とは限りません。[17]

伊藤亜紗は倉澤の事例を通して、障害当事者が自らのニーズを具体化することの大切さを指摘している。非障害者の技術者の手による「障害者のための」技術は、障害当事者のニーズとは、ずれているケースが多い。視覚障害者向けに目の前の景色を「見せる」ための触覚モニターを開発してはどうかという提案のように、だ（視覚情報を触覚情報に変換して、見えない人がわかるようにしてはどうかという趣旨だが、この提案に対し、同席していた全盲の人が「いらないなあ」と即答したというエピソードが、同書で紹介されている）。倉澤は自身の義手の製作に取り組んでいるだけでなく、ＭＡＪに集まってくるさまざまな障害者の幻肢痛緩和グッズも作っている。ＭＡＪは、障害当事者と技術者、研究者が協力することで障害者自らが知識生産の中心となる「クリップ・テクノサイエンス」の一例と言える。

韓国のケースでは「ＡＵＤ社会的協同組合」と「Todo Works（トドワークス）」を、障害者中心の技術の好例として挙げたい。ＡＵＤは「聴覚のユニバーサルデザイン（Auditory Universal Design）」の略で、文字通訳を必要とする聴覚障害者のために、速記者と障害当事者、企業をつなぐ事業を展開している。ＡＵＤの提供する「シェアタイピング」というプログラムはスマートフォンのアプリで利用できるため、大型スクリーンを必要とする既存の文字通訳と異なり場所の制約を受けない。ＡＵＤを設立したパク・ウォンジン理事長はもともと特別支援学校の教師で、聴覚障害当事者でもある。聴覚障害者の中には手話を知らない人も多いため手話通訳と文字通訳の両方を提供することが望ましいのに、現状は文字通訳に対する認識があまりにも不足しているという点に着目したのだ。ＡＵＤは、企業や大学、地方自治体との協力や新しい技術の開発を推進しつつ、文字通訳の必要性を広め、聴覚障害者の情報アクセシビリティー改善にも取り組んでいる。

車椅子の電動キット「Todo drive（トドドライブ）」を製造するソーシャルベンチャー企業トドワークスも、企業理念として「すべての人のためのテクノロジー（technology for all）」や移動弱者のための技術ソルーションを掲げている。シム・ジェシン代表がトドワークスを設立したのは、娘の友人との偶然の出会いがきっかけだ。家では手動車椅子を使っているその友人が外では思うように移動できないという話を聞き、車椅子にモーターを取り付けてあげる約束をしたという。電動車椅子は外で移動するには便利だが、サイズが大きく重さもあるため、ほとんどの障害者はおもに手動車椅子を使う。手動車椅子にトドドライブを取り付ければ、ジョイスティックを使ってうんと便利に移動できるようになる。シム代表は障害当事者のニーズにしっかり耳を傾けて製品を開発しており、それは国内外の車椅子ユーザーの大きな評価へとつながっている。

ＡＵＤとトドワークスの注目すべき共通点は、技術知識の生産者が何よりも障害者のニーズを中心に据え、「障害者の正義」やアクセシビリティーの実現を目的とし、「やさしい技術」ではなく「すべての人のためのテクノロジー」を掲げていることだ。シム代表はあるインタビューで、社会は障害者を施しや同情の目でしか見ていない、これは改めるべきことだ、と指摘している。大企業による「障害者を助ける」技術のキャンペーンがどこか残念な感じがするのに比べ、これら二つのベンチャー企業が、未来のどこかの話ではない、今この現実での障害者のアクセシビリティーに確実に寄与しているのは、まさにそうした原則のおかげだろう。

ユニバーサルデザイン、障害者中心のデザイン

障害者のアクセシビリティーを考慮した建築環境や産業デザインを語るとき、「ユニバーサルデザイン」を思い浮かべる人が多いだろう。「すべての人のためのデザイン(design for all)」とも呼ばれる

このアプローチは、建築物や製品、サービスなどを利用する人が、性別や年齢、障害の有無などによる制約を受けないよう設計するもので、建築家ロナルド・メイス(Ronald Mace)がバリアフリー(barrier free)デザインの範囲を超えるアクセシビリティーを説明するために作った言葉だ。ユニバーサルデザインのおもな目標は、すべての人に機能的な環境をつくることだ。同じような概念に「主流化(main-streaming)」がある。ほとんどの補助技術は障害者の特殊なニーズを満たすために考案されるが、やがて社会的に広く使われるようになり主流化されることもある。飲み物が飲みづらい患者のために開発された「曲がるストロー」、もともとは視覚障害者に本を読み上げる目的で使われていたＬＰレコード、聴覚障害者の連絡手段として考案された携帯電話のショートメッセージなどは、今や誰もが利用する、あるいはかつて利用していた、主流化された技術だ。情報技術の分野で広く使われている音声認識やスクリーンキーボード、単語の予測変換、タッチスクリーンのスワイプなども、もともとは障害者ユーザーのために考案され、その便利さから普遍化された機能だ。

障害者のために開発された技術が結局、普遍的に使われるようになるなら、それはもちろんいいことだけれど、一方でユニバーサルデザインという概念の落とし穴も指摘されている。ハムライは、ユニバーサルデザインを超えた、障害者中心のアプローチが必要だと強調する。[18] ユニバーサルデザインや補助技術の主流化が、必ずしも良い結果を生むわけではないということだ。ユニバーサルデザインには七つの原則があるが、そのいずれも障害についての明示的な言及はない。[19]「すべての人のための」デザインを強調するあまり、排除された身体を積極的に考慮するという原則が抜け落ちてしまったのだ。普遍的デザインの「普遍」の範囲を明確にしておかなければ、肝心の障害者のニーズが「普遍」

から外れてしまう可能性が出てくる。人類の歴史における「普遍」は常に、ごく限られた身体、つまり「白人、男性、シスジェンダー（cisgender）〔出生時に割り当てられた性別と自認する性別が一致し、それに従って生きる人〕、異性愛者、非障害者、中産階級」に代表される中立テンプレートであったことを念頭に置いておく必要がある。[20]

つまり、「中立」を疑ってみようということ、価値「中立的」なデザインではなく、障害者を中心に据えた価値「明示的」なデザインを目指そうというのが、ハムライの主張だ。障害者中心のデザインには、障害者の身体が環境とどのように相互作用しているのかについての具体的な理解が求められる。そうした理解なしに、単に「すべての人のためのデザイン」だけを原則にしてしまうと、誰でも利用できるよう設置されたスロープが、ベビーカーを押す人やキャリーバッグを引く人には便利でも、肝心の手動車椅子ユーザーにとっては傾斜が急すぎたり、幅が狭すぎたりといった事態が発生する。

また、「障害者のためのデザインは結局、非障害者にとっても有用だ」という点を強調しすぎると、「障害者だけに有用なデザインはユニバーサルデザインより価値が劣る」という認識が生まれる可能性がある。ニュースの画面の一部で手話通訳を提供することや目立つ色の点字ブロックを設置することは、非障害者にも有用なユニバーサルデザインではなく、障害者のニーズに合わせたものだ。ところが韓国社会では、非障害者には美観上好ましくないという理由で点字ブロックを目立ちにくいグレーにしたり、「非障害者の視聴権」が妨げられるからと公共放送のニュースで手話通訳を表示するのを認めなかったりもする。障害者だけのためのデザインが依然として軽んじられていることの証拠だ。

主流化のもう一つの問題点は、障害者のためのデザインという当初の目的が簡単に消し去られてしまうことだ。たとえば補聴器をヘッドホンやイヤホンのような一般的な物に見えるようなデザインにすると、人々は補聴器をそれらと誤解してその人を無礼だと思ったり、必要以上に大きな声で話しかけたりするだろう。自閉症児の学習に役立つ iPad のアプリがたくさん開発されているが、そういうアプリはゲームや遊び目的のものと誤解されやすい。さらに、タブレットＰＣのような主流化された装置は医療機器とみなされないため保険の請求が難しく、それは利用者の経済的負担につながる。[21]

とはいえ、障害者のための技術は非障害者や高齢者などにも役立つことが多いため、ユニバーサルデザインの価値自体は変わらない。スペクトラムの一方の端ともう一方の端の両方を考慮したアクセシビリティーデザインは、その中間に位置する人にとっても有用だ。ユニバーサルデザインを目指しつつ、障害者の正義やアクセシビリティーの実現をデザインの中心に据え、障害者が知識生産の主体となることが望ましいということだ。

ストロー廃止は非障害者中心主義だろうか

すべての人のためのデザインと障害者中心のデザインについて考えるのに良い例が「ストロー」をめぐる論争だ。「障害と技術の話になぜストロー？」と思うかもしれない。環境破壊や気候危機への意識の高まりに伴って、プラスチック製ストローは使い捨て製品の中でも代表的な廃止対象とされている。ところがこのプラスチック製ストローが欠かせない人もいるため、ストロー廃止運動は、アクセシビリティーに対するニーズと環境運動の価値とが衝突する場となった。

二〇一九年から、韓国のスターバックスの店舗ではプラスチック製ストローの代わりに紙製ストローを提供するようになった。続いてほかのカフェも環境にやさしいストローの使用に賛同しはじめ、繰り返し使えるストローや分解されるストローを使おうという認識が大きく広まった。テイクアウト用カップなど使い捨て製品の使用を禁止する環境部（省に相当）の政策とも相通じる動きだった。一部の消費者が企業に「エコロジー」への取り組みを促す手紙を送ったところ、企業のトップがそれに回答するという例もあった。ある人がTwitterで「ストロー付き飲料に対する問題意識から、飲料パックから外したストローを集めて手紙と共にメーカーに送り返すというプロジェクトに参加したところ、思いがけず毎日乳業から返事がきた」というエピソードを紹介していた。多くの人がこの手紙のやり取りに共感し支持するとともに、エコ活動に賛同する意思を表明した。[22]

ところがほどなくして、その手紙の内容を引用したツイートが投稿された。「世の中にはストロー付き飲料しか飲めない状態にある障害者や高齢者、その保護者が間違いなく存在している。すべての人が何の問題もなく飲み物を飲めるわけではない」。この指摘を受け、ストロー付きとストローなしの商品を両方販売するなど代案を考えてみよう、という意見が出た。その一方で、ストローが必要な人はそのつど店からもらうか、自分で持ち歩くべきだという意見も出た。これに対しては、障害者や高齢者が飲み物を飲むために一つ余分な手順を踏まなければならないのは、アクセシビリティーが保障されておらず不当だ、という反論の声が上がった。

ストローは万人のための発明品でもあり、弱者のための発明品でもある。ストロー自体は昔からあったが、飲み口近くが蛇腹になったプラスチック製の「フレキシブルストロー」は、もともと患者のために生産されるようになったものだ。一九三七年、ジョセフ・フリードマン（Joseph Friedman）は、幼い娘がミルクシェイクのストローに口が届かず飲みづらそうにしているのを見て、曲がるストローを作った。最初はそれを患者用に販売することを病院に提案し、のちには自分で会社をつくって本格的に生産するようになった。やがて曲がるストローの便利さは人々の知るところとなり、病院に限らず、レストランでも広く使われるようになった。これはユニバーサルデザインや主流化の事例としてもよく取り上げられる。曲がるストローをはじめ、大量生産される現代のストローはたいてい薄いプラスチックでできているため、身体を動かすのが難しい人にとっては、人の手を借りずに飲み物を飲むための貴重な道具なのだ。

プラスチック製ストローの廃止が障害者の権利と相反するという問題は、すでに数年前から提起されていた。障害の可視化プロジェクト（Disability Visibility Project）を率いる活動家でプロデューサーのアリス・ウォン（Alice Wong）は「最後のストロー」[23]というエッセーをあるメディアに寄稿した。当時、北米の各都市は、プラスチック製ストローの廃止計画を次々と発表していた。ストローは、使うのをやめようと思えばやめられる物なので、環境運動家には「便利さを捨てて環境を考えよう」という運動の出発点のように考えられているが、高齢者や障害者にとっては飲み物を飲むときに欠かせない生活必需品なのだと、アリス・ウォンは述べている。ウォンによると、使い捨てストローの提供を禁じた北米の都市でも、障害者はその例外とされているという。だが、その例外事項が各店舗にまで充分に浸透していないというのが現実だ。

ウォンのような障害者たちがプラスチック製ストロー廃止運動の問題をオンラインで指摘すると、「ストローが必要な障害者は分解されるストローを自分で持ち歩くべきだ」などの反論があったという。韓国での議論と同じような展開だ。ウォンはここで二つの問題を提起している。まず、ストローが欠かせない障害者や高齢者に一つ余分な手順を踏ませるのは差別になるという点だ。健康な人が店員を呼んだりカウンターに行ってストローをもらったりするのは難しいことではないが、そうでない人にとっては手順が一つ増えるだけでアクセシビリティーを失うことにもなる。

もう一つの問題は「プラスチック」という素材自体が高齢者や障害者にとっては重要だという点だ。プラスチックに代わる環境にやさしいストローとして提供される紙ストローや米ストロー、とうもろこしの澱粉でできたとうもろこしストローなどは、プラスチックのように曲がらないので不便だし、熱い飲み物には適していない。先がカーブしたステンレス製のストローもあるが、これもやはり身体機能の低下した人にとっては危険が伴う。先に述べた「ユニバーサルデザイン」の落とし穴がここにも出現している。障害者の補助技術や道具の一部は、「主流化」され広く一般に使われるようになると同時に、考案された当初の理由が忘れられてしまうのだ。

適切な答えを見つけるのは容易ではない。ストローの使用を最小限にすべきだと主張する人は、ストローの削減が、その他の使い捨てプラスチック製品の使用を減らしていくことへの心理的な抵抗を和らげる、いわば「取っ掛かり」的な役割をすると言う。ストローの使用を減らすことは、環境運動の観点からすると確かに大きな意味があるだろう。けれど、プラスチック製ストローがどうしても必要な障害者は、安全に飲み物を飲む権利が環境運動の声によって奪われたと感じるかもしれない。新型コロナウイルスの世界的大流行に伴って膨大な量の使い捨て製品が消費されていることが「公衆衛生のためだ」と簡単に合理化されてしまう現実を考えると、ストロー廃止に対する障害者の指摘は

「少数の声」ゆえ相対的にかき消されやすいのは明らかだろう。ウォンをはじめとする障害者たちは、ストローを廃止したレストランに対し、障害者のアクセシビリティーのための選択肢を用意するよう求めた。[24]

プラスチック製ストローをめぐる一連の論争は、技術と障害の関係は非常に複雑であること、特定の進歩的な価値のための運動はほかの権利運動と衝突する場合もあることを示している。患者や障害者のために開発された曲がるストローは、主流化されてどこでも手に入るようになったが、一方でその主流化によって本来の目的が忘れ去られてしまった。このように障害者のアクセシビリティーをめぐっては、資源の使用や環境問題に関連した、また別の衝突が発生する可能性がいくらでもある。衝突の過程では激しい論争が必要となる場合もある。ストロー論争がおもにソーシャルメディアやブログ上で展開されたことも注目すべき点だ。非障害者の視点では見逃しがちなあらゆる状況や場において、障害者の声が必要だからだ。

YouTubeとハッシュタグ、障害者運動の新しい波

韓国の登録障害者の数は二〇一八年現在、二五一万人で、人口全体の五％を占める。[25] 二〇人に一人なのでけっして少ないとは言えないが、日常で障害者を見かけることはあまりなかった。長いあいだ障害者は家や施設に隔離されていたからだ。だが、二十数年前から急進的に展開されてきた移動権闘争や脱施設自立運動を通して、多くの障害者が街に飛び出し、権利のための団体を組織し、メディアや政界に姿を現した。さらに二〇一〇年代以降、新たに登場したもう一つの流れがある。障害者がオ

ンライン上で自らを可視化しはじめたのだ。

「クルロラクルニム(Rolling GURU)」というYouTubeチャンネルを運営するキム・ジウさんは、自身のチャンネルをこう紹介する。「大韓民国で障害者として生きること。脳性麻痺障害者のクルニム（ニックネーム）。どこにもいないけど、どこにでもいる人たちの話をする人」。彼女は、子どものころから映像製作に関心が高かった「YouTube世代」に属している。[26] 彼女の動画には障害者の経験する差別を鋭く指摘するものもあるが、明るく楽しい日常を描いたものも多い。済州（チェジュ）旅行記やグラビア撮影、友人との学校生活を撮った「もうすぐ高三」ブイログ映像を見ながら、わたしはとても嬉しくなった。障害者が社会の同等な構成員として生きていることを、こんなにもさらりと紹介できるのかと感心した。あるとき「当たり前の動画を一緒に作りましょう」というタイトルの動画が投稿された。その中でキム・ジウさんは、聴覚障害者も一緒に楽しめるよう字幕をつけたいのだが自分は手の機能が弱くて時間がかかるので、登録者のみなさんもコミュニティー字幕機能を使って協力してくれたら嬉しい、という提案をした。驚いたことに、ほどなく彼女の全動画に聴覚障害者用の字幕がつけられた。登録者たちが協力した結果だ。障害者ユーチューバーの運営するチャンネルがバリアフリーのコミュニティーの場にもなるのだと実感した事例だった。[27]

ろう者ユーチューバーのハゲウォルは、ろう者や聴覚障害者の生活、ろう文化や手話についての動画をおもに作っている。ろう者の日常や差別の経験、社会問題についての自身の考えを紹介するものだ。ハゲウォルが手話のみで撮った動画には「音のない動画は初めてだが印象的だ」というコメントがいくつか書き込まれている。YouTubeのような音声言語中心の媒体におけるハゲウォルの動画は、音のない状態を心地よいと感じる人もいるのだという認識を生み出す。ろう者に対する誤解や偏見を解く内容だけでなく、バリアフリー面接〔文字のやり取りや手話通訳によっておこなう面接〕を紹介したり、人工内耳ユーザーにインタビューしたりするなど、実際にろう者や聴覚障害者に役立つ情報も共有している。わたし自身も聴覚障害者だが、ろう文化やほかの聴覚障害者たちの日常についてはよく知らなかったので、これらの動画から多くのことを学んだ。

黒人女性障害者のためのオンラインプラットフォームを作ったビリッサ・トンプソン（Vilissa Thompson）は、ＩＴ技術が障害者運動を二一世紀へと移行させたと述べている。[28] オンラインでの活動が、障害者運動をより多様なものにし、さまざまな意見を拾い上げ、障害者コミュニティーへの参加が難しかった人たちも関われるようにしたということだ。実際に韓国でも、Facebook や Twitter、YouTube は、障害に関する議論が最も活発におこなわれているオンライン空間だ。障害者たちは自身のアカウントを通して障害問題について発言し、それに共感する人が発言を共有したり意見を述べたりすることで、障害の議論に接したことのなかった人にまで話が広がっていく。オンライン空間で障害者たちは、非障害者のカメラの被写体ではなく、コンテンツの生産者、発言の主体として活動している。このような新しいスタイルの障害者運動は、技術を障害者のものとし、その技術によって世界を変えていくクリップ・テクノサイエンスの実践例と言える。

もちろん、このオンラインの世界も、障害者にとって充分にアクセス可能な空間とは言えない。そうした問題意識をもとに、障害者のオンラインアクセシビリティーを確保するための活動も相次いでいる。『難治の想像力』の著者アン・ヒジェは、多くのカードニュース〔写真やイラストを中心に視覚的にニュースを伝える報道スタイル」のコンテンツが、障害者を排除するような形で作られていると指摘する。カードニュースは重要な情報がイメージファイルのみで表示されるので、テキストの音声読み上げツール「TTS（text to speech）」を使用する人には内容を把握するのが難しい。アン・ヒジェさんがカードニュースの内容をテキストでも表示してほしいと数カ月間求めつづけた結果、一部のコンテンツ製作会社に変化が見られた。カードニュースと共にテキストも表示され、動画には聴覚障害者用の字幕がつくようになったのだ。

YouTube でも字幕アクセシビリティー運動がおこなわれたことがある。見た目ではわからない障害や病気に対する偏見について発信するアニー・イライニー（Annie Elainey）が、YouTube クリエーターを対象に、動画に字幕をつけることを呼びかける「#NoMoreCraptions」というハッシュタグ運動を始めたのだ。[29]「NoMoreCraptions」運動のメンバーたちは、字幕は聴者にも聴覚障害者にも有用だと主張する。たとえば、動画の中に聞き慣れない抑揚の英語が含まれているときや動画で英語を勉強している外国人にとっては、字幕があると非常に便利だろう。字幕をつけるとテキスト情報が増えるので検索でヒットする可能性が高まるし、動画のパフォーマンスも上がる。ミュートにして見る人にも役立つ。メンバーたちはユーチューバーや視聴者に対し、自動字幕は適切な解決策ではないことを伝え、正確な字幕を作るのに必要なガイドラインを示して賛同を呼びかけている。[30]

仮想空間のアクセシビリティー

オンライン空間の障害者のアクセシビリティーについて、もう少し見てみよう。障害者運動が成果を上げたことで、新たに建物や環境を設計するときはアクセシビリティーを考慮しなければならないという認識が根づいた。だが、すでにできあがった環境に手を加える作業は、やはり難航している。運用中の地下鉄の駅へのエレベーターの設置のように、障害者を排除してつくられた環境をあとになって修正するのは、最初から障害者のアクセシビリティーを考慮して設計した場合より、費用も時間も余計にかかる。では、オンラインに仮想世界を設計することはどうだろう。もしそれを「アクセス可能な世界」に設計しようと決めるなら、最初からアクセシビリティーを考慮してデザインすることも可能ではないだろうか？　もちろんＳＦの「サイバースペース」のような仮想空間はまだ実現されていないが、少なくとも同じような概念を思い浮かべてみることはできるだろう。まさに、ゲームの中の仮想空間だ。

わたしは子どものときからゲームが好きで、中高生のころは学校から帰ってきたら夜中までコンピューターに張り付いていて、母を心配させたものだ。もともとはほかのプレイヤーと一緒にプレイするオンラインゲームが好きだったけれど、いつからか自分一人で楽しむゲームをするようになった。今思えばきっかけはあった。「オーバーウォッチ」のようにプレイヤー同士がおもにボイスチャットで対話するゲームが流行しだしてからだ。それ以前も、ヘッドセットをつけて対話するゲームはたくさんあったけれど、いつしか音声チャットが必須となり、ほかの人の言葉を聞き取れないと充分に楽しめなくなった。もちろん一人で楽しめるゲームも無限にあるので特に問題はなかったものの、親しい仲間と一緒にゲームができなくなったことで一抹の疎外感も覚えた。

ゲームは、プレイヤー同士の音声対話以外にも、サウンドがヒントになるケースが多い。たとえば、あるキャラクターのある台詞が聞こえたら、間もなく重要な技を繰り出してくるという意味なのでそれに備える、という具合だ。聴覚障害者はこのような「サウンドプレイ」ができない。低視力や色覚異常のある人も、色とりどりのグラフィックの要素をきちんと区別することができない。物理的に築き上げる建築とは違って、ゲームの仮想世界はプログラムのコードで作られた空間だが、この世界もやはり非障害者だけを中心に考えられているということだ。障害者にも開かれた世界を構築するのは、仮想空間においても難しいことなのだろうか？

　ゲームの仮想世界は、プレイヤー同士が共有する空間であると同時に個別化された空間でもあり、ちょっとした発想の転換でユーザーのニーズに合った空間にもなる。最近は、ゲームをデザインする際に参考になるさまざまな助言が提示されている。ＢＢＣのアクセシビリティー担当者や建築スタジオ「スタジオブリッツ（Studio Blitz）」のデザイナーなど多様な専門家たちが共同で作ったゲームアクセシビリティーガイドライン[31]を見てみよう。ここには、人口の一五％が何らかの障害を抱えており、ゲーマーの中にも身体障害や、状況による一時的な障害のある人が多いため、「一般的なゲーマー」は存在しないと明示されている。ガイドラインの項目はコントローラー、情報の認知、視覚、聴覚などに分類されていて、ごく基本的な原則から、より幅広いアクセシビリティーの提供を目指す開発者向けの高度な情報まで、くまなく盛り込まれている。たとえば「プレイヤー自身が字幕の速度を調節できるようにしたい」という項目を見てみると、難読症や学習障害があったり、読むスピードが遅かったりするプレイヤーのために、テキストの表示速度を設定する方法が具体的に説明されている。その機能が反映されている模範例として「DOOM」や「ゼルダの伝説 時のオカリナ」を挙げ、実際にゲームの中でそれがどのように具現されているかも紹介している。ユーザー自身が調節できる字幕オプションや、テキストの文字色と背景色の組み合わせについての説明を読んでいると、仮想空間のアクセシビリティーを考えることは結局、非障害者にとっても便利なゲームを作ることにつながることがわかる。

「エイブルゲーマーズ（AbleGamers）」[32]はゲームアクセシビリティーを擁護する非営利団体だ。共同設立者のマーク・バーレット（Mark Barlet）とステファニー・ウォーカー（Stephanie Walker）は共にゲームを楽しむ友人同士だ。彼らは、ウォーカーが神経系の難病である多発性硬化症のためマウスを動かせなくなり、「エバークエスト」をプレイできなくなったときのことを振り返る。二人は、多様な障害のあるゲーマーたちがゲームを楽しめるよう、口で動かすコントローラーや視線入力コントローラーなど、さまざまなアイデアを考案した。当初は既存のコントローラーを改造するプロジェクトを進めていたが、現在はMicrosoftのエックスボックス（Xbox）のようなコンソール製作会社[33]やゲーム製作会社と共同で作業している。エイブルゲーマーズは、障害者向けの適応型コントローラーを作り、障害者のゲームアクセシビリティーの確保に尽力し、アクセシビリティーへの考慮が年間で最も優れていたゲームに賞を授与している。このように、仮想世界のハードルを取り除こうとする試みは、障害者ゲーマーたちが主導しているのだ。

ゲームアクセシビリティーを専門的にレビューするサイトもある。「Can I Play That?」「DAGER System」などのサイトでは、新しいゲームやコンソール機器が発売されるたびにアクセシビリティーを検討し、障害者ゲーマーたちの経験を共有している。ビデオゲームによって誘発される「ゲーム酔い」や光過敏性発作、障害のタイプによって生じ得るさまざまな障壁を紹介し、開発者がそれらの問題を解決するための方法も提案する。こうした動きを受け、最近発売されるゲームやコンソール機器は、アクセシビリティーの設定が徐々に増えつつある。聴力に問題のあるプレイヤーは効果音を視覚化するオプションを選べるようになった。色覚異常のあるユーザーも色を区別しやすいよう、自分で色相レベルを選択できるオプションができた。ガラスの割れる音や爆発音を字幕で表示させることも可能だ。「The Last of Us II」は「史上最高にアクセシビリティーの高いゲーム」と絶賛されるほど、高いアクセシビリティーを備えている。約六〇種類の設定が可能で、視覚障害者が音だけでゲーム全体をプレイできるほどだ。[34]少し前に発売されたプレイステーション5にはスクリーンリーダー機能や、ほかのプレイヤーの音声対話をテキストに変換するSTT(speech to text)機能も追加された。プレイステーションの独占タイトル〔プレイステーションでしかプレイできないゲーム〕も、アメリカ手話による台詞を選択できるなど、きめ細かなアクセシビリティーの設定を提供している。[35]

オンラインアクセシビリティーは、コンピューターアクセシビリティー(Computer accessibility)という、より包括的な概念で議論される。ウェブサイトやスマートフォンアプリのアクセシビリティーもやはり重要視される。「WebAIM」は、一九九九年からウェブアクセシビリティーのソルーションを提供している非営利団体で、ウェブアクセシビリティー確保のためのマニュアルを提供し、ウェブサイトをモニタリングしてコンサルティングをおこない、関連教育も実施している。最近では、新型コロナウイルス関連の情報を提供するウェブサイトにおける視覚障害者のアクセシビリティーが非常に悪いという調査結果を報告している。[36]テキストの配色が悪くて読みづらい、重要な情報がイメージ画像で表示されテキストが併記されていない、などのケースだ。

韓国でゲームは人気の趣味であり文化の一つだが、すべての人に門戸が開かれているわけではない。ゲームアクセシビリティーに関する議論も、他国の事例を紹介する程度にとどまっている。ウェブアクセシビリティーの水準も非常に低い。公共機関や主要な民間機関のウェブアクセシビリティー遵守が二〇一三年から義務化されたが、政府機関である科学技術情報通信部が発表した二〇一九年の実態調査の結果によると、アクセシビリティーが「優秀」だったサイトは八つの産業分野一〇〇〇件のうち六・五％に過ぎず、六六・六％が不充分とされた。なかでも、障害者が容易にアクセスできなければならない保健・社会福祉サービス分野の点数が最も低かった。[37] ＩＴ強国を自負する国のオンラインの世界は、まだすべての人のための世界ではないということだ。

残された問い

障害者は、技術の積極的な受容者から知識生産者へと、世界を再設計する主体へと変わりつつある。だが、クリップ・テクノサイエンスはすべての障害者が選択できるものではない。障害者一人ひとりの状況や世代、教育レベル、経済状況によって、技術へのアクセシビリティーや技術に関する知識が異なるからだ。特に韓国では、自分の使っている補助機器や医療機器についての情報も外国語で調べなければならないなど言語の壁が高く、オンラインでの障害者運動もＩＴを使いこなせる人に限定されがちだ。「技術と障害」に関する議論が活発におこなわれている他国でも、主導しているのはたいてい高等教育を受けた障害学者か、もしくはソーシャルメディアやYouTubeを使いこなす世代であることが多い。デジタルネイティブ世代の障害者とデジタル文化に慣れていない障害者との間隙、技術情報にアクセスできる障害者とそうでない障害者との格差が、ここでも生じる可能性がある。ある特定の障害者の生活が、その他の無数の障害者の生活を過剰に代表する現象にも注意しなければならない。

　障害者の日常的なコミュニケーションや学習、生活を助けてくれるスマートフォンアプリは徐々に増えつつある。デジタル機器を使いこなせる障害者にとっては生活の改善につながるだろうけれど、そうでない世代の障害者にとってはどうだろう？　盆正月など繁忙期の列車の乗車券をアプリで購入することができず立ち席券を買う高齢者のように、アプリのみで提供される「アクセシビリティー情報」を確認できない障害者は、ますます疎外されることにならないだろうか？　３Ｄプリンターで自分の身体に合う義手を設計できる障害者と、３Ｄプリンターが何なのかさえ知らない障害者の格差はどうすればいいのだろうか？

　多くの障害者が技術とつながっており、一部は障害者サイボーグと言えるほど直接的な関係を結んでいるけれど、すべての障害者が技術の中心になることはできないし、誰もがサイボーグになれるわけでもない。結局、技術と障害の関係は、技術そのものへのアクセシビリティーと共に議論されなければならないのだ。そして何よりも「障害者の正義」を実現するための一つの枠組みとして理解されなければならない。サイボーグになろうがなるまいが、この世界には障害者のための適切な場が必要だ。障害者中心のテクノサイエンスは、そうした包容的な世界をつくっていく一つの軸となるだろう。

注

1　フェミニストＳＴＳの学者の議論に興味があるなら、韓国で刊行されている以下の本を推薦する（いずれも未邦訳）。ジュディ・ワイクマンの『TechnoFeminism』、キャサリン・ヘイルズの『My Mother Was a Computer』、マー・ヒックスの『Programmed Inequality』、イム・ソヨンの『サイボーグとして生きること』、ステイシー・アライモの『Bodily Natures』。詳細な書誌情報は巻末の参考文献一覧を参照のこと。

2　ブルーノ・ラトゥールはアクターネットワーク理論を通して、社会は人間だけでなく、人間でないモノを含めて構成されていると主張した。このとき科学技術は、科学と技術の関係、および科学の内と外の境界があいまいになった「テクノサイエンス（technoscience）」という概念として再規定される。テクノサイエンスに関する研究は、多くの社会理論が技術や物質性を無視している、という点に注目する。「わたしたちが『社会的』と呼ぶものは、社会的なものと同じくらい技術的なものによって束縛されている。社会そのものは物質や技術的人工物と共につくられている」（ジュディ・ワイクマン著、パク・チニ、イ・ヒョンスク訳、『テクノフェミニズム』、窮理、二〇〇九、六六ページ）。

3　Vasilis Galis, "Enacting Disability: How Can Science and Technology Studies Inform Disability Studies?", *Disability & Society*, Vol. 26, No. 7, 2011.

4　Aimi Hamraie and Kelly Fritsch, "Crip Technoscience Manifesto", *Catalyst: Feminism, Theory, Technoscience*, Vol. 5, No. 1, 2019.

5　韓国では「クリップ」に対応する言葉として「不具」がある。女性障害者の人権運動団体「障害女性共感」は創立二〇周年の宣言文で、障害者を指す差別的用語であった「不具」を障害者自らの呼称としてあえて使用し、「時代と衝突する不具の政治」を宣言した。

6　イーライ・クレア、前掲書（第５章注13）、一五七ページ。

7　この宣言の前段階とも言えるエイミー・ハムライの「フェミニストテクノサイエンスをクリッピングす

る」(Aimi Hamraie, “Cripping Feminist Technoscience”, *Hypatia*, Vol. 30, No. 1, 2015, pp. 307–313)という書評エッセーは、科学と障害の関係を扱った本を紹介しつつ、フェミニストSTSと障害学の交差点を探っている。ハムライは、既存のフェミニストSTSが試みてきた障害理論との接点を再発見し、フェミニズムが「サイボーグ」をどのように再解釈したのかを分析しつつ(フェミニストたちは、技術は社会から離れて客観的に存在しているという通念を超えて、再生産技術や環境破壊、サイボーグの身体に対してフェミニズム的な分析をおこなってきた)、このような再解釈が「クリップ」の観点でも可能だと提案する。

8　障害者の日常的な機能の補完、リハビリの補助などを目的とする補助工学は現在、HAAT(Human Activity Assistive Technology)モデルを採用している。このモデルは、障害者個人の身体、認知、情緒的な要素だけでなく、技術や活動、環境、状況をも重視するため、障害の社会モデルと作業療法が合体したモデルと言える。ただし「クリップ・テクノサイエンス宣言」で考察している障害者技術は、補助工学という特定の技術分野のみならず、障害に介入し障害者の生活とつながる技術全般を指している。

9　統合や同化の観点ではアクセシビリティーがまるで商品のように提供されるが、クリップ・テクノサイエンスの観点では、技術を利用してアクセシビリティーを勝ち取るという意味で使われている。

10　相互依存性については本書第4章でキム・ウォニョンが論じた「青テープ型サイボーグ」を参照のこと。

11　Faye Ginsburg and Rayna Rapp, “Disability/Anthropology: Rethinking the Parameters of the Human”, *Current Anthropology*, Vol. 61, No. S21, February 2020.

12　Monica Westin, “In ‘Recoding CripTech,’ Artists Highlight the Vital Role of Hacking in Disability Culture”, *Art in America*, February 19, 2020.

13　展示作品や作家については、以下のウェブサイトで紹介されている(https://somarts.org/event/recodingcriptechopening/)。

14　“How a Community United Behind This Wheelchair-accessible Home”, *BBC*, September 25, 2018.

15　http://www.cmcmarchitects.com/the-ramp-house/

16　Imogen Blood, Dianne Theakstone and Ian Copeman, "Housing guide for people with sight loss", Thomas Pocklington Trust Homepage（https://www.pocklington-trust.org.uk/supporting-you/useful-guides/housing-guide-for-people-with-sight-loss/）

17　伊藤亜紗、前掲書〔第6章注23〕、一六五ページ〔原書、一五三〜一五四ページ〕。

18　Aimi Hamraie, "Designing Collective Access: A Feminist Disability Theory of Universal Design", *Disability Studies Quarterly*, Vol. 33, No. 4, 2013.

19　ユニバーサルデザインの七原則は以下のとおりだ。誰にでも公平に利用できる、使ううえでの柔軟性がある、簡単で直感的に利用できる、必要な情報がすぐにわかる、間違えても危険につながらない、身体的な負担が少ない、接近して使える寸法や空間になっている。

20　ローズマリー・ガーランド・トムソン（Rosemarie Garland-Thomson）はこれを「正常者（normate）」と呼んだ。白人、男性、シスジェンダー、異性愛者、非障害者、中産階級の「正常者」がデザインのための中立テンプレートの役割をすれば、特定の身体を持つ人にだけアクセス可能な環境ができあがる。中立から疎外された身体は、空間を使用する際「不適合（misfit）」を経験することになる。

21　Heather A. Faucett, Kate E. Ringland, Amanda L. L. Cullen and Gillian R. Hayes、前掲書〔第5章注1〕。

22　「毎日乳業、ストロー付き飲料の問題を提起した顧客に手書きの返事を送り話題に」、『ファイナンシャルニュース』、二〇二〇年二月二九日。プラスチック製ストローの使用を減らそうという問題意識の高まりを受け、環境部は二〇二〇年一〇月末、飲料製品へのプラスチック製ストローの添付を禁止する改正案を立法予告した。

23　Alice Wong, "The Last Straw", *Eater*, July 19, 2018. 'the last straw' には「我慢の限界」「最後の一撃」という意味もある。

24　全般的に障害者のアクセシビリティーがもっと劣悪な韓国では、こうした「選択肢を用意する」という代案にどれほどの現実性があるのか疑問だ。

25　保健福祉部・統計庁「二〇二〇 統計で見る障害者の暮らし」、二〇二〇年七月二四日発表の資料を参考。ただしこの統計は障害者福祉法による登録障害者を基準としているため、未登録障害者の数は含まれていない。

26　「『違い』を拡散するユーチューバーたち――多様性クリエーター三人に会った」、『BLOTER』、二〇一九年一月二二日。

27　残念ながらYouTubeの「コミュニティー字幕」サービスは終了し、現在はこれらの字幕を見ることはできない。

28　Vilissa Thompson, "How Technology Is Forcing the Disability Rights Movement into the Twenty-First Century", *Catalyst: Feminism, Theory, Technoscience*, Vol. 5, No. 1, April 4, 2019.

29　アルゴリズムによって自動生成されたYouTubeの字幕は「キャプション(captions)」と呼ぶに値しない「お粗末な(crap)」字幕だという意味で「クラプション」と名づけられた。

30　Emma Grey Ellis, "The Problem With YouTube's Terrible Closed 'Craptions'", *Wired*, October 1, 2019.

31　https://gameaccessibilityguidelines.com/

32　https://ablegamers.org/

33　Jonathan Ore, Xbox's Adaptive Controller aims to Bring Gaming to Community of Disabled Players, *CBC/Radio-Canada*, September 3, 2018. Xboxのアダプティブコントローラーは二〇二〇年七月、韓国でも正式に発売された。一般的なコントローラーより基盤やボタンが大きく、ユーザーのニーズに応じて追加の部品を連結することも可能だ。

34　Steve Saylor - BLIND GAMER,「The Last Of Us Part II - MOST ACCESSIBLE GAME EVER! - Accessibility Impressions」, 二〇二〇年六月一二日(https://youtu.be/PWJhxsZb81U)。

35　「[イ・ヒョソクのゲーム人]ＰＳ５の真の進化は障害者のアクセシビリティー拡大にある」、『聯合ニュース』、二〇二〇年一一月七日。

36　Adrianne Jeffries, Blind Users Struggle with State Coronavirus Websites, *The Markup*, April 21, 2020.

37　科学技術情報通信部報道資料、「民間分野のウェブサイト、情報アクセシビリティーの改善が必要」、二〇二〇年四月一四日発表。

8章　スーパーヒューマンの継ぎ目

キム・ウォニョン

障害を治す薬

モンゴルの首都ウランバートルは二〇一一年、急激な経済成長の軌道に乗っていた。下水道施設が不充分なため、雨のあと街のあちこちにできた水たまりは翌日まで残っていたし、遊牧生活をやめて移住してきた人々の粗末な小屋が街の入口にずらりと並んでいたけれど、現代的なビルの谷間を歩く人々の顔には活気があふれていた。iPhoneを手にしている人も珍しくなかった。その年の八月、モンゴルに障害者の人権のための社会政治的インフラを確保しようとする人権活動家が、ウランバートルに集まった。当時、大学院生だったわたしも韓国の活動家たちと共に参加した。

韓国、ネパール、台湾、モンゴル、日本、カンボジア、パキスタンからの障害者や、非障害者である人権活動家、通訳やサポート役として参加した国立モンゴル大学の学生たちが、共に街を練り歩きながら障害者の移動権キャンペーンを繰り広げた。モンゴル政府や市役所の人たちとも面会した。ウランバートルの障害者人権団体や障害者の家も何軒か訪ねた。そこで、一年前の交通事故で頸椎を損傷し、手足を含め胸から下が麻痺して動かせなくなった女性障害者と出会った。開発真っ只中のウランバートル市内の環境は車椅子での外出には不向きで、ほとんど家の中だけで過ごしていると言った。アジア各国で障害者運動に直接、間接的に関わっていたわたしたちは、障害があっても社会活動は充分可能であり、また、可能にするために共に連帯すべきだという事実を共有したかった。

彼女の挫折感や不安な気持ちに共感したり、互いに励まし合ったりして過ごしていたとき、日本から来た活動家が急に大声で叫んだ。

「みなさんは障害が恥ずかしいんですか？　ぼくは障害を治す薬ができても飲みません！」

彼は車椅子を使用する脳性麻痺の障害者で、日本でも尊敬を集めている人権活動家だ。わたしは、闘志と洞察力にあふれる彼のことが好きで、尊敬していた。その一週間、水たまりを飛び越え、建築中の役所のビルの下で野宿をしつつ、ウランバートルを変えてみせるという信念に燃えていた人たちも一緒になって叫んだ。

「恥ずかしくありません！」

正直に言うと、わたしは少し恥ずかしかった。

一般の読者にとって「障害を治す薬ができても飲まない」という宣言は少し不思議に思えるかもしれないが、現代の障害者運動ではそれほど珍しい話ではない。二〇世紀後半に世界的に広まった障害者運動は、障害を恥じたり否定したりしないという強固な自己認識に基づいていた。自分の障害が単なる差異や違いに過ぎないのであれば、その障害を治すために時間や費用をかけるのは矛盾しているように思える。医療的に治療が不可能か、たとえ可能であっても膨大な費用と時間、努力を要するようなケースでさえ医学的な観点でのみアプローチしようとする姿勢にどういう問題があるのかを、障害者の人権活動家や障害学者たちはずいぶん前から指摘してきた。彼らは次のように主張する。

- 障害は社会的な障害物や社会的抑圧の問題であって、損傷の問題ではない。
- 優先すべきは構造を変化させることであり、個人を社会的規範に合うよう変化させることではない。
- 「治療」は損傷を個人的なもの、病的なものと捉えるが、損傷は欠陥ではなく差異であるという観点から理解されなければならない。[1]

障害を無理に治療、克服しようとする考え方から自由になり、ひいては自身の姿を堂々と受け入れ、心と身体の多様性を肯定する社会をつくるために努力する。これが二〇世紀後半、世界的に広まった障害者運動の理念だ。

もちろん現実には多様な障害が存在し、人によって置かれている状況は異なる。治療薬を手に入れることさえできるならどんな対価でも喜んで払うという考え方がおかしいわけでもない。一九八〇年代前後に映画『スーパーマン』で名を馳せた俳優クリストファー・リーブ(Christopher Reeve)は、損傷した神経細胞を再生させる医学研究のために財産のほとんどを寄付した。『スーパーマン』シリーズをはじめ数々の映画に出演し活躍していた彼は一九九五年、落馬事故で頸椎を損傷した。首から下が麻痺し、機械の助けなしには自力で呼吸もできないほど深刻な状態だったが、家族の看病と苦しいリハビリの甲斐あって自力での呼吸もある程度可能になり、社会活動を再開できるレベルにまで回復した。その後「クリストファー・リーブ財団」を設立し、神経の損傷で身体が麻痺した人たちを励ましたり、彼らの治療費や治療法の研究開発のために巨額の資金を寄付したりした。再び立って歩くことを願っていた彼は、治療法が開発されるのを待ち望んでいた。二〇〇四年に彼が亡くなったとき、『The Times』は「全アメリカ人のヒーロー、彼の障害との闘いは数百万人に希望を与えた」と書いた。[2] 二〇一一年、ウランバートルで出会った女性障害者も、この「引退したスーパーマン」の身体で二〇歳の日々を過ごしていた。彼女に、「薬があっても飲まない！」という宣言はどんなふうに聞こえただろうか。

治療を受けてキャプテン・アメリカになる？

漫画や映画の中の「スーパーマン」はどこかの惑星からやってきたヒーローで、人間ではないが、マーベルシリーズの「キャプテン・アメリカ」は、ひ弱な身体に生まれた地球人だ。彼は入隊後、人類が開発した生化学的処置を受け、強靭な筋肉質の俳優クリス・エヴァンス(Chris Evans)の身体になる。映画の中でキャプテン・アメリカは、高いビルから落ちても、宇宙最強の人物にボコボコに殴られても骨が折れないほど強い。技術によって力が強化された人間という点では、わたしにも似た面がある。人類が開発した科学技術(医学)の力で強化されたわたしの骨は、宇宙最弱の人物くらいにならに殴られても折れはしない。

キャプテン・アメリカの受けた処置とわたしの受けた処置は、似てはいるものの根本的には異なるものだろう。普通、（想像上の技術だが）キャプテン・アメリカをつくった生化学的処置は人体増強（enhancement）技術、わたしの受けた処置は治療（treatment）と区別される。治療は、病気を予防、除去することで「正常な」あるいは「自然な」身体や精神の状態を持続させたり、そういう状態へと復元したりするものだ。種としての人間の持つ標準的、典型的（species typical）な機能を回復すれば治療で、強化すれば増強だと言える。[3] たとえば、韓国の成人女性の平均身長は約一六〇センチなので、成人時の身長が一三〇センチほどであると予想される特定の遺伝的素因を持つ少女に成長ホルモンを投与したり下肢延長術を施したりするのは、治療に該当する。一方、一七〇センチが予想される子どもを一八五センチにするために施す処置は、治療というより増強に近い。視力を〇・五にするのは治療だが、三・〇にするのは増強だろう。

もちろん実際には増強か治療かあいまいなグレーゾーンが広く存在するが、あえて二つの概念を区別する理由は、わたしたちがそれら二つの処置に対して異なった道徳的見解を持っているからだ。なかには増強を道徳的に悪いものだと考える人もいる。金持ちの親が遺伝子操作や薬物投与で子どもの認知能力を強化し優秀な大学に入らせるとしたら、不平等がさらに広がるのは明らかだろう（すでにそういう時代になりつつある）。そのような社会正義（不平等）の問題以外にも、宗教的な理由（人間が畏れ多くも「神の領域に手を出す」）や共同体の倫理という観点から、人間を人為的に改良するのは問題だとする意見もある。『これからの「正義」の話をしよう』（原書『Justice: What's the Right Thing to Do?』）で知られるマイケル・サンデル（Michael Sandel）は、増強が偶然性という生の要素を破壊することを懸念する。わたしたちは「遺伝的なくじ引き」によって知能や身長、寿命、細菌への免疫力などが、生まれつきある程度決まっている。自分たちの生の条件が、親の投資や本人の努力だけでなく、かなりの部分、偶然に与えられたものであることを考えるとき、わたしたちはこれを「贈られたもの」と捉えることができ、共同体に対する責任がいっそう想起されるとサンデルは主張する。[4]

一方、人間の能力を生命工学などによって増強しようとする努力は、人類の直面しているさまざまな危機を突破するためにも避けられず、これまで文明が試みてきたことと本質的に変わらないという意見もある（トランスヒューマニストの主張はだいたいこれに該当する）。哲学者アレン・ブキャナン（Allen Buchanan）は、生命工学による増強がもたらす未来には慎重に対応すべきだとしつつも、それに対する批判や懸念は、これまで人間が文字を発明し、本を書き、政府をつくり、死にゆく人を医学によって治療し、自動車やスマートフォンなどのテクノロジーを利用して能力を向上させてきた、すべての過程にも同様に当てはまると主張する。[5]つまり、「増強」だけがことさら議論の対象ではないということだ。

増強についてはこのように賛否両論あるが、治療にはほぼすべての人が賛成するだろう。白血病を患う子どものために、より効果の高い抗がん剤を研究開発し治療に役立てようとすることに反対する人はいないはずだ。だが先に述べたように、障害者の人権運動家の一部は、障害を「治療すること」すらあまり肯定的に捉えず、なかには悪いものと考える人までいる。治療に反対する道理はいったいどこから出てくるのだろうか？

わたしが思うに、障害を治すつもりはないと叫ぶ人権運動家たちは「治療」に反対しているのではなく、実は「増強」に反対しているのだ。彼らは障害者の損傷した身体を、人間という種の「正常から逸脱した状態」とは考えていない。先に障害の概念を論じた際に触れたように、障害は単なる機能の欠如ではなく、その身体（精神）が標準と異なるという理由だけで「正常ではない」という不当な烙印を押された、社会的な身分（地位）に近い。「薬があっても飲まない！」と叫ぶ脳性麻痺の障害者は、損傷したその身体こそが自分の「本来の」状態だと考えている。彼は筋肉が硬直した身体で車椅子と結合して三〇年暮らし、その状態で身体の機能や形態はそれなりに安定しバランスを保っている。障害を治す薬を飲めば立って歩けるようになり、手も思いどおり動かせるようになるだろうが、彼は機能の向上よりも「本来の身体」を認めてもらうことを強く望んでいる。遠い未来に、成人の身長を伸ばす薬が開発されたとしよう。一六八センチの成人男性がそれを飲んで一八八センチになれば、社会経済的により有利な条件で生きることになるだろう。それでも彼は「わたしは背が高くなる薬があっても飲まない」と叫ぶかもしれないし、人々もその言葉に違和感を覚えたりはしない。先述の日本人の活動家も同じだ。彼にとって「薬」は治療剤ではなく「増強技術」だったのだ。

だが、わたしは疑問に思った。「薬があっても飲まない！」と宣言した彼が、わたしには「スーパーマン」のように感じられたからだ。立派な人権活動家になるために定期的に飲む薬のようなものがあるはずもないが、わたしの目には彼が自尊心と闘志を増強した存在のように見えたのだ。機能的に強い人間ではなく、弱い身体に誇りを持つ人間になるには、どれほど強くあらねばならないのだろう。いいや、それ以前に、人間が究極的に目指す「強い状態」とは、いったい何だろう。

滑らかさの誘惑

わたしの最初の車は、二〇〇三年の大学入学時に購入した一九九四年式の中古の「アクセント」（現代自動車の乗用車）だった。当時はまだ、公共交通機関やシャトルバスを利用するのが難しいころだったので、その車で寄宿舎から大学図書館へ、授業のある講義室へ、学生会館の食堂へと移動した。図書館と学生会館は二〇〇メートルほどしか離れていなかったが、急な坂道だったので車を使った。運転免許を持っていたおかげで大学生活が可能だったとはいえ、手放しで便利だとは言えなかった。車椅子ユーザーのことを考慮していない、一九九四年の技術レベルで生産された車には当然、制約が多かった。

車を運転して目的地まで行くには複数の段階を経なければならない。学生会館でご飯を食べたあと、緑色のアクセントを停めておいた場所まで行き、キーを差し込んで右に回してドアを開ける。車椅子から運転席に乗り移る。シート下のレバーを引いてシートを後ろに倒す。車椅子の座布団と背面にかけてあったかばんを車に積み、車椅子を半分に折りたたむ。やや横向きの姿勢でシートに横になり、後輪と前輪側のフレームを握って車椅子を軽く持ち上げ、身体の上を通すようにして運転席の対角線上にある後部座席に積み込む。シートを元に戻して姿勢を正す。ドアを閉める。ハンドル横の鍵穴にキーを差し込んで回し、エンジンをかける。（やっと）出発する。一三秒ほど運転して到着した図書館前に車を停め、一三秒前におこなった動作を逆の順序で繰り返す。

ある機械を使うのにユーザーが複数の段階を経なければならない場合、エネルギーを消耗するだけでなく、各段階のあいだに「継ぎ目」ができる。キーがうまく差し込めなかったり、シートを倒さないまま車椅子を積もうとして失敗したりもする。車から降りたあとに窓の閉め忘れに気づいたら、またエンジンをかけて窓を閉めたあとエンジンを切らなければならない。しかも当時のわたしの車は後部座席の窓が手動式だったので、取っ手をぐるぐる回して閉めなければならなかった（そういう車だと、友人に声をかけるのも大変だ。取っ手を回すのに必死な顔で「どこ行くの？　授業終わった？」と言っている場面を想像してみてほしい）。

わずかな距離を移動するにもいちいちこの複雑な手順を経なければならないので、大変でも車椅子をこいで坂道を上ることもときどきあった（下りは楽だ）。オンラインで何かの証明書の発給を受けるのに、公認認証書（利用者が本人であることを証明するサイバー証明書）を用意し、セキュリティープログラムをダウンロードし、そのあとパソコンが再起動されるのを待って……という煩わしさを考えると、わざわざ足を運んででも役所ですんなり発給してもらうほうがいいと思うのと同じだ。実際には時間を節約できる便利な方法であっても、あるテクノロジーを活用する際に「継ぎ目」ができると、かえって疲れてしまうものだ。わたしにとって一九九四年式のアクセントは大切な移動手段だったけれど、官公庁のウェブサイトにおける公認認証書のような存在でもあった。

最先端技術を開発して市場に売り出そうとする企業は、まさにこの「継ぎ目」をなくそうと知恵を絞る。ユーザーが（公認認証書なしに指紋認証ひとつで口座を開設するように）目的を達成するために経る段階を最小限にし、ある段階と次の段階が滑らかにつながり、各段階でエラーが発生しにくい技術を目指す。現在わたしは二〇一三年式の車に乗っている。最近の基準からすると旧式の車だが、少なくともキーを差し込んで回さなくてもドアは開くし、ボタン一つで窓が閉まる。もっといい車種、もっと最新の車はそもそもキーが不要で、シートの位置や照明、エアコン、シートヒーターなどをいちいち操作する必要もない。継ぎ目の少ない車の最新モデルは各電気自動車メーカーが具現している。イーロン・マスク率いるテスラがその代表例だろう。

テスラの自動車には突起したスイッチやボタンがない。運転席横の大きなタッチパネルでナビゲーションやヘッドライト、サイドミラーなどを操作し、トランクや窓を開閉する(照明などの基本的な機能は自動で調整されるのでタッチするまでもない)。車にトラブルが発生したり新しい機能を追加したりするときは、オンラインのアップデートでほぼ対応できる。電気自動車はガソリン車やディーゼル車に比べて機械工学的にはるかに単純なので(エンジンがない)、定期的にエンジンオイルを交換したり、冷却水をチェックしたりする必要もない。車のメンテナンスに人間であるユーザーの介入する段階が減り、継ぎ目は最小限となる。特に、運転という行為に必要な手順を圧倒的に省略する機能は、なんと言っても自動走行だ。テスラはずっと前から自動走行技術の開発に集中的に取り組み、速いペースで発展させている。[6] もちろん、現時点ではテスラが一歩リードしているというだけで、現代自動車やアウディ、トヨタなどあらゆるメーカーが、「滑らかな」モビリティーを目指して日々努力を重ねている。

ユーザーが技術を活用する過程がシンプルで、過程を構成する各段階の連結が(継ぎ目なく)スムーズであるとき、そのテクノロジーは「滑らかだ」あるいは「シームレスだ(seamless)」と評価される。[7]「シームレス」はもともとデザイン用語として使われていたが、現代のテクノロジーではデザインに限らず、技術や機械との出合いから使用、維持、メンテナンスに至るまであらゆる場面で用いられる。現代の技術産業の企業はどこも、顧客に滑らかな使用(購入やアフターサービスも含め)経験を提供しようと尽力している。テスラをはじめ、滑らかさにこだわる企業は、特にミレニアル世代の消費者から熱狂的な支持を集めている。[8] 滑らかさはなぜそこまで重要なのだろうか？

滑らかだと評価されるテクノロジーがすべての人にとって便利なわけではない。高齢者や、障害のため手に震えがありタッチ操作が難しい人は、Apple 社の iPhone12 より、二〇〇七年に歌手イ・ヒョリさんが宣伝していたサムスン電子の Anycall のほうが便利かもしれない。突起したスイッチのないテスラの自動車は、脳性麻痺のある友人にとっては一般の自動車より操作がはるかに難しい。キオスク端末が広まって日常が不便になった高齢者や視覚障害者、発達障害者のことを考えると、滑らかさの追求とは誰のためのものなのかと疑問が浮かぶ。もちろんこれについては「すべての機器は、より普遍的な使いやすさや、機能的な汎用性、優秀さを備えていく過程にある」からだと説明することもできる。しかし、まさに今ここで誰かにとって「滑らかでない」技術であるなら、まさに今ここでその技術に対する熱狂について考えてみる必要がある。[9]

「滑らかだ（シームレス）」という感覚の究極の段階は、人間の身体と機械が完全に一つになった状態だろう。人々の考える「サイボーグ的存在」の理想的な姿は、機械と人間の身体が継ぎ目なく一つになった「シームレススタイル」の究極を具現したものだ。科学技術誌『WIRED』は二〇一六年、最先端テクノロジーが適用された義手に熱狂し、切断障害者をむしろ羨ましがる「義肢への羨望（prosthetic envy）」を紹介する記事を掲載した。金属のギアで作動し、ＬＥＤライトやＵＳＢポートもあってスマートフォンの充電もできる、アイアンマンスーツの腕に似たロボット義手を目にした人が、自身をサイボーグに「アップグレード」させるため身体の一部を切断する意向を持つケースもあるという。だが、記事に登場したロボット義手ユーザーのナイジェル・オークランド(Nigel Ackland)自身は、自らを「サイボーグ」や「増強された」人間とは考えていない。業務上の事故で右腕を失った彼は、このロボット義手がもともとの腕より良いとはまったく思わない、と話す。キャサリン・ディズニー(Cathrine Disney)というアーティストは生まれつき左腕がないが、あえて義手は使わない。[10] にもかかわらず、彼らを見る人々は、かっこいい(クールな)機械と滑らかにつながることのできる身体の条件を羨ましがる。[11]

障害は単なる身体機能の問題ではなく、デザインの問題でもあった。テクノロジーは道具としての機能を超えて、それ自体が審美的(芸術的)価値を持つ「デザイン」のように扱われる。「シームレス」がもともとデザイン用語だったことを思い出してみよう。現代の機械は、どんなユーザーが何を求めているかによらず、高い汎用性や利便性、高度な問題解決機能を備えた、優れた「道具」であることを追求しているように思えるが、これは実のところ、一種の「デザインへの熱望」ではないのか？ジェームス・ギリンガムの写真の中の障害者たちが、切断部位と義肢とのあいだに無数に存在するずれや痛み、義足ソケットに触れるたびに感じるうずきなどを一切省略して、滑らかな革製義肢が継ぎ目なくスムーズに身体とつながるハイブリッド的存在の魅力を放っていたように、「滑らかさ」とは、まさにその言葉の起源である「デザイン」だけを指しているのではないのか？

再び、増強の話に戻ろう。増強された人間、強化された人間とはどういう存在だろうか？　薬を飲んで障害を治療し、「骨延長術」で身長や手足を伸ばし、自律走行車に電動車椅子が搭載された近未来のモビリティーで学生会館と図書館のあいだを何の継ぎ目もガタつきもなく(キーを落としたり、窓を閉めずに車から降りたり、シートを倒さずに車椅子を積もうとして失敗したりといったことなく）移動する人間だろうか？　現代のテクノロジーの滑らかさに対する熱狂を見ていると、未来の「増強された人間」とは、長生きをし、重い荷物を軽々と持ち上げ、優れた視力や認知能力を持つ存在というより、多様なテクノロジーと身体が、ギリンガムの写真のモデルのように「デザイン的に」一体となった存在ではないかという気がしてくる。

シームレスなデザインと継ぎ目労働

シームレスな技術について批判的に書いてきたが、もちろんわたしも滑らかな技術を好む。現代のテクノロジーや都市インフラ、社会的規則の多くは標準的な身体に合わせてあるので、障害者は意識的に非常に多くの段階を考慮し、段取りをつけながら生活しなければならない。それくらい、「継ぎ目」が生じて日常がスムーズにいかないということだ。たとえばわたしは手動車椅子を使うときは車を運転し、電動車椅子のときは公共交通機関を利用する（電動車椅子は重すぎて自力では車に積めない）。ところが、それぞれの移動手段（モビリティー）は、場合によって使えたり使えなかったりということが非常に多いので、毎朝一つひとつ計算しながら選択しなければならない。雨の日は車を運転。駐車場がないか駐車料金が高い場合は電動車椅子。雨の日に駐車場のないところに行くときは？　電動車椅子に乗って障害者用タクシーを呼ぶ。でもトイレが狭くて電動車椅子では利用できない場所なら？手動車椅子に乗って障害者用タクシーを呼ぶ（会合後の食事場所への道が急な上り坂なら？　手動車椅子に乗って障害者用タクシーを呼び、食事場所まで一緒に移動する友人に連絡を……あー、もう知るか。予定キャンセル！）。都市インフラや自分のモビリティーが、このような変数だらけの状況でも難なく対応できるくらい「滑らかに」なることを、わたしは期待する。

しかし、人々の日常生活や社会組織を継ぎ目なく紡ぐ「シームレススタイル」の裏には、その「滑らかさ」を維持するために、数多くの「ガタつき」を修繕し支える「手」が幾重にも添えられていることを忘れてはならない。科学論の学者ハ・デチョンはこの「手」を「ケア労働」と表現する。

昨年（二〇一八年）一一月のＫＴ阿峴（アヒョン）支社の火災は、地下のインターネット通信網というインフラストラクチャーが停止するとわたしたちの日常も同時に止まってしまうことをまざまざと示していた。わたしたちは誰かに電話して会う約束をすることも、自宅でネットバンキングを利用することも、店で品物を買うことも、インターネットでサイトを見ることも、ＡＩスピーカーに答えてもらうことも、ＡＩの警備システムを作動させることもできなかった。あの火災でわたしたちは、「自律的に」作動する人工知能が、実は見えないところに物理的に存在するインターネットのネットワークに深く依存していることや、その自律性は自然と与えられるものではないことを知った。また、多様なＡＩ機器が、データセンターにあるサーバーとスムーズにデータをやり取りできるのは、クラウドという「バーチャルな」世界のおかげではなく、地下にケーブルを埋設し、それを日常的に保守管理する非正規雇用の労働者たちのケア労働のおかげであったことも知った。[12]

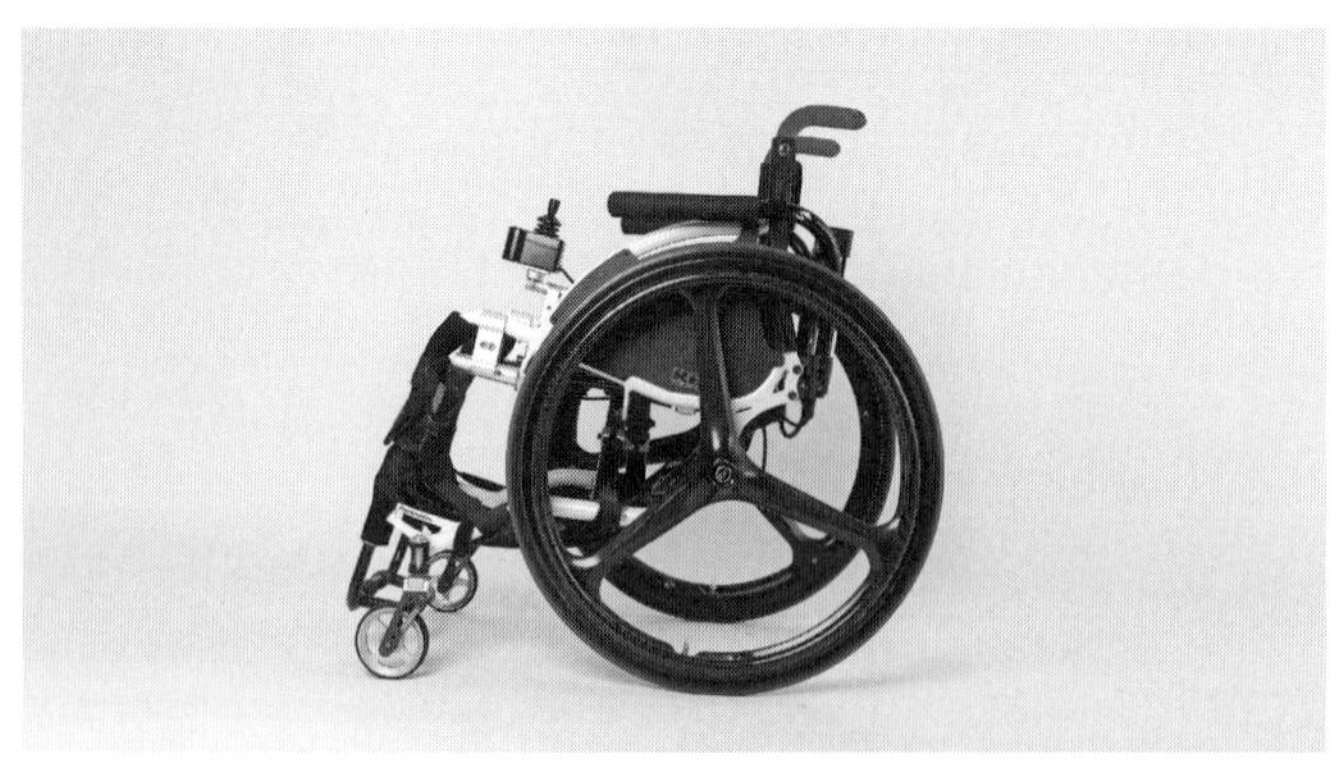

電動車椅子（上）と手動車椅子（下）
わたしは手動車椅子を使うときは車を運転し，電動車椅子のときは公共交通機関を利用する．場合によって使えたり使えなかったりということが非常に多いので，毎朝一つひとつ計算しながら選択しなければならない．

ハ・デチョンは、AIの「自律性」の裏に隠された、人間の労働者の具体的なケア労働について述べている。自律性は「シームレステクノロジー」の核心だ。多種多様なユーザーの経験を自ら把握して調整し、ユーザーが意識的に介入する段階を最小限にする労働、テスラの電気自動車が目指すそういう技術のことだ。しかし、そういう「継ぎ目」のない技術環境の裏には、継ぎ目を絶え間なく管理、修繕、補修する人間の労働者が存在する。この現実はちょうど、先述の「ジェームス・ギリンガムの写真には現れていない現実」と対応している。滑らかな革の義足をつけて優雅にコーヒーを飲んでいる「エロティックな」写真の裏には、義足に適切に体重をかけようとする微妙な筋肉の動きや、痛みに耐えるための意識的な努力、義足をつけていても「自然に」歩く訓練、雨の日や真夏、真冬の気温や湿度から義足を守るための日々の手入れ、断端部の皮膚トラブルに気を使う本人や周囲の人々のケアが存在している。

ならば、「増強された」人間というのは、継ぎ目をケアするそうした労働すらほとんど必要としない存在のことなのか？　それなら、義足をつける代わりに新たな脚をこしらえ、神経の損傷を治し、聴力や視力を回復させ、骨を強くすればいいのではないだろうか？　スーパーマンに「ガタつき」などあり得ない。キャプテン・アメリカやキャプテン・マーベルの動きに継ぎ目なんてあるはずがない。生命工学的な増強とは、凸凹やガタつきだらけの社会の中でもたくましく、あらゆるものをコントロールし、（キム・チョヨプの言葉を借りれば）衝突するもの同士の関係を円滑にするスーパーマンになることなのだろうか？　実際にSF映画のヒーローたちは、社会に存在する無数の継ぎ目や段差をあっという間に滑らかにしてみせる、類まれなる能力の持ち主だ。

この点は興味深い。わたしたちが科学技術に期待するのは、一方では、シームレススタイルのテクノロジーを開発して、どんなユーザーでも滑らかにアクセス、利用、コントロールし便利さを享受できる世界へと向かうことのように思える。その滑らかさを享受することにおいては、ヒーロー的な人間であれ、平凡な弱い人間であれ、差はない。また一方でわたしたちは、スーパーマンのように身体を増強してどんなガタつきものともしない、強化された人間を夢見る。だがシームレススタイルが極度に実現された社会では、強化された人間の身体があったとしても出番がないのではないか？　短距離モビリティーですーっと滑らかに移動して、自律走行車に乗り換え、車が割り出した最適ルートで目的地に着けば、そこでまた短距離モビリティーに乗り換えて移動する、というような世界では、強化された移動能力など必要ない。増強された能力はむしろ、わたしが一九九四年式アクセントを運転するようなときに必要なものだ。そこには継ぎ目があまりに多いので、抜かりなく計画を立てて、正しい手順で車椅子を積み込み、降りる前に窓を閉めるのを忘れず、二本の腕で車椅子をこいで目的地まで移動する能力が求められる。

社会全体のインフラやテクノロジーが完璧なシームレススタイルでできた時代をわたしたちが熱望するなら、その時代にふさわしい「強い人間」はスーパーマンである必要はない。シームレスな時代に求められるのは、継ぎ目をなくす能力ではないからだ。むしろその逆の能力、つまり完全に滑らかな世界に予想外の穴をあける（継ぎ目をつくる）力を備えた存在なのかもしれない。

滑らかな世界に亀裂を入れる存在

人類学者ナターシャ・ダウ・シュール(Natasha Dow Schüll)は『デザインされたギャンブル依存症』[13]という本で、ラスベガスのカジノが、スロットマシンや周囲の環境をいかに「滑らかに」して人々をゲームの世界に没頭させ、依存症にさせるかを生々しく描写している。カジノは一九八〇年から二〇〇八年のあいだに訪問客が四倍以上増え、収益率もすさまじく増加したのだが、その背景には新しいデザインの力があった。シュールによるとそのデザインとは、ゲームとゲームのあいだ、さらには「ジャックポット」(一回の賭け金で数百倍の配当を得るような大当たり)が出たゲームとその次のゲームのあいだに存在する「継ぎ目」まで徹底的になくすというものだった。

シュールの紹介に沿って、スロットマシンがどのように滑らかになっていったのかを見てみよう。まず「数年間で、ごく単純な改良でゲームのペースが速くなった。たとえばスロットマシンの手動式レバーが電子式ボタン(常にその上に手を置いておける)に変わり、くるくる回転するリールがビデオ画面に変わった」。ジャックポットが出たら賞金をその場でいっぺんにコインで支給する方式も導入された。「一九七〇年代以前はジャックポットが出ても、カジノの管理人がやってきて結果を確認し賞金を支給してくれるまで待たなければならず、その間ゲームは中断された」。つまり、管理人が賞金を支給してくれるまで、ゲームとゲームのあいだに大きな「継ぎ目」ができてしまったわけだ。ゲームの流れが途切れてしまうため、賞金を受け取った客はそのままカジノをあとにした。だがその場ですぐにコインを吐き出してやると、「容器いっぱいのコインはそのまま機械に投入できるため、客としてはプレイを続ける勢いを得た形となった」。次に、コインを一枚ずつ投入する過程がなくなった。紙幣を投入できるようになり、高額を一度に賭けて、途切れることなくゲームを続けられるようになった。「この触覚的な障害物をなくすだけで、賭け金が三〇%増えた」。その次に、コインや紙幣を投入する過程自体を省く技術とデザインが導入されるのだが、それはまさにクレジットカードだ。客はカードから自動的に金が引き落とされるようにして、カジノを楽しむようになった。

客は「無我の境地」を妨げるすべての外部要因から遮断されなければならず、そのためにはスロットマシンのインターフェースやカジノの環境全般を綿密にデザインする必要がある。完全なる没頭は、ギャンブラーのみならずカジノが求めるものでもある。経験をデザインする人は、自分たちの配慮を「プレイヤー中心のデザイン」と呼ぶ。

このようなカジノのデザインは、まさに現代のテクノロジーが目指す滑らかな技術の典型だ。「プレイヤー中心のデザイン」はすなわち、シームレススタイルの技術における「ユーザー中心のデザイン」だ。カジノはプレイヤーの財産を意図的に搾取しようとする場所なので、例として挙げるには不適切だと思うかもしれない。けれどわたしは、シームレススタイル社会の本質的な構造は、シュールの言うカジノと大差ないと考える。簡単な例はいくらでもある。わたしたちがYouTubeの動画をいつまでもぼーっと見てしまう理由は何か？　Wi-Fiの接続が切れず、適当なお薦めコンテンツがどんどん表示され、何もしなくても次の動画に切り替わっていくからではないか？　一〇分前後の動画も長いと感じ、ユーチューバーの話が退屈で耐えられない人たちは、一五秒のコンテンツ「ミーム（meme）」を集めた動画プラットフォームへと乗り換えつつある。昔は、おもしろいテレビ番組が終わったら、少なくともチャンネルを回してほかの番組を探さなければならなかった。そんな意識的な介入が少なくなればなるほど、わたしたちは「無我の境地」に陥る。やるべきことがあるのにどうして夜中まで、地下鉄で二本の腕を振り回している他人の姿をスマホで眺めているのか、俺はなんてダメな人間なんだと嘆きつつ動画を見ているそのとき、Wi-Fiの接続が切れたり、バッテリー残量五％という通知が表示されたりしたら、まさにそこに「継ぎ目」ができる。この継ぎ目がわたしたちを救ってくれる。「あー、ダメだ、ダメだ！　早くやることやらないと（まさか自分だけではないはずだと信じて、正直に書いているところだ）！」

ややロマンチックに聞こえるかもしれないが、わたしはあえてこう言いたい。障害者は、シームレススタイルの世界に絶えず「継ぎ目」をつくる存在だ。多くのことが自動化され、人間の介入を最小限に抑えるシステムができていくなか、いつも、そこに不備があると知らせてくれるのが障害者だ。「わたしはこのキオスク端末のせいで買いたいものが買えません」。もちろん技術は障害者を考慮した方向へと発展しており、けっしてその発展が悪いとは言えない。視覚障害者も発達障害者も使えるキオスクテクノロジーの発展を、わたしは期待する。ただし念を押しておきたい。滑らかに設計された世界のどこかに、その世界に適応できない障害者が出現することは、退屈で意味のないYouTubeの画面の真ん中に現れる「バッテリー残量五％」という通知と同じように、「継ぎ目」をつくる。その継ぎ目によって、わたしたちはただぼーっと眺めていた世界から抜け出して、ようやく自分自身に目を向ける。自分たちが今、より良い、より必須の、より切実な目標に向かってテクノロジーを活用、経験しているのかを省みる機会が、そのとき初めて生まれるのだ。

ガタつきを甘んじて受け入れる力

「増強」を、身体や機能が「強化された」状態であると捉えるのではなく、もう少し大きな観点で「より良い」人間になることだと考えてみてはどうだろうか？　そして「より良い人間」を、より多くの可能性を持った人間であると定義してみよう。これからの時代、より多くの可能性をもたらしてくれるのは、より強い腕力、より良い視力、より敏感な聴力だろうか？　それとも、生活のあらゆる行為が自動化されてスムーズにつながり、知らぬ間に「無我の境地」に陥っているとき、そこに「ガタン」と継ぎ目をつくって、自分の位置や行為の主体性、自分が今のめり込んでいる活動の意味と必要性を自ら省みることのできる能力だろうか？

わたしは後者だと信じる。そしてそういう能力を強化するのは、同質的なもの同士の滑らかなつながりではなく、大きな「段差」のある異質的なものとのつながりを経験することだと考える。つまり、「機械」や「ほかの人間」「動物」と結合することで、より効果的に強化できるかもしれないという意味だ。視覚障害者が盲導犬と一緒に行動するとき、脳性麻痺の重度障害者が車椅子と結合し、さらにその車椅子を押してくれるヘルパーとつながるとき、そこには多くのずれや衝突、継ぎ目の段差が生じる。それらを超えて結合する能力こそが、わたしたちがこの先「増強すべき」ものなのだ。

ウランバートルの女性障害者と出会った日のことを思い返してみよう。あのとき脳性麻痺の障害者である日本の活動家が「障害を治す薬があっても飲まない」と叫ぶことができたのは、滑らかなスーパーヒューマンになったからとて、より良い存在になるわけではないという確信を持っていたからだろう。彼はその確信を、身をもって証明しながら生きてきた人物だ。だが同時に、モンゴルで、二〇歳の若さで首から下が麻痺した状態で生きている人の前でそう叫ぶ行為は、まったく異なる生の条件や経験を持つ二人のあいだに存在する継ぎ目を、自分の信念で塗りこめて平らにしてしまうことでもある。

わたしは先に、障害や病気という弱い身体条件を持つ人たちこそが、一部のテクノロジーエリートの目指す自動化された滑らかな社会で力を発揮できる存在なのかもしれないと述べた。勇気を持って自らの「段差」をさらけ出し、「継ぎ目」を甘んじて受け入れる力量を備えた存在として、だ。したがって、わたしたちがより良い存在になることを夢見るのなら、生活を不安定にする障害（欠如）を「何が何でも克服する」とか「完璧に治療してみせる」とかいう約束にしがみつきはしないと、自ら宣言できなければならない。しかし同じ理由で、治療してみせるという約束を切実に待ち望んでいる人の前では、自らの確信や宣言に、しばし「継ぎ目を入れる」こともできなくてはならない。わたしは偉大な障害者の人権活動家をたくさん知っているし、彼らを尊敬している。彼らを含めたわたしたちが、テスラやApple社、NVIDIA（アメリカの半導体メーカー）といった企業のテクノロジーエリートたちよりも少し優れている点があるとすれば、それは、ガタつきを甘んじて受け入れ、その継ぎ目から予想もつかないようなところへと可能性を広げていく力ではないだろうか。

注

1　トム・シェイクスピア著、イ・ジス訳、『障害学の争点』、ハクチサ、二〇一三、一八三ページ〔原書『Disability rights and wrongs』〔二〇〇六〕〕。

2　トム・シェイクスピア、前掲書、一九八〜一九九ページ。

3　Norman Daniels, *Just Health: Meeting Health Needs Fairly*, Cambridge Press, 2008, p. 149.

4　マイケル・サンデル著、キム・ソヌク、イ・スギョン訳、『完璧に対する反論』、ワイズベリー、二〇一六〔原書『The Case Against Perfection: Ethics in the Age of Genetic Engineering』〔二〇〇七〕、邦訳書『完全な人間を目指さなくてもよい理由――遺伝子操作とエンハンスメントの倫理』、林芳紀、伊吹友秀訳、ナカニシヤ出版、二〇一〇〕。

5　アレン・ブキャナン著、シム・ジウォン、パク・チャンヨン訳、『人間より優れた人間』、ロドス、二〇一五、一一〜三四ページ〔原書『Better than Human: The Promise and Perils of Enhancing Ourselves』〔二〇一一〕〕。

6　二〇一九年末、ナビゲーションで設定した目的地まで半自動走行で運転するＮＯＡ（Navigate On Autopilot）機能が、韓国で発売されたテスラのモデル3にもアップデートされた。

7　現代自動車グループのウェブサイトに掲載された記事「わたしたちの日常を滑らかにつないでくれる、自動車の中の最先端シームレス（seamless）技術」を参照した（https://news.hmgjournal.com/GroupStory/?p=161790）。

8　過去数年間、アメリカの二〇代、三〇代のあいだで、テスラの株式を買う動きが流行のように広まった。アメリカの大学生をおもな顧客層とする投資プラットフォームでは、二〇二〇年初め、ひと月のテスラ株の購入量が前月比二〇倍増という歴史的な記録を残した（「最近の〝アメリカの若者のロマン〟テスラ株、大儲けなのか、大博打なのか」、『朝鮮日報』、二〇二〇年二月一〇日を参照）。

9　「まだ」一部の障害者にとっては滑らかでないだけだという意見は、ある点においては妥当だ。今のタッチパネルは指先が震える障害者のタッチを正確に感知することはできないが、その「震え」までも感知できるように技術を拡張することで、より普遍的で滑らかな機械へと向かっていく、という点においては、だ。だが、「滑らかなスタイル」を追求する過程で、その過程がなければ社会から脱落しなかったはずの人がなる。

「脱落することになる」すべてのケースを、単に「まだ」という言葉で正当化することはできない。マクドナルドで店員に一つひとつ確認しながらハンバーガーを注文していた発達障害者は今のキオスク端末では注文することができないが、それをただ、「まだ」キオスク端末がさまざまな利用者に対応できる柔軟性を備えていないからだ、と言えばそれでいいのだろうか？　つまり、この先もっと滑らかになればそういう問題もすべて解決する、という話なのだろうか？　そうなってくると結局、究極の人工知能が人間の多種多様な個性や無数の状況に自動的に対応する、未来の「神のようなテクノロジー」を想定すればいいということになる。

10　Nicole Kobie, "Inside the World of Techno-Fetishism Where People Suffer 'Prosthetic Envy'", *Wired*, June 6, 2016.

11　二〇二〇年代中盤以降の未来を描くＢＢＣのドラマ『2034 今そこにある未来(Years and Years)』でも、眼球を摘出してネットワークとつながったカメラを埋め込んだり、頭蓋骨を開いて脳にチップを埋め込む危険な手術を受けたりする一〇代たちが登場する。こういうことはすでに現実だ。イーロン・マスクは、自身のスタートアップ企業「ニューラリンク」の開発したチップを脳に埋め込んで音楽を聴いたり情報を処理したりすることが、二〇二〇年には可能になるだろうと発表している(チャン・スンホ、「イーロン・マスク『二〇二〇年には人間の頭脳とコンピューターを連結できる』」、『Hypebeast』、二〇一九年七月一八日)。

12　ハ・デチョン、「車椅子に乗った人工知能――自律的技術から相互依存とケアの技術へ」、『科学技術学研究』、一九巻、二号、二〇一九、一八八ページ。

13　Natasha Dow Schüll, *Addiction by Design: Machine Gambling in Las Vegas*, Princeton University Press, 2012. 残念ながらわたしはシュールのこの有名な研究書を原文で読んで引用しているわけではなく、この本を、本書のテーマに符合する文脈で紹介している、マシュー・クロフォード著、ノ・スンヨン訳、『あなたの頭の外の世界』、文学トンネ、二〇一九、一二五～一四八ページを参照した(原書『The World Beyond Your Head: On Becoming an Individual in an Age of Distraction』(二〇一五))。以下、言及するシュールの研究内容はすべてマシュー・クロフォードの著書の該当ページを参照、引用したものだ。

III 連立と歓待の未来論

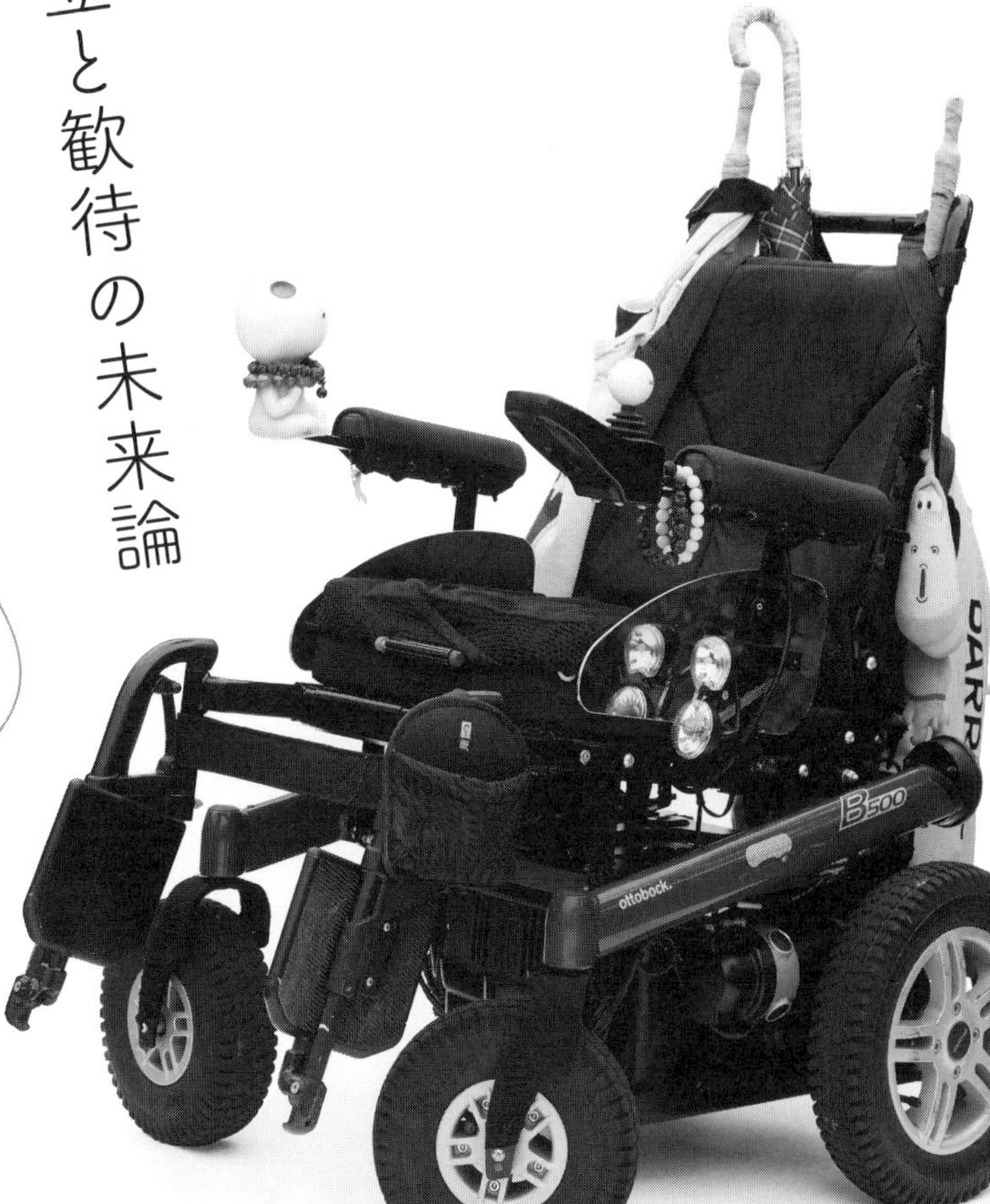

障害と共に生きるというのは，障害者の身体で物質世界とダイレクトに相互作用する具体的な経験であり，その経験は個人の自我とも密接につながっている．

9章 障害の未来を想像する

キム・チョヨプ

わたしたちの異なる認知世界

二〇一八年夏、「わたしを育てる主人たちはあまりに早く死んでしまう」というタイトルの短編を構想していたころ、わたしは人間と伴侶動物の関係を逆転させてみたいと思っていた。ペットロス症候群(Pet Loss Syndrome)という概念を知り、喪失という大きな苦しみを経験してもなお誰かを愛そうとする気持ちについて考えていたとき、カメを育てている人の話を偶然目にして「あ、これだ」と構想を練りはじめた。カメはほかの伴侶動物より長生きするので、飼い主が死んだあと残される可能性が高いのではないかと思ったのだ。その関係を逆転させて小説の基本設定を組み立てた。もしも人間が地球外生命体に伴侶動物のように育てられるとしたら、でもその「主人」が自分よりあまりに早く死んでしまうとしたら、残された人間はどんな感情を抱くだろうか。寿命の短い「主人」は、残された伴侶人間に対してどのように責任を果たそうとするだろうか。その後、タイトルを「スペクトラム」と変えたこの短編は、その設定以外はすべて、書きながら肉付けしていった。

人間とは異なる知覚世界を持つ動物を語るとき、環世界(umwelt：ウンベルト)という言葉が使われる。客観的な現実ではなく、一つの生命体が主観的に認知する世界、その個体が生きてきた、あるいは知覚している環境を指す言葉だ。地球外に行くまでもなく、この地球には別の感覚を持つ生命体が非常に多く存在している。地を這うミミズや、空を飛び磁場に沿って移動する鳥たちの環世界、紫外線や偏光を認識するシャコの環世界は、人間のそれとはまったく異なるだろう。わたしたちの「ヒューマンスケール」は、若干の可視光線、狭い範囲の可聴周波数、数メートルの高さや距離の感覚に限られている。ハチが花の姿をどう識別しているのか、アリは化学物質によってどのようにコミュニケーションしているのかについて、人間はお粗末な想像を巡らせることしかできない。時には、科学のツールを使うことでほかの環世界を分析する手がかりが得られることもあるけれど、それもごくわずかな手がかりに過ぎず、その環世界を直接体験させてくれるものではない。

環世界は種によって差が大きいだけでなく、一つの種の中でも個体ごとに異なる。リチャード・サイトウィック(Richard Cytowic)は『共感覚』という著書で、平凡な人間とは異なる感覚世界を持つ、より大きな環世界を持つ共感覚者たちの「現実の性質」がいかに固有なものであるかを述べている。共感覚者は色から音を聞き、数字に触覚を感じるというが、それは共感覚能力のない者には想像もできない世界だ。サイトウィックはこう述べる。「われわれは素朴にも、自分たちの知っていることが世界のすべてだと思っている。この狭い自己言及的な現実がわれわれの環世界を構成している」[1]

「スペクトラム」を書いていたころ参考にしようと読んでいた本の中に、四色型色覚(Tetrachromat)を持つ人に関する話が出てきた。人は色を区別するのに網膜の錐体細胞を使う。通常、それぞれ異なる波長範囲に高い感度を持つ三種類の錐体細胞の組み合わせで、数百万種類の色を区別する。ところが、この錐体細胞に関連する遺伝子に突然変異が起きた「スーパービジョン」の持ち主は四種類の錐体細胞を持ち、理論的には一億の色を区別することが可能だ。普通の三色型色覚者には同じに見える赤色が、四色型色覚者には明らかに違う色に見えるかもしれないということだ。これを読んでわたしは、「スペクトラム」の地球外生命体は人間よりはるかに優れた視覚認知能力と可聴周波数の範囲を持っていて、人間は彼らの言語を理解することができない、という設定を加えた。伴侶動物と人間は一部の感覚を共有しているけれど、その範囲が完全に重なっているわけではないように、だ。

そういう設定を思いついたのは、自分が人とは異なる感覚範囲を持っていることも影響していたのかもしれない。誰かが話をしていることはわかるし、その声も聞こえるのだけれど、声の「一部の範囲」が自分の可聴範囲から外れているため、わたしにとってはその言葉が意味を成さない。そういう経験から、地球外生命体と音声言語でコミュニケーションするのは本当に可能なのか、という疑問を抱くようになった。「スペクトラム」は、地球外生命体の持つ、人間とは異なる視覚認知能力を中心に物語が展開していて、この小説にわたし自身の経験が投影されているとは言えない。けれどこの物語を書いてから、自分の「環世界」についてもときどき考えてみるようになった。

自分が音をどのように聞いて理解しているかを他人に説明するのは容易ではない。日常で誰かと会話するときに声の「周波数」を気にする人はあまりいないだろう。でもわたしは高周波音と低周波音を分けて考えることが身についている。そして自分に聞こえる音と聞こえない音をはっきり区別することができる。ドアベルや鳥の声、時計のアラーム音、携帯電話の着信音は高すぎてほとんど聞こえないけれど、車の通る音や工事の騒音、振動なんかは鈍感な人よりむしろ敏感に感じ取っているように思う。海外旅行先のホテルのフロントで、スムーズな意思疎通のために自分が聴覚障害者であることを告げたら、機械の騒音が激しい部屋を割り当てられてひどい目に遭ったことがある。一方、実験室で使うタイマーの音はまるで聞こえなかったので、いつも研究室の仲間が切ってくれていた。

日常で音の「周波数」に関連するものといえば、音響効果をつけるイコライザーがある。メディアプレーヤーにあるイコライザーで「クラシック」「ポップ」「ジャズ」などと設定すると、周波数の音域ごとに音が別々に増幅され、もともとの音源とはひと味違う雰囲気で聞くことができる。同様に、イコライザー処理された音の「原音」を再現して聞くことも可能だ。わたしの経験している音の世界をイコライザーで喩えるなら、低い音域帯の音だけが大きく増幅され、高周波帯域はごく小さく設定されている状態と言える。実際にわたしはどちらかというと、低い音域帯のベースやドラムが強調された音楽が好きだ。もちろん、わたしがある曲を好きだと言っても、普通の聴力を持つ人の聞こえ方とはかなり違うのだろうと思う。音源データ上では一つの音楽でも、聞く人が違うとどう感じられるかも違ってくるのだ。

これに関して、興味深い点がもう一つある。今のわたしは高音域帯のボーカルや演奏音はよく聞こえないが、子どものころ好きだった音楽の高音パートは今でも頭の中で記憶している。伊藤亜紗の『記憶する体』には、後天的な障害者のうち、障害を得る前の記憶と障害を得てからの記憶が混じった、一種の「ハイブリッド的な」身体を持つ人の事例が出てくる。それを読みながら、自分にも音楽に関するハイブリッド的な記憶があることに気づいた。子どものころよく聞いていた高音ボーカルの音楽を補聴器なしで聞くと、今ではほとんど聞こえないにもかかわらず、頭の中では自分の記憶している声が再生される。二重の音感覚、現在と過去の音の記憶がオーバーラップしている状態と言えるだろう。

わたしは後天的に聴力が損傷されたケースなので、聴者と聴覚障害者の環世界をどちらも経験していることになるが、自分がどのように音を聞いているかを説明するのは容易ではない。あれこれ長々と説明しても相手を完全に納得させることはできない領域なのだろう。そんなふうに考えると、他人の環世界を想像するのが難しいのは言うまでもなく、自分自身のそれでさえきちんと理解するのは困難だという結論に至る。たとえばわたしは、音楽の聞こえ方が人と違うことが自分の音楽的な好みや美学にどれくらい、どんなふうに影響を及ぼしているか興味があるけれど、それは当事者であるわたしにとっても未知の領域だ。もう少し想像を広げて、もしも可聴周波数が人間とごく一部しか重なっていない知的生命体がいるとしたらどうだろう？　彼らの音楽と人間の音楽は互いに感動を与え合うことができるだろうか？　ダンスやスポーツ、絵はどうだろう？　もしかしたら人間という種同士でも、実は認知世界の一部しか共有していないのではないだろうか？　地球上の生命体はそれぞれ大きく異なる環世界や感覚世界、美学を持っているが、人間という一つの種の中でさえも、その感覚世界は食い違っていることが多い。

わたしたちは、他人の生はそれぞれ極めて固有なものであるという事実を、知っているのにすぐ忘れてしまう。主観的な世界とは、その世界を実際に経験しながら生きている当人でさえ完全には理解できないものだということを、受け入れることができない。人間普遍の生についての解釈が世にあふれていても結局はみなそれぞれ固有の生の問題で悩むように、その普遍の世界すら共有できない者にとっては、自分の経験している世界を説明するのはなおのこと難しい。ここで、答えられない問いが生まれる。ではどうすればいいのか？　どのみち互いの生を想像することなんてできっこないなら、何をやっても無意味なのだろうか？　わたしはその問いに答えることはできないけれど、それでも他人の生を想像しようと努力することは意味があると思う。小説を読んだり書いたりしながらそう考えるようになった。

聴覚障害者でSF小説家であるわたしはときどき「あなたの障害が作品世界にどのような影響を及ぼしているのか説明してほしい」とか「あなたの障害も、SFを書こうと思った理由の一つなのか」といった、明らかな意図が感じられる質問を受ける。そういう質問にはなぜか相手の望んでいる答えを返したくなくて、こんなふうに答えてしまう。「影響がなくはないでしょうけど、それほど重要ではありません」。あらためて考えてみると、最初は重要ではなかったけれど少しずつ重要になりつつあるような気がする。わたしにとってSFを書くことは、自分とは異なる存在を探求していく過程のように感じられる。登場人物たちも同様だ。相手を理解しようとする彼らの試みはいつも不完全に終わったり失敗したりするけれど、それでも彼らは互いの世界を少しずつ押し広げていく。SFは、異なる世界を想像する物語、異なる存在たちを世界の中心に据える物語であり、世界を再設計する想像を巡らせるのに最適な思考実験の場でもある。もちろん、SFがいつも異なる存在たちを中心に据えていたと言うつもりはない。そうしたジャンル的な可能性を持っているにもかかわらず、長いあいだSFは白人―男性―異性愛者―非障害者を中心に据えた「排除の場」でもあった。とはいえ、多くの

ＳＦ作品は、かつて経験したことのない「環世界」を経験する機会を与えてくれる。異なる認知世界を経験することは、異なる存在に対する、不完全だが無意味ではない理解へと導いてくれる。今日のＳＦは、疎外について論じるのに最適のジャンルへと変化しつつある。

あなたの宇宙船を設計してみてください

とりあえず現実のことを書こうとするなら、作家は、現実にある障害者差別や偏見とまったく無縁の人物を創造することはできない。韓国社会が舞台の物語なら、車椅子に乗っている人はどこに行っても階段にぶつかり、精神障害のある人は偏見に満ちた言葉を浴びせられやすく、感覚障害者は損傷している感覚以外で得られる情報が充分でないせいで絶えず困難に直面するはずだ。もしそういう人物が登場しないとしたら、それは単に、作家がその小説で障害者のことを扱わないと決めたからであって、小説の中に障害という概念が存在しないからではない。世界はすでに「正常の規範」に合わせて設計されており、たとえ小説の中で再現された現実であっても、やはり障害は障害として存在する。多くの場合、小説が障害の存在を消しているだけだ。だが、世界をまた一から組み立てるとしたらどうだろう？

ＳＦ作家で編集者のアンディ・ブキャナン(Andi C. Buchanan)は「宇宙船を設計してみてください」[2]という文章で、「居住可能な」宇宙船や宇宙ステーション、人工惑星を想像してみるよう読者に促す。ある宇宙空間が「居住可能な(habitable)」場所になるためにはいくつかの条件を満たす必要があるが、文字どおり人間が居住可能な環境を考えてみればよい。水があり、呼吸できる空気があり、急激な温度変化がなく、昼と夜の周期が適切で、生命体を構成する生化学的物質がなければならない。惑星ではなく宇宙船ならば、空気や水、光、栄養分が人間の生存に適した方法で提供されるシステムを備えていなければならない。ではここで、その宇宙船に乗っているのが人間だけではないと想像してみよう。もしも、わたしたちとは異なる生化学的構成を持つ、たとえば大気中のメタンで呼吸する、あるいは炭素ではなくケイ素で構成されている宇宙人が乗っているとしたら？　そしてその宇宙人の数が人間よりも圧倒的に多いとしたらどうだろう？　当然、「居住可能な」という条件は変わってくる。人間の想像する居住可能な環境は人間の基準に合わせたものからだ。もし過半数を占める宇宙人が自分たちの基準で宇宙船をつくれば、人間はその宇宙船ではまともに生きられないはずだ。「人間専用ゾーン」を設けて、そこに隔離されなければならないかもしれない。

では今度は、宇宙船に乗っている人のほとんどが障害者だと仮定してみよう。宇宙船は障害者乗組員それぞれのニーズに合わせて設計されるはずだ。車椅子で移動できる通路や、呼吸器疾患のある乗組員にカスタマイズされた個室、低視力の乗組員が識別しやすい配色のインテリアが用意されるだろう。そういう条件なしに、ただ宇宙船を設計してみるように言われて想像するのはどんな空間だろうか。おそらく、自分を基準にして「自分が居住可能な」宇宙船だけを思い浮かべることだろう。「宇宙船を設計すること」は、障害が環境との相互作用によって構成されることを知る一つの思考実験だ。健康で障害のない人でも、自分に適していない物理的、社会的環境の中では障害を経験する可能性はいくらでもある。この思考実験は、誰かにとってアクセス可能な世界をただ「想像する」ことですら単純な話ではないのだと教えてくれる。完全なる想像の領域でも、「普遍」は、そこに属していない者を追い出してしまうのだ。

このように、異なる世界を想像するSFというジャンルでもその想像は現実に縛られているため、SFにおける障害の扱い方はやはりステレオタイプだと批判される。障害学やSFを研究するキャサリン・アラン(Kathryn Allan)は、SFでよく見られる障害の描き方を次のように分類している。①治療が必要な状態としての障害、②超越の条件としての障害(テクノロジーに媒介された超越)、③現在には存在しない障害、④サイボーグやポストヒューマンをつくる障害、⑤超人間をつくる障害、⑥非人間としての障害。[3] このような典型的な描き方は、実際の障害の経験を反映しておらず、障害をまるで解決すべき状態であるかのように表現している、という問題がある。

生まれつき身体に損傷のある人物が最先端の補綴物を使用するとか、手術で向上した身体を得るとかいう、SFでよくある設定について考えてみよう。彼らは治療を要する状態であるか、またはすでに治療を受けて人間より優れた身体を持つようになったサイボーグだ。テレビのシリーズものや映画では、障害者がスーパーヒーローや悪者として登場することもよくあるが、彼らはテクノロジーのおかげで普通の人間の能力を超えているため、実際のところ障害は大きな意味を持っていない。また、そもそも障害者が生まれてこない、あるいはスクリーニング検査によって消されるべき存在として描かれている作品もある。バーチャル世界やサイバー空間の「自我」としてのみ生きている障害者もいる。障害者が損傷のある身体のままで未来に存在している物語は稀だ。

映画『アバター』の主人公ジェイク・サリーは、障害を治療して本来の能力を取り戻したいと思っている人物で、負傷した脚を治すには高額の手術費が必要なことから、治療のために会社と取引をする。別の身体「アバター」と同期したサリーは、自由に歩いたり走ったりしながら解放感を覚える。彼は矯正を望む障害者であり、障害から解放された代替的な自我を持つようになる。ドラマ『デアデビル』の主人公は、視覚障害者だが視覚以外の感覚が非常に優れている超感覚の持ち主で、典型的なスーパー障害者(Super Crip)という設定で登場している。『新スタートレック』のジョーディもやはり視覚障害者だが、最先端補綴物「ヴァイザー」を装着しているため、ほかのクルーたちに比べて非常に広範囲の電磁波を感知することができる。ジョーディの障害は、サイボーグ技術が彼を卓越した存在にする、という設定で描かれている。

　アン・マキャフリイ(Anne McCaffrey)の『歌う船』には、生まれつき手足が使えないヘルヴァという少女が主人公として登場する。両親は彼女を安楽死させるか、脳を「船(brain ship)」に接続して生かすかの二択を提示され、後者を選ぶ。人間の身体ではなく機械に移植されて生きるヘルヴァは、人間以上の能力を持つ超越的なサイボーグとなる。ダナ・ハラウェイは「サイボーグ宣言」で唯一の障害者サイボーグの例としてこの少女のことに言及している。また『歌う船』は当時の批評で、障害を肯定的に描いた例として挙げられていた。けれど実際、これはヘルヴァにとっては解放的なことかもしれないが、障害者にとって解放的な物語というわけではない。障害のある身体から自由になったヘルヴァは宇宙を駆け巡る冒険をするが、それは障害者としての冒険ではなく、超越的な存在としての冒険だ。そのような未来にヘルヴァのような状態で生まれた子どもは、障害のないサイボーグになるか、安楽死させられる。障害者として平凡に生きるという選択肢はない。

　ＳＦの中のこうした、障害のステレオタイプな描き方を目にするたびに、それでも、作品のどこにも障害者が登場しないよりはずっとマシだと考える。まるで世界に障害が存在しないかのように、障害者がまったく登場しない物語も無数にある。当然ながら、障害という概念のない世界が存在するとは考えにくいので、それは障害のない世界というより、障害を見えないように隠した世界だ。障害者が技術によって障害を治療したり、一般的な人間より優れた能力を発揮したり、人間以上の超越的存在になったりする物語は、少なくとも障害の存在を隠してはいない。ただそういう物語の中の解放は、わたしのような障害者の読者を置き去りにするだけだ。テクノロジーを障害の唯一の解決策とするテクノエイブリズムと同じく、SFの中の障害の「手っ取り早い」解決策も、まるで「こういう未来にならないと君の問題は解決されない」と言っているようなものだ。そんな未来は気が遠くなるほど先のことであるうえに、依然として障害が「解決すべき問題」として規定されている。しかも、そういう物語はたいてい、障害者キャラクターの優れた能力や成果にばかり注目し、能力差別主義をストーリーの中心に据えている。

キャサリン・アランは、SF創作の領域にも障害学の観点を導入する必要があると主張し、二〇一五年にSF小説選集『未来にアクセスする』を企画した[4]。この本の序文を書いたジョセル・ヴァンダーホフ(Joselle Vanderhooft)の、SFとアクセシビリティーに関する話を見てみたい。ヴァンダーホフによると、SFはアクセシビリティーという概念についてあらためて考えさせるジャンルだ。人間は、健康で典型的な身体を持っていても、病気や環境の変化に弱く、特定の温度や大気環境のもとでしか生きられない。ちょっとでも暑かったり寒かったりすると冷暖房器具を使い、気温に応じた衣服で体温を調整する。宇宙に行く状況を考えれば、なおのことだ。人間の身体は宇宙環境に適していないため、無重力状態や、大気圏を通過する際の重力加速度と圧力に耐え、空気のない環境でも生きられるような装置をつくらなければならない。それゆえ多くのSFは、ヴァンダーホフの言うように「アクセシビリティーを探索する物語」になるのだ。SFの登場人物たちは、過去や未来、異なる時空間、宇宙や深海にアクセスするため、人間をそこまで運んでくれる装置を考案、設計する。『未来にアクセスする』の収録作品でも、著者たちは、障害に関連した、障害者を補助する、未来には可能であろうテクノロジーを想像している。それを、障害者に与えられる「自由」として単純に描くのではなく、リスクやメリットを検討し、障害と技術の複雑な関係を多角的に探求していく。個人を矯正することで障害を解決するのではなく、環境やアクセシビリティーの問題を考慮して別の世界を設計する。障害の消えた、または隠された未来ではなく、障害者が世界の一部として生きていく未来が、この選集に参加した作家たちの関心事なのだ。

火星の人類学者たち

『くらやみの速さはどれくらい』を初めて読んだ日のことが思い出される。SF作家としてデビューしたあと、韓国で翻訳出版されているSF作品を手当り次第に読んでいたころだ。それらが、自分のこれから書くべき作品の方向性を示してくれるだろうと期待していたが、自分が求めているようなことを掘り下げて書いた作品にはなかなか出合えなかった。そんなある日、エリザベス・ムーン（Elizabeth Moon）の『くらやみの速さはどれくらい』を読みはじめ、その日の夜に最後のページを閉じたとき、ようやく自分の探し求めていた本に巡り合えたと感じた。この小説が投げかけている問いを要約すると、こうだ。「技術の急激な発展と共に変化する未来社会において、障害とは結局『何』になるのか?」。技術が個人の生活や世界に莫大な影響を及ぼすなら、障害もやはり技術によって違ったふうに規定されるはずだ。技術や医学が障害を完璧に治療することはできないとしても、新しい治療技術の登場が個人や社会にとって大きな事件であることは間違いない。この小説はそうした事件についての思考実験をしている。

『くらやみの速さはどれくらい』の主人公ルウは、介入治療を受けたものの完全には良くならなかった自閉症者だ。ルウは、自閉症に対する初期治療が普遍化し自閉症の子どもが生まれてこなくなった時代に、自閉症者の最後の世代として生きている。ルウの一人称視点で展開するこの小説は、自閉症者から見た「ノーマル」な人々の行動や言葉を描写する。ルウにとって彼らは明確なパターンを持たない、理解しがたい不思議な存在だが、ルウは自分なりに人々と関係を結んで生きていく。そのうち、残る自閉症者のための実験的な治療法が開発され、物語は新たな局面へと差し掛かる。自閉症者を雇用していた会社の上司が、自閉症の従業員のために余分な費用がかかることを理由に、彼らに治療を受けるよう迫ったのだ。自分自身として生きていたルウは突然、「ノーマル」にならなければならないという圧力を受ける。治療はより幸せな人生をもたらしてくれるという「ノーマル」たちの主張は、ルウにとっては理解しがたい、困惑する話だ。

幸いルウは、少なくとも、自閉症者をその構成員の一人として受け入れる社会に住んでいた。だから充分に考え、自分で決定を下すことができた。小説に比べると、現実世界の問題はもっと複雑だ。現実で、ろう者である子どもが人工内耳の手術を受けるかどうか決めなければならない状況だとしたらどうだろう。ろう者にとっては音が聞こえないことが当たり前の、楽な状態なのだろうし、もしかしたら聞こえるようになりたいと思っていないかもしれない。けれど、現実における「障害者の排除」は『くらやみの速さはどれくらい』の社会よりはるかに深刻なので、家族や周りの人たちは手術を勧めるだろう。ルウの場合より、もっと強力な社会的圧力の中に置かれているということだ。ルウは上司の不当な圧力から逃れ、一〇〇％自分の判断で決められるようになった状態で、悩んだ末に治療を受けることを決心する。[5]

この小説と同じような問題意識がもとになっているものの、また違った結論に至る小説もある。ナンシー・フルダ(Nancy Fulda)の短編「ムーブメント」[6]は、『くらやみの速さはどれくらい』と同じく自閉症者の一人称視点で語られるＳＦだ。だが、ここで描かれている自閉症もやはり、現実の自閉症と完全に同じ概念ではない。この物語に登場する「時間的な自閉症(temporal autism)」は遺伝子の突然変異によるもので、これを抱える人は非自閉症者とは異なる時の流れを経験し、それによって言語能力が減退する。ハンナは、自分の治療について話し合っている両親の会話を盗み聞きする。一〇代のハンナが治療を受けるかどうかの決定権は親に委任されているのだ。バレエに優れた才能を持つハンナの一人称の語りは、障害が単なる欠陥ではなく、世界の美しい動きを捉える繊細な能力、多様性の一つであることを示してくれる。ハンナは、自閉症を治療せずそのままで生きることを望む。彼女は自身の、世界との関わり方を気に入っているのだ。[7]

ルウもハンナも自身の内面と長いあいだ向き合い、自ら決定を下している。同じような観点からスタートし、異なる結論に至るこの二つの物語は、発展した未来、つまり障害を技術で「除去」することを選べる未来においても、依然として障害が複雑で論争的なものとして存在するであろうことを暗示している。障害の治療を望むのかそうでないのか、障害を自身のアイデンティティーとして受け入れるのか、治療を選びはするが障害を自身の一部と捉えつづけるのか。本人の人生や経験を見つめることなしに、誰かがとやかく言える話ではない。障害者のアイデンティティーは、簡単には説明できない複雑でデリケートなものだからだ。

ＳＦの中には、現実の障害者問題を新たな観点で描くものもあれば、仮想の存在を描いて障害者の支持を得るものもある。ＳＦに登場する数多くの怪物や宇宙人は長いあいだ、「非人間性」を帯びた存在と考えられてきた。規範から外れた身体や精神を持つ彼らは、人間の世界を侵し、汚染し、人間の同質性を脅かす存在だった。精神的、身体的障害のある人物が「人類の敵」という露骨な設定で登場することもあった。皮肉にも現実の障害者の読者は、この「怪物」たちに深い愛情を示してきた。特に宇宙人はしばしば自閉症者や定型発達でない人のメタファーと考えられるほど、両者のあいだには強い関連性がある。

映画『５００ページの夢の束』の主人公ウェンディについて見てみよう。彼女はグループホームで暮らす自閉症者で、『スタートレック』シリーズの熱烈なファンでもある。『スタートレック』には、理性と論理のみで思考するバルカン人と地球人を親に持つスポックが登場する。スポックは、感情を徹底的に抑制するバルカン人の特性ゆえに、地球人からよく誤解を受ける。ウェンディはそんなスポックに強く感情移入し、彼が登場する脚本を書く。『５００ページの夢の束』は、ウェンディが脚本コンテストに作品を提出するために、初めて一人で長い冒険の旅に出る物語だ。さまざまなアクシデントに見舞われながらも彼女を目的地へと向かわせるのは『スタートレック』シリーズに対する情熱であり、後半で絶望の中から彼女を救い出すのも、同じ『スタートレック』のファンが彼女にかけた「宇宙人の言葉」だ。

ウェンディの話は現実に基づく。実際に多くの自閉症者がスポックに対する愛情や連帯感を示してきた。著名な動物学者で自閉症者のテンプル・グランディン（Temple Grandin）は自伝『自閉症の才能開発——自閉症と天才をつなぐ環』で、自身をスポックに投影していると述べている。スポックを演じた俳優レナード・ニモイ（Leonard Nimoy）への追悼文では、自閉症者がスポックに抱く特別な思いについても触れていた。[8] 人間のような感情は持っていないものの常に人間を観察、分析するアンドロイド「データ」もテンプル・グランディンの好きなキャラクターで、スポックと並んで自閉症者のファンに特に人気があると言われている。このようにSFの世界に、仲間の一人として自然に受け入れられている「ほかとは違う存在」が登場するとき、彼らは、現実世界の「ほかとは違うふうに生きてきた」読者には連帯感を、その家族や友人には本人の気持ちや感情を理解するきっかけを与えてくれる。

スティーブ・シルバーマンやオリバー・サックス（Oliver Sacks）といった作家が自閉症者と会って共通して気づいた事実は、多くの自閉症者がSFやファンタジーの世界に強く熱狂するという点だ。『ニューロトライブ』（邦訳書『自閉症の世界』、正高信男、入口真夕子訳、講談社、二〇一七）のある章では、自閉症コミュニティーとSFファンダム（ファン集団）とのあいだに昔からみられてきた親和性の歴史をたどっている。自閉症者の多くは、定量化されたデータや組織化されたシステム、複雑な機械に魅了され、その関心は科学へと向かいやすい。多くの自閉症者が、アマチュア無線を使うSFファンダムに自身の居場所を見いだしていたと、シルバーマンは書いている。そういうファンダムは、個々の「変わっているところ」や「違い」、「変人っぽさ」を包み込んでくれる、当時としては稀なコミュニティーだった。シルバーマンはまた、ＳＦの発展に大きく寄与し、ヒューゴー賞でもその名を残したヒューゴー・ガーンズバック(Hugo Gernsback)も自閉症スペクトラムに属していた可能性が高いと分析している。[9] ＳＦにどっぷりはまっていた自閉症者たちは、ここ地球よりも、むしろ想像の中の世界のほうが近しく感じられたのかもしれない。テンプル・グランディンは神経医学者オリバー・サックスとの対話で、自分は大勢の人の中にいると火星の人類学者になった気分になる、と話している。「そこにいる人たちを研究している気分、原住民をなんとか理解しようとがんばっている気分になるんですよ」[10]。自閉症者にとっては時に「定型発達」の人が、同じ地球人ではなくまるで火星人のように、どう接すればいいかわからない存在に感じられるのだ。

自閉症者でなくとも、この社会に自分の居場所がないと感じたことのある人なら、自分の内面にある根本的な疎外感や、自分は「宇宙人のような存在」だという感覚を自覚した経験があるだろう。障害者を宇宙人に喩えるのは適切ではないかもしれないが、この比喩から少なくとも一つの意味を見いだすことができる。惑星なり宇宙船なり、ある一つの空間を宇宙人と共有して暮らすことになったとき、そのために彼らを人間と同じになるようむやみに矯正するのは、最も暴力的な解決策になるだろうということだ。人類がもう少し賢明であるなら、異なる存在として互いに少しずつストレスを与えながら、そして互いに適応していきながら、共に暮らしていく方法を見つけようとするだろう。人間への同化を一方的に求めるというやり方ではなく、社会の中に、人間とは異なる存在の居場所をつくるという形で。それはフィクションの中でさえ険しい茨の道だが、それでもやはり歩んでみる価値のある道だ。

サイボーグニュートラル

障害がなくなった未来はやって来るだろうか？　非障害者中心主義、すなわち能力差別主義[11]は、弱い身体や損傷した身体、依存的な身体に対する嫌悪であり、健康で、優れていて、自立している身体のほうがずっと価値があるとする考え方だ。弱い身体であれ健康な身体であれ、身体の持つ能力というのは常に相対的に評価されるため、この先も能力差別主義が支配的な理念として残っている限り、ある種の身体は常に蔑視の対象となってしまう。いま現在、障害とみなされているものが、この先、技術によって除去されたり改善されたりしても、また別の何かが「障害」とされることだろう。老いも病気も死もなくなった、ちょっと空恐ろしいユートピアでもつくらない限り、いくら進歩した未来でも、誰かは相対的に「弱い」身体を持つことになる。驚異的な治療技術が次々と登場しても、だ。

ムア・ラファティ（Mur Lafferty）の長編小説『六つの航跡』には、車椅子を使う医師ジョアンナが登場する。この小説の舞台は、同じDNAを持つクローンへと「精神」を移しながら何度でも再生することが普遍化した未来だ。ジョアンナはDNAハッカーを雇って、自身のゆがんだ脚の原因となっている遺伝的な奇形を治す。けれど、新しい身体で生きるようになってから、新しい脚が「しっくりこない」ことに気づく。自分の身体だという感じがしないのだ。ジョアンナは、次にクローン再生するときは元のゆがんだ脚に戻そうと決心し、障害と共に生きていくことを選ぶ。彼女は結局、障害者として生きることになったが、それは不幸な選択ではなかった。このジョアンナという人物は、障害の未来や、未来の障害者アイデンティティーについて多くのことを教えてくれる。障害はその人の人生に刻まれる経験であり、治療が必ずしも答えになるわけではなく、障害者として生きることを選ぶ人もいるということを、だ。

現実でもすでに、ジョアンナと似たような例は存在している。オリバー・サックスは『火星の人類学者』で、生涯、視覚障害者として生きてきたヴァージルという男性が手術で視力を回復したエピソードを紹介している。ヴァージルは、失明した目の検査をあらためて受けたところ、白内障の手術で視力を取り戻すことが可能だと告げられる。家族たちは彼が視力を取り戻した「奇跡の瞬間」に感激の涙を流すが、当の本人は戸惑うばかりだ。手術後、色や形、動きが見えるようにはなったけれど、彼にはそれらを認識するための視覚の記憶がなかったのだ。視力は取り戻したものの「見える世界」にむしろ当惑し、かといって以前のように視覚障害者に戻ることもできず葛藤していたヴァージルは、肺炎の合併症で偶然、再び失明する。彼がまた触覚の世界へと戻って感じたのは、絶望ではなく「家にいるような」安らぎだ。慣れない刺激の世界で混乱をきたしていた彼は、もともと自分が属していた、慣れ親しんだ感覚の世界へとようやく戻ってきたのだ[12]。障害と共に生きるというのは、障害者の身体で物質世界とダイレクトに相互作用する具体的な経験であり、その経験は個人の自我とも密接につながっている。ジョアンナが、健康なクローンとして再生することも可能だったにもかかわらず、ゆがんだ脚を持つ身体に再び戻ったこととも通じる話だ。

未来の技術、未来の科学は、障害者に今より多くの選択肢を与えてくれるかもしれない。ならば、その発展は明らかに良いことだ。だがそれは「障害の根絶」を意味するわけではない。わたしたちは、欠陥のない完璧な技術を手にすることも、「不滅」に至ることもできない。その代わり、代案を考えることはできる。能力差別主義を根絶することだ。それは、損傷や脆弱さ、依存に対するわたしたちの根本的な態度を変えることでもある。

昨年春、短い小説を一本書いてほしいと依頼を受けた。テーマは「ボディーポジティブ(body positive)」、自分のありのままの身体を愛そうという運動だった。ボディーポジティブはおもに海外のファッション業界によるキャンペーンとしてスタートした。過度に痩せたモデルやグラマーな芸能人を画一的な「美の基準」とするのではなく、多様な身体の美しさを認めようという趣旨だ。だが、ボディーポジティブは女性に対するまた別の抑圧になるとか、ファッション業界のマーケティングに利用されるだけだ、といった批判も相次いだ。「すべての女性は美しい」という言葉は結局、女性に美しさの価値を要求するものであり、多様な身体を美しく見せるために絶えず何かを消費させることになるからだ。その後、「ボディーポジティブ」ではなく「ボディーニュートラル(body neutrality)」を目指すべきだという意見が出てきた。[13] すべての身体の美しさを追い求める代わりに「別に美しくある必要はない」と考えよう、そして自分の身体に賛辞を贈る代わりに「中立的な」態度を取ろう、というものだ。

わたしは「#Cyborg_positive」というタイトルの小説を書いた。事故で眼球を失い「人工眼」を装着するようになったリッジの物語だ。ソーシャルメディアで人気を集めているリッジは日常ブイログや人工眼レビュー動画を撮ってアップし、人工の身体でも元の身体と同じくらい、あるいは元の身体より、美的にも機能的にも優れたものになり得ることを示す。障害者サイボーグに対する偏見や蔑視を正面から打ち破る人物だ。ところが、人工眼の製作会社から、「すべてのサイボーグは美しい」という趣旨のサイボーグポジティブ・キャンペーンのモデルになってほしいという依頼が舞い込み、リッジはそれに応じるべきかどうかしばらく悩む。彼女はふと、自分の美しい「機械の目」に憧れを抱く、「普通の目」を持つ少女たちが書き込んでいたコメントを思い出す。「わたしもリッジさんみたいなきれいな目にしたいです」。サイボーグの目の美しさを強調することは結局、美しい目と美しくない目とのあいだに新たな序列を生むことになるかもしれない。リッジは結論を出すことができず、一ページ分の短い小説は、彼女が迷っている場面で終わる。

わたしは、いわば「サイボーグニュートラル」の概念について考えてみたかった。現在の障害者サイボーグの生は障害の烙印からけっして自由ではないが、一方で、サイボーグ技術は人間の向上とダイレクトにつながっている。技術が今よりうんと発展すれば、サイボーグをファッションアイコンやクールなイメージとして演出することは、おそらくそう難しいことではないだろう。サイボーグは、常に蔑視と優越のあいだで揺れ動く不安定な存在だ。では、トランスヒューマンの最前線に立つアイコンではない、見る人誰もが顔をしかめる疎外された機械人間でもない、ただ人間の持つ一つの中立的な特性としての「サイボーグ性」を想像することは可能だろうか。「サイボーグニュートラル」には、さまざまな身体を序列順に並べて条件に合う身体だけを世界の構成員として受け入れる「正常性の規範」に抵抗することが前提となる。

身体や能力の序列がなくなった世界を想像するのは容易ではない。正常ではない身体を持つ人が差別から解放される世界を思い描くことすら、漠然としていて難しい。むしろ、人間が死や老い、病気から解放された世界をイメージするほうが簡単かもしれない。けれど、たとえどんなに想像するのが難しくても、すべての人が「有能な」世界よりも、弱い人たちが平穏に、ありのままに存在する未来のほうが解放的だと、わたしは信じる。損傷など一切存在しないように見える未来よりも、苦痛の中にある身体、損傷した身体、何もできない身体を世界の構成員として歓待する未来のほうが、より開かれていると信じる。

そのためにまず、自分たちは未来に介入できるのだという認識から、そして迫りくる未来をただ受け入れるのではなく自分たちが未来の方向を変えることもできるのだという感覚からスタートしてみたい。異なる存在同士が一つの空間を共有して暮らす宇宙船を、もう一度設計してみよう。それには数多くの人の図面が必要だ。わたしたちは互いの図面を見比べながら、誰か一人だけに合わせた図面がいかに多くの存在を排除するかに気づくだろう。これまでの世界がいかに一部の人だけに合わせたものだったか、その空間に合わない多くの人を分離し追い出していたかにも気づくだろう。でも、その無数の図面をみんなで点検し、修正を繰り返していけば、今とは違う未来をつくっていけるかもしれない。技術と緊密につながり、関わり合いながら「アクセス可能な世界」をつくり上げていく障害者サイボーグの経験は、その過程で重要な役割を果たすだろう。今ここから見る未来には、今わたしたちの持っている価値や志向が投影される。ゆえに、それは自己実現的な予言でもある。

わたしは、わたしたちが別の未来に到達することを想像してみる。その未来は健康で自立した存在だけの世界ではなく、病を抱えた、老いた、弱い存在たちの居場所が用意されている時空間だ。そして、互いの不完全さ、互いの弱さ、互いの依存性を快く受け入れる世界だ。そこでは、スムーズに動かないロボットも、みすぼらしい部品をあらわにしたサイボーグも、完全な他者ではないはずだ。彼らはすでに未来の一部なのだ。

注

1　リチャード・サイトウィック著、チョ・ウニョン訳、『共感覚』、キムヨンサ、二〇一九、九七ページ。

2　Andi C. Buchanan, "Design a Spaceship", *Uncanny Magazine: Disabled People Destroy Science Fiction!*, Issue 24, 2018.

3　［Blog Post］Kathryn Allan, "Categories of Disability in Science Fiction", January 27, 2016（https://www.academicediting canada.ca/blog/item/317-disability-in-sf-article）. もともと "SF 101: A Guide to Teaching and Studying Science Fiction", Ritch Calvin, Doug Davis, Karen Hellekson and Craig Jacobsen（eds）, *Science Fiction Research Association*, 2014（Ebook）に収録されていた文章で、一般読者向けに原稿に手を加え自身のブログで再公開したもの。

4　Kathryn Allan and Djibril al-Ayad（eds）, *Accessing the Future: A Disability-Themed Anthology of Speculative Fiction*, Futurefire.net Publishing, 2015. キャサリン・アランはこの本の企画意図をこう紹介している。「この選集の目標の一つは、障害のある人が自身の生を自ら決定する権利を表現することだ。自立することは多くの障害者にとって重要だが、それは全員の目標ではない。自立性とは違って自己決定権は、選択の意志と相互依存性の両方を必要とする」。

5　この決心に至るまでの過程は、治療のメリットやデメリットを当事者の視点で検討しながら非常に細やかに語られているが、一方で、障害に対する社会の態度に注目していた当初の問題意識をやや薄れさせてしまっている。

6　二〇一二年に発表され、ヒューゴー賞やネビュラ賞など複数の文学賞の候補にも挙がった。韓国語には翻訳されていないが、作家のブログに全文が公開されている（http://www.nancyfulda.com/movement-a-short-story-about-autism-in-the-future）。

7　『くらやみの速さはどれくらい』と「ムーブメント」が、自閉症を治療する技術をめぐってそれぞれ異なる結論に至っていることに関する分析は、Christy Tidwell, "Everything Is Always Changing", Kathryn Allan (eds), *Disability in Science Fiction: Representations of Technology as Cure*, Palgrave Macmillan, 2013 を参照した。

8　Temple Grandin, "The Effect Mr. Spock Had on Me", *The Conversation*, March 9, 2015.

9　スティーブ・シルバーマン、前掲書、第六章（無線通信の王子）〔第3章注13〕。

10　オリバー・サックス著、イ・ウンソン訳、『火星の人類学者』、パダ出版社、二〇一五、三六五ページ、三七六ページ〔邦訳書『火星の人類学者――脳神経科医と7人の奇妙な患者』、吉田利子訳、早川書房、二〇〇一、三三七ページ〕。

11　ここでは、障害者差別が「能力がないこと」を蔑む総体的な差別であることを表すために能力差別主義という言葉を使った。

12　オリバー・サックス、前掲書、一七三～二一五ページ〔一五五～二〇六ページ〕。

13　Anna Kessel, "The Rise of the Body Neutrality Movement: 'If You're Fat, You Don't Have to Hate Yourself'", *The Guardian*, July 23, 2018.

10章 つながって存在するサイボーグ

キム・ウォニョン

二本の脚で立てば依存しなくても済むのだろうか

二〇〇四年、ソウル大学のファン・ウソク教授の研究チームがヒト胚性幹細胞の複製に成功したという内容の論文を発表すると、世界の耳目が集まった。マスコミは「産業革命に次ぐ成果」と報じ、韓国政府はファン教授の研究チームに二六五億ウォンを超える支援を約束した。科学界のみならず、ほぼ全国民が彼の研究に注目し、応援した。特に、慢性疾患を抱える人や障害者、その家族から絶大な支持を集めた。二〇〇五年一一月、彼の研究を支援するため卵子寄贈財団が設立されたが、それを主導したのも障害者とその家族だった。財団の理事長となった実業家イ・スヨンさんの夫は、事故で重度障害を負いながらもニューヨークで検事として働いていることで知られる韓国系アメリカ人チョン・ボムジンさんだ。韓国脊髄障害者協会長のチョン・ハギュンさんが設立発起人として加わり、財団の理事を務めた。卵子寄贈財団に対する国民の反応は大きく、設立からわずか二日で七〇人が卵子の提供を申し出た。[1]

もちろん、周知のように、ヒト胚性幹細胞を複製したという研究論文はファン・ウソク研究チームによる捏造だったことが判明している。そのことが明らかになったあとも、彼が在職していたソウル大学の正門前では支持者たちがしばらくデモを続け、そこには車椅子に乗った障害者の姿もあった。いつかは歩けるようになるという夢を抱いていた人たちは、ソウル大学調査委員会の公式発表を信じなかった。実は、卵子寄贈財団が設立されたときはすでに、ファン教授の研究が捏造であるという告発やマスコミ報道が相次いでいた。チョン・ハギュンさんは、捏造が断定された二〇〇六年の時点でも「今すぐ証明されないからといって幹細胞がないとは考えない」と述べていた(これはまるで「いないことが立証されない限りわたしたちは信じる」という、神の存在の証明とそっくりだ)[2]。

このペテン劇が全国民を熱狂させた背景にはいったい何があったのだろうか。もちろん人々の心の中には、ファン・ウソクの研究成果が「産業革命」に匹敵するのなら、かつてイギリスが世界を支配したように大韓民国も幹細胞研究によって経済大国になれるかもしれない、という期待があった。だが、それだけではない。二〇〇五年二月、郵政事業本部がファン・ウソク教授の研究成果を記念して発行した「ヒト複製胚性幹細胞培養成功特別」記念切手の図柄に注目してみよう。

切手の中の車椅子に座った男性は少しずつ身体を起こし、ついに二本の脚で立ち上がり、車椅子を捨てて前方の女性のもとに駆け寄って抱き合う(性別は記されていないが、絵からデザイナーの意図は明らかだ)。幹細胞の研究をはじめ、最先端の生命工学の研究はしばしば倫理的な論争を引き起こす。人間が、神や自然にのみ許された領域を侵しているように見えるためだ。こういうとき優秀なデザイナーなら、この幹細胞の研究がけっして人間性に反する道ではなく、むしろ、より「人間的な」道であることを示そうとするはずだ。記念切手の有能なデザイナーはそれゆえ、最も「人間的な」象徴を持ってきた。障害という逆境に打ち勝ってついに完全な人間となり、もう一人の完全な人間と抱き合うイメージを。なぜこのイメージはそれほど「人間的」なのだろうか？

ケア(care)はわたしたちの生の根本的な条件だ。幼いころわたしたちは全面的に大人の世話に依存していたし、年を取ればまた誰かに面倒を見てもらうことになる。若いときでも病気になれば誰かに看病してもらわなければならない。身の回りのことができなくなるほど年を取ったり、アルツハイマー病(認知症)になったりしたときのことを想像してみろと言われると、多くの人が「うわー、さっさと死んだほうがマシだ！」と答える。[3] 依存は(「ヒューマニズム的主体」である)わたしたちにとって恐怖だ。年を取るにせよ、事故や病気で歩けなくなるにせよ、ある程度時間が経てば、わたしたちは自分の身体にそれなりに適応できる。だが、自分が依存的な存在だと規定されることには、どんなに時間が経っても適応しがたい。

誰かに介護されることは恐怖だが、誰かを介護するのもそれと同じくらい大変なことだ。この社会では、身体の弱い人の介護はその家族が担うことがほとんどだ。老いを含む「不治の病」は、家族全体の重荷や悲劇と考えられている。そして介護を担う人は多くの場合、女性だ。韓国社会では、女性は男性よりはるかに長い時間、ケア労働に従事している。[4] 女性のケア労働は長らく、経済的、社会的価値を持つ仕事として尊重されず、非可視化されてきた。その一方で、自立性の危機に瀕した「ヒューマニズム的人間(男性)」をその家族や恋人である女性が献身的に介護するとき、彼女には崇高な社会的物語の「脇役」という新たな役割が与えられてきた。男性デュオ「ＣＬＯＮ」として活動し、絶大な人気を誇っていた歌手カン・ウォンレさんが交通事故で脊髄障害者になったとき、彼に寄り添う妻キム・ソンさんの献身ぶりが特に注目を集めた。イ・スヨンさんはIT業界で成功を収めた実業家としてすでに名が知られていたが、一般には、重度障害者である男性エリート法曹との「海を越えた愛」で広く有名になった。イ・スヨンさんの「献身的な純愛物語」は大きな話題を呼んだ。

ファン・ウソクの研究は、彼が意図していたかどうかは別にして、まさにこの介護の悲劇や、介護を担う人の「崇高な介護者の物語」に積極的に介入した。彼は二〇〇五年、KBSの看板番組『開かれた音楽会』に出演した際、カン・ウォンレさんが車椅子に乗ってステージに登場すると、「カン・ウォンレがまた歩くところを見たい」という意味ありげな発言もしていた。優れた実業家としてではなく、チョン・ボムジンという障害者エリート男性の配偶者として、イ・スヨンさんはファン・ウソクの研究を支援するため卵子寄贈財団の理事長を引き受けた。[5]

このようにファン・ウソクの研究が、大衆の熱狂のなか批判的議論の的にならなかったのには、ケア労働に対する社会の見方が影響していた。記念切手のイメージはそのことを象徴的に表している。誰かの介護を受けなければならない「悲劇的」な境遇に置かれた男性が、ファン・ウソク教授の幹細胞研究のおかげで車椅子を捨て、二本の脚ですっくと立ち上がり、ずっと自分に尽くしてくれた家族である（非障害者の）女性と抱き合う。「介護という悲劇」を克服し、それまで献身してきた人を解放するこの技術を、誰が問題だと言えようか（わたしは今、カン・ウォンレさんやキム・ソンさんをはじめ、愛する人を世話し支える個人の具体的な関係について論評しているのではないことを明確にしておきたい。部外者のわたしに何が言えようか。そうした関係に付与される社会的な意味や解釈について述べているのだ）。[6]

介護が必要な家族の世話をするのは大変なことであり、長時間誰かに寄り添う人たちの行為には崇高で美しい面がある。その人たちを少しでも手助けできる良い技術があるのなら、ためらう理由はない。また、卵子や血液などのヒト由来物質を、充分に検討された慎重なプロセスで提供するなら、倫理的に問題があるとは言えないだろう。[7]だが、そうだとしても、誰かに依存する生活が必ずしも悲劇というわけではないし、誰かを介護する生活も単に同情や「崇高な礼賛」の対象としてのみ見ることはできない。介護は関係の問題なので、車椅子に座っていた男性が立ち上がったからといって、彼を介護していた女性が必ず「解放」されるわけではないし、車椅子の人がいつも介護されるばかりの受動的な存在というわけでもない。人と人との関係について省察することなしに、誰かを手助けするための技術に熱狂するのは、ともすると、介護する人、される人、その両者に付与された役割を強化することになりかねない。

介護する人、される人を「救済する」技術ではなく、介護することを手助けし、介護される人がもっと快適に介護を受けられるよう手助けする技術、というのも可能だろうか？　人間の依存性を肯定し、もっとうまく依存できるようにする技術について考えてみよう。

わたしを世話するロボット、わたしが世話するロボット

戦争で頸椎を損傷したアメリカの傷痍軍人ロミー・カマルゴ(Romy Camargo)の家に二〇一七年、トヨタが開発した生活支援ロボット(Human Support Robot：ＨＳＲ)が到着した。ロミーは首から下が麻痺しており、電動車椅子を息で操作する。吸う息、吐く息、息の強さや長さでジョイスティックをコン

トロールして車椅子を動かすのだ。だが、水を飲むとか窓を開けるといった複雑な日常動作は難しい。そんなとき、HSRが助けてくれる。音声で命令を受けると車輪で移動し、「上半身」についているロボットアームで水筒をつかみ、ロミーのところにやって来て彼の顔の高さまで腕を持ち上げ、水を飲ませてくれる。ドアの開閉や、スプーンとフォークを使った食事の手伝いも可能だ。[8] すでに日本の病院では、さまざまな形態や機能のHSRが日常的に使われている。ジョージア工科大学は二〇一〇年、コディ(Cody)という名前の、ベッド上で身体を清拭するロボットを開発した。コディは皮膚の色調から角質部分を認識し、入浴が難しい高齢者や障害者の身体の垢を九六%まで除去する。パナソニックは、センサーつきの二四本の「指」が髪を洗ってくれる洗髪ロボットを二〇一二年に開発した。[9]

自由に動けない人の身体活動を補助するもの以外に、情緒的な支援のためのロボットもかなり前から研究、開発され、わたしたちの生活に導入されている。パロ(PARO)はその成功例として知られるロボットだ。一九九〇年代から日本の産業技術総合研究所が開発を進めていたもので、タテゴトアザラシの赤ちゃんに似た姿をしていて、ふわふわの毛で覆われている。なでたり名前を呼んだりすると独特の声を出して反応する。おもに病院や福祉施設で過ごす高齢者や独居老人のそばに、まるで伴侶動物のように寄り添う。二〇一四年、ソフトバンク社は、人間の声や顔の表情、身体の動きをより正確に認識して人と対話する人型ロボット、ペッパー(Pepper)を発売した。日本のデパートや一般家庭はもちろんのこと、イギリスの病院などでもすでに日常的に使用されている。[10] 子どもほどの背丈に、上半身は目鼻口のある顔、二本の腕、胸のモニターからなり、人魚のような下半身の底部には目立たないように車輪が取り付けられている。ペッパーは人と対話し、踊り、人の動きを真似る。子どもが巣立ったあとの日本の高齢者は、ペッパーと話をしたり、ペッパーを相手にカードゲームを楽しんだり、手作りの伝統衣装を着せて一緒に踊ったりもする。[11]

わたしたちの身体や心を、こんなふうにロボットに委ねても大丈夫だろうか？　韓国の老人療養施設に入所中の六五歳以上のアルツハイマー病患者を対象にパロの効果を研究したある論文は、パロと過ごしたあと気分が良くなるなど肯定的な情緒が高まり、問題行動を示す数値が下がる効果がみられたと報告している。[12]　二〇一八年、四〇代以上の日本人一二三八人を対象にオリックス・リビング社が実施した調査では、八四・二％が介護ロボットによる身体介護に肯定的な考えを持っているという結果が出ている。[13]　人は介護ロボットにそれほど抵抗を感じないのだ。

ロボットに介護してもらえば、毎日同じやり方で一定の介護を安定して受けられるので安心だろう。ロボットは風邪をひかないし、株式投資をしたりネコを飼ったりもしないので、嬉しくてそわそわしたり、落ち込んだ状態でやって来たりすることもないからだ。性別もないし、人間同士にありがちな権力の差もない。排泄や入浴を手伝ってもらっても、ロボットならそれほど羞恥心も起こらないだろう。こうして見ると、介護テクノロジーの発展は、障害や病気の有無によらずほとんどの人が一〇〇歳前後まで生きるようになる時代に、わたしたちが尊厳を保って最期の瞬間まで自律的で独立した存在でいられるようにしてくれる、祝福のように思える。

他人の顔を見なくてもいい生活

わたしが一四歳のころ、インターネットもつながらない田舎の村で、電話私書箱という一種の出会い系プラットフォームが流行した。まず所定の番号に電話をかけて自分の私書箱を開設しておく。そして無作為に誰かの私書箱番号に接続して自己紹介や電話番号を吹き込み、それを聞いた私書箱の持ち主が連絡してくるのを待つ、というものだ。このプラットフォームを通して、わたしはほぼ初めて、同年代の異性の友人たちと交流した。もちろん彼女たちにとってわたしは、江陵の中学に通っていて、バスケットボールが好きで、よく自転車に乗り、勉強もできる男の子だった（実際には、一日じゅう部屋にこもって漫画『SLAM DUNK』を読み、一人で腕立て伏せをし、床をごろごろ転がり、16ビットゲームを毎日三時間していた）。

電話の中の自分の「アバター」は人気があり、誰よりも堂々としていた。けれど、当時知り合った異性の友人の誰とも、実際に会うことはなかった。嘘を白状してもいいと思えるほど気持ちが通じ合っていると感じていたときでも、会わなかった。そのうちの一人には、自分が障害者で、学校には通っていず、自転車はおろか車椅子にも乗っておらず、バスケットボールは好きだが家の中で一人で漫画本を読んでプラスチックのゴールリングに小さなボールをシュートしているだけだと打ち明けた。それでもその子は会おうと言ってきたが、わたしは結局あれこれ理由をつけて断った。自分に関する情報をいろいろ正直に告白したけれど、それが全部ではなかったのだ。わたしは「身体」を持つ人間として他者と対面することができなかった。

もし今のように、ソーシャルネットワーキングサービス（SNS）をはじめ、デジタル世界で交流するプラットフォームが無数にある時代に生きていたなら、わたしはあれほど孤独ではなかっただろう。昼食の準備のため祖母にわざわざ畑仕事の手を止めて帰ってきてもらわなくても出前アプリでフォーを頼んで食べ、オンラインゲームをしたあと、検定試験に備えてオンライン講義を聴き、運良く大学に合格したらZoomで教授の講義を聴いて大学教育を受けていたかもしれない。あえてこの身体で他人と対面しなくても、車椅子の座面に埋もれた自分の姿と向き合うためにアイデンティティーに混乱をきたさなくても、FacebookやInstagramにそれらしい写真や記事を定期的にアップしながら、それなりに社会的な人格として生きていったはずだ。

倫理学者のアマンダ・シャーキー（Amanda Sharkey）とノエル・シャーキー（Noel Sharkey）は、高齢者のための介護テクノロジーに関する議論で、いくつかの問題を提起している。ロボットが自ら判断してわたしたちの身の回りの世話をし、スマートホームシステムが自動で家全体を管理、制御して安全を確保し、パロやペッパーのような伴侶ロボットがそばにいるという状況では、わたしたちが自分の生活をコントロールする力を過度に失ってしまう恐れはないだろうか？　火災を監視し、家に一人でいるときに転倒したら救急車を出動させるという名目で、年を取った自分たちの生活が逐一モニタリングされるとしたら、わたしたちはプライバシーを持った個人ではなく、ただ安全と保護の対象としてのみ存在することになるかもしれない。何より、アマンダとノエルの指摘する重要な問題は、介護テクノロジーの発展が、高齢者の社会とのつながりを奪うことになりかねないという点だ。[14]

障害者や高齢者など介護が必要な人（特に都会暮らしの人）の多くは、家で一人で過ごしている。彼らが顔を合わせてコミュニケーションする相手は、家族の一部かヘルパーのみ。老人会館や福祉館もないとなれば、昼間に誰かと交流する機会は皆無に近い。進化した介護テクノロジーが今のように盛んに導入されて、トヨタの生活支援ロボットが身体の不自由な一人暮らしの人の食事を準備し、ペッパーが話し相手になり、パナソニックのロボットが髪を洗い、ジョージア工科大学の清拭ロボットが身体の垢を認識して九六％まで落とすとしたら、数少ない来訪者だった家族やヘルパーの訪問までぐっと減ってしまうのではないだろうか？

もちろん、わざわざ直接対面する必要があるのか、という反問もあるだろう。高齢者にも操作が簡単なインターフェースで、遠く離れた家族やヘルパーと画面越しに対面できるようにしてくれるロボットもある。イギリスやアメリカのスタートアップ企業が開発したルディー（Rudy）やエリーキュー（ElliQ）などがその例だ。これらのロボットは、現在わたしたちが日常的に使用しているＡＩスピーカーより情緒的な交流面での機能が優れており、扱いやすいインターフェースを基盤としている。利用者と直接対話するだけでなく、ＳＮＳと連動して、家に一人でいる人と外部の人とを便利につないでくれる。社会的相互作用そのものを高めるには、こういうタイプのテクノロジーを積極的に導入するのが効果的かもしれない。

それでも、誰かと直接会う「対面（face-to-face）」相互作用の価値を放棄してもいいのか、という点については、依然として疑問が残る。人間が完全にデジタル世界の「情報パターン」に変換されない限り、身体（顔）を持つ他人と面と向かってコミュニケーションするときの経験を、デジタルインターフェースがそっくり再現することはできないからだ（うんと遠い未来には変わるかもしれないが）。同じ時空間で、ある存在と対面すること、哲学で現前（presence）ともいうこの「直接会うこと」の力は、舞台芸術を考えてみるとわかりやすい。[15] YouTubeでも「白鳥の湖」や「ジゼル」といったクラシックバレエのトップレベルのステージを鑑賞することはできるが、バレエファンはわざわざ大枚をはたいて

「芸術の殿堂」まで観にいく。イギリスの国立劇場ロイヤル・ナショナル・シアターはNT Liveというサービスを通して、世界レベルの公演をYouTubeとは次元の違う画質、音響で提供している。これは韓国国立劇場の巨大スクリーンでも上映されるが、やはり役者の息遣いまで感じられる実際のステージにはとてもかなわない。わたしたちは誰かと一つの時空間を共有して初めてその人を、イメージや音としてだけでなく、立体的で多面的な存在として実感できるのだ。

わたしが自分の「アバター」を捨て、車椅子に乗った状態で誰かと直接会うのが平気になったのは、やむにやまれず世の中に出ていき、さまざまな場面で他人と会うようになってからだ。地下鉄で乗り合わせた乗客や、制服を着て学校で共に過ごした友人、スーパーの店員や買い物客には、時に戸惑い、しばしば不愉快にさせられたけれど、すぐに慣れた。物理的な世界で他人と会うことには多少の危険がつきものだ。他人というのはそもそも、各種ウイルスや細菌、偏見、異なる思想、同意しがたい理念の「運び屋」だ。新型コロナウイルスがもたらした状況がまざまざと示しているように、ソーシャルディスタンス（物理的な距離の確保）はわれわれの生物学的な安全を守ってくれる。けれど、よく知った居心地のいいコミュニティーから外の世界へと出ていくとき、オープンな相互作用の場へと踏み出すとき、わたしたちはその危険や不一致の中でしか得られない友情や歓待、愛、連帯と出合うことができる。政治思想家アイリス・ヤング（Iris Young）は、このように人と人との無数の（対面しての）出会いと別れの可能性を秘めた都市生活を「エロティック」だと表現した。そして、そうした都市生活の魅力を保ちながら安全で正義ある社会をつくるための核心的な価値として「差異」を挙げている。[16]

カフェの店員と対面せずにスマートフォンでコーヒーの注文ができるモバイルオーダー機能が導入

されると、聴覚障害のある友人は喜んだ。訝しげな目を向ける店員に「フラペチーノにシナモンをトッピングして……」と、たどたどしく説明しなくてもよくなったからだ。これは、友人にとっては本当にいいことだと思う。だが、すべてがこのモバイルオーダー式で動く社会になった場合、聴覚障害者が自分の声や手話で話し、非聴覚障害者がそれを聞く、というコミュニケーションはもう生まれなくなるのだと思うと、少し複雑な気持ちになる。そういう世界は常に「安全」ではあるだろうが、差異を尊重する必要はなくなり、差異が生み出す「継ぎ目」もなくなってしまうだろう。

連立の存在論――「共にあること」を助ける技術

介護テクノロジーの発展がわたしたちをただの「安全と保護の対象」に転落させ、自律性を奪ってしまうのではないかという懸念について考えてみよう。認知的な障害を伴う障害者や、それと似た状況にあると言えるアルツハイマー病の高齢者のための介護テクノロジーは、特に論争の的になる。彼らは身体活動には特に問題はないが、道に迷ったり飲んではいけない薬を飲んだりするなど、日常生活に必要な情報を処理し、目的に見合った行動をとることが困難だ。うまく設計されたＡＩの介護システムは、そういう人たちのためにデータを収集、処理し、行動を促し、多額の出費や危険を伴う行為を回避するよう、特定の方向へと行動を誘導することができる。

現状、家族や社会福祉士、ヘルパーがその役割を担っている。薬を正しく飲んだか確認し、外出時は道に迷わないよう手助けし、コーヒーを控えるよう言われている人には適量にするよう促す。だが人間の介護者（carer）はしばしば行き過ぎてしまう。成人の発達障害者は成人である以上、自分の判断で、飲みたいだけコーヒーを飲むことができる。それで健康を害するとしても、それは本人の負うべきことだ（逆流性食道炎のあるわたしは医者からコーヒーを控えるよう言われているが、それを無視して一日に二杯飲む）。もちろん、認知的な障害のある人は、健康にどれくらいの害があるのか判断できないかもしれないし、医者の言葉の重要性を理解できない場合もあるだろう。介護者は、コーヒーを控えるべき理由をできる限り説明し、量を減らすように言うことはできても、強制的に禁止する権利はない。にもかかわらず人間の介護者は、健康を心配するあまりコーヒーを隠し、飲もうとすると無理やり取り上げる。人工知能によって特定の行動を誘導、禁止するシステムと、人間の介護者のうち、介護が必要な人の自律性をより侵害するのはどちらだろうか。

人間は、その意図が「その人のことを思って」という善良なものであるにせよ、ないにせよ、介護される人の自律性を奪ってしまいがちだ。だが、また一方で、人間はこの問題について悩み、話し合う。わたしはときどき障害者居住施設の職員を相手に人権に関する講義をするのだが、コーヒーやコーラにまつわる問いはしばしば登場する。血糖値が高いので甘いものは控えるよう医者から言われている利用者にどう対応すべきか、というものだ。実際、人権に関する講義の時間でもない限り、日常生活でこのような話し合いの場を持つのは難しい。特に障害者居住施設や療養保護施設のように、一定の集団に介護を提供する空間ではなおのことだ。それでも（良識ある）介護者たちは頭を悩ませ、個人の権利を尊重しつつ大切な健康を守る方法を模索する。介護者と介護を受ける者の関係は無数に存在するため、いくつかの原則だけでは解決できない新たな倫理的な問いが、絶えず、際限なく浮上してくる。そういう問いを完全に無視できる人はいないし、最も賢明な答えを導き出そうと努力している人も少なくない。

介護テクノロジーの発展においても、認知的な障害のある人の「自由な選択」と「健康の保護」というジレンマの中で折り合いをつけていくことは不可能ではないはずだ。認知症の進んだ七五歳のAさんのために、彼がコーヒーを好む度合い、血糖値のレベル、コーヒーミックス（砂糖、脱脂粉乳入りスティックコーヒー）摂取後の血糖値上昇の相関関係を考慮しつつ、認知症になる前の言動から、彼が自由な選択権と健康維持という価値をそれぞれどの程度重視していたかを推測してみることも可能だろう。Aさんに関するデータが蓄積していくにつれ、彼の行動に介入する介護も慎重できめ細かなものになっていくはずだ。アメリカのテラドック・ヘルス（Teladoc Health）をはじめとする遠隔医療サービスの企業はすでに、糖尿病や精神疾患などに関する利用者データを収集して一定程度の行動変容を促す試みにも取り組んでいるので、はるか遠い未来の話というわけでもない。

だが、そのようなシステムが、個別の事案について話し合う介護コミュニティーよりも、個人の自由をより完全な形で保障する方法だと言い切れるだろうか？　数年前、「糖尿とコーヒーミックス」に関して討論していたとき、こんな話を聞いた。ある障害者居住施設に、糖尿病が深刻な状態であるにもかかわらずコーヒーミックスを一日に一〇杯以上飲む利用者がいた。いくら説得しても減らそうとしなかった。施設では彼の健康問題について頭を悩ませていたのだが、ある日社会福祉士が別の場所で、自閉性障害者が紙をちぎる行動を繰り返しているのを目にして、その利用者のことが頭に浮かんだという。もしかして彼はコーヒーではなく、コーヒーミックスの袋をちぎるのが好きなのではないか（実際にそうだった！）。現実の介護コミュニティーは、われわれが想像する未来の介護システムに比べると非効率的で安定していないように見えるが、常に別の存在とつながっているため、介護をめぐる問いを解体することもできる。発達障害者に重度の糖尿病がある場合、強制的にでもコーヒーミックスをやめさせるべきか、という介護倫理の問題は、自己決定権と健康の保護という「価値の衝突」をめぐる問いのように見えた。だが、手で紙をちぎる自閉性障害者という「他者」とつながることで、介護の対象と目的が完全に別の次元へと移行した。完全な介護システムより他者とのつながりが大事であることには、直接対面して心身両面から介護するという道徳的な意味だけでなく、それ以上のもっと大きな理由があるのだ。

高齢者や障害者を介護する技術が目指すべきは、個人をほかの存在とうまくつないであげることではないだろうか。実際に、日本の高齢者は家でペッパーとだけ会話して隣近所や子どもと疎遠になっているのではなく、ペッパーを「通して」ほかの人たちとつながっている。ペッパーの愛嬌のある不思議な姿が人々を引き寄せるのだ。高齢者と「遊んでくれる」ロボットではなく、人々を集わせるロボットを想像してみることは充分可能だ。発達障害者の「コーヒーを飲む」行動を制限する精巧なスマートホームシステムを構築する代わりに、たとえコーヒーが多少健康を害することになっても、なぜコーヒーをやめたくないのかを本人がきちんと伝えられるコミュニケーションデバイスを作ることもできるだろう。障害者にある特定の行動を「させる」ための道具ではなく、障害者の行動の理由を非障害者が理解できるように助けるコミュニケーション補助器具を、だ。

一方、介護者をケアする技術も非常に重要だ。誰かを長期間介護する人の心理状態をチェックし、時間があるときは互いにケア労働を分担し合う社会的、技術的プラットフォームを綿密に設計するこ

「エメラルドシティー」(2019年の展示会「正常軌道」)
思いもしなかった世界やアイデンティティーへとわたしたちを導くこの「他者」たちは，揺るぎないと信じていた知識や技術，思想，政治的信念，知恵といったものの滑らかな秩序に，エラーとして登場する．

ともできる。車椅子に乗っている人も、子どもの世話をしたり、高齢の親の「保護者」として病院に付き添ったりできるシステムを考えてみることも可能だ。重度障害者がロボットの助けを借りてネコの世話をし、そのネコは非障害者である家族を心理的にケアし、その家族は重度障害者を支える、という場面を想像してみてほしい。このケアの循環の中には、重い障害のある人を含めて、一方的にケアをしたりされたりするだけの存在はいない。

障害者の人権運動家キム・ドヒョンは、障害者運動の目標とは「自立ではなく連立を、基本的な生の条件として目指すこと」であり、また自己決定権（自律性）とは「相互依存的な関係の中で、複数の主体が互いの意見や判断を共有、調整しながら実現すべき権利」であると強調する。[17] わたしは、連立とは、今ここに生きている人たちの協力や連帯、連結にとどまらず、いつ登場するかわからない「他者」ともつながる生である、と言いたい。他者とは、わたしを手助けしてくれるヘルパーであり、盲導犬であり、車椅子であり、補聴器、オートボックス、青テープであり、友人、観客、読者たちだ。それは同時に他者は、今はそばにいないけれど、将来いつか登場するかもしれない何らかの存在だ。それは紙をちぎる行動を繰り返す人かもしれないし、鏡の中から「おまえはいったい誰だ？」と問いかけてくる奇妙な姿の一〇代の少年かもしれないし、彗星のごとく現れてかつて見たこともない宇宙のヒーローを描き出すSF小説家かもしれない。もしかしたら動物の顔かもしれない。思いもしなかった世界やアイデンティティーへとわたしたちを導くこの「他者」たちは、揺るぎないと信じていた知識や技術、思想、政治的信念、知恵といったものの滑らかな秩序に、エラーとして登場する。介護コミュニティーは、そうしたエラーを排除し、追いやり、完全に治療して無きものとするのではなく、エラーが生み出した継ぎ目から新たな探査を始める。他者を助け、他者として助け、他者を助けることを助けつつ、未来の他者の出現を歓迎する知識や技術とは、どんな顔をしているだろうか。

注

1　財団の設立集会に参加した人たちは卵子提供の意思を表明し、なかには四〇代の母親と二〇代の娘が共に提供を申し出たケースもあった(「『研究用卵子寄贈』民間財団発足」、『中央日報』、二〇〇五年一一月二二日)。

2　「ファン教授『卵子提供あれば幹細胞再現』」、『ソウル新聞』、二〇〇六年一月二日。

3　チョン・ヒギョン、「市民としてケアし、ケアされること」、生涯文化研究所オッキサロン編、『夜中三時の身体たちへ――病気、ケア、老年についてのもう一つの物語』、ポムナレチェク、二〇二〇、四八ページ。

4　統計庁の生活時間調査によると、既婚女性は、働きに出ている場合でも、ケア・家事労働に従事する時間が無職の夫より三倍も長いことがわかった。働く女性はケア(三三・四分)と家事(一七四・九分)に一日平均二〇八・三分使っているのに対し、男性は無職の場合でもケア(一八・二分)と家事(五四分)に使うのは七二・二分にとどまっていた(「ケア・家事労働、働く妻は一日二〇八分……無職の夫は七二分」、『中央SUNDAY』、二〇一八年四月二一日)。

5　イ・スヨンさんはインタビューで、卵子寄贈財団の理事長を引き受けたのは家族に障害者がいるからでもあるけれど、卵子提供のプロセスを安全なものとし女性の健康を守りたいという趣旨でもあったと述べている(「卵子寄贈の誤解を解いてほしい」、『メディアオヌル』、二〇〇五年一二月一一日)。そうした努力は実際に切実だった。卵子を提供した女性の中には副作用で苦しむ人もいた。ミズメディ病院などで卵子を採取する処置を受け後遺症に苦しんでいた女性たちは、国家と病院を相手取って提訴した。採卵から一四カ月が過ぎた時点で大韓民国を相手に損害賠償を請求する訴訟を起こした被害女性は、「採卵の危険性や副作用について まったく説明されなかった」とし、「同意書を交わす際、副作用についての言及はあったが、それは自分が経験した苦痛に比べると軽い症状だった。不妊や死亡に至ることもあるという事実はまったく知らなかった」と述べている。「今も身体障害や不眠、食欲不振などの症状が続いているけれど、それよりもっと不安なのは、この先妊娠できないかもしれないということです」(「〔現場〕卵子の採取、その後……『後悔と怒り』の一四カ月」)、『ハンギョレ』、二〇〇六年四月二一日)。

6　生命倫理の論争において、おおむね保守的な立場を取るカトリック界でさえ、韓国では強力な反対意見を出せなかった。チョン・ジンソク大司教(当時)がファン・ウソク教授の研究に反対を表明すると、ソウル大教区が慌ててプレスリリースを出すほどだった。ソウル大教区は「カトリックの公式の立場は、ファン・ウソク教授の研究すべてに反対するものではなく、ヒト胚性幹細胞の研究に反対するもの」だと釈明。そのうえで「胚性幹細胞の研究に反対しているからと、まるでカトリック教会が難病患者の苦しみやつらさを無視し、難病の新しい治療法自体を否定していると誤解されているようで、残念に思う」と述べた(「カトリック『ファン・ウソク教授の研究すべてに反対しているのではない』」、『中央日報』、二〇〇五年六月二二日)。

7　ヒト由来物質とは、人体から採取した組織・細胞・血液・体液などの人体構成物、またはそれらから分離した血清、血漿、染色体、DNA(Deoxyribonucleic acid)、RNA(Ribonucleic acid)、タンパク質などを指す(「生命倫理および安全に関する法律」第二条第一一号)。

8　April Glaser, "Watch Toyota's New Robot Assistant Help a Disabled American Vet", *Vox*, June 30, 2017.

9　ソン・ヨンエ、キム・ヒョンジョン、イ・ヒョンギョン、「看護、ロボット、科学技術革命――看護業務を支援するロボットシステム」、『老人看護学会誌』、特別号、二〇一八、一四六〜一四七ページ。

10　ソン・ヨンエ、キム・ヒョンジョン、イ・ヒョンギョン、前掲書、一四八ページ。

11　Journeyman Pictures,「Japanese Robots are Challenging What it Means to be Human」、二〇一七年四月二〇日(https://youtu.be/SlmkFqKDN1M)。このドキュメンタリーは、日本人のロボットとの関わり方をリアルに描

き出している。

12　ソン・ジョンヒ、「認知症老人に対する、動物ロボットを媒介とした仲介プログラムの効果」、『大韓看護学会誌』、三九巻、四号、二〇〇九、五六二～五七三ページ。

13　“Over 80% of Japanese Positive about Robotic Nursing Care”, *Japantimes*, November 15, 2018.

14　Amanda Sharkey and Noel Sharkey, “Granny and the Robots: Ethical Issues in Robot Care for the Elderly”, *Ethics and Information Technology*, Vol. 14, No. 1, March 1, 2012, pp. 27-40.

15　哲学者ヒューバート・ドレイファス（Hubert Dreyfus）は、インターネットが世界を完全に連結しきれない要因として「現前性」を挙げている（ヒューバート・ドレイファス著、チェ・イルマン訳、『インターネットの哲学』、フィロソフィック、二〇一五〔邦訳書『インターネットについて――哲学的考察』、石原孝二訳、産業図書、二〇〇二〕）。

16　アイリス・マリオン・ヤング著、キム・ドギュン、チョ・グク訳、『差異の政治と正義』、モーティブブック、二〇一七〔邦訳書『正義と差異の政治』、飯田文雄ほか訳、法政大学出版局、二〇二〇〕。

17　キム・ドヒョン、『障害学の挑戦』、オウォレポム、二〇一九、三四四ページ。

対談
キム・チョヨプ×キム・ウォニョン

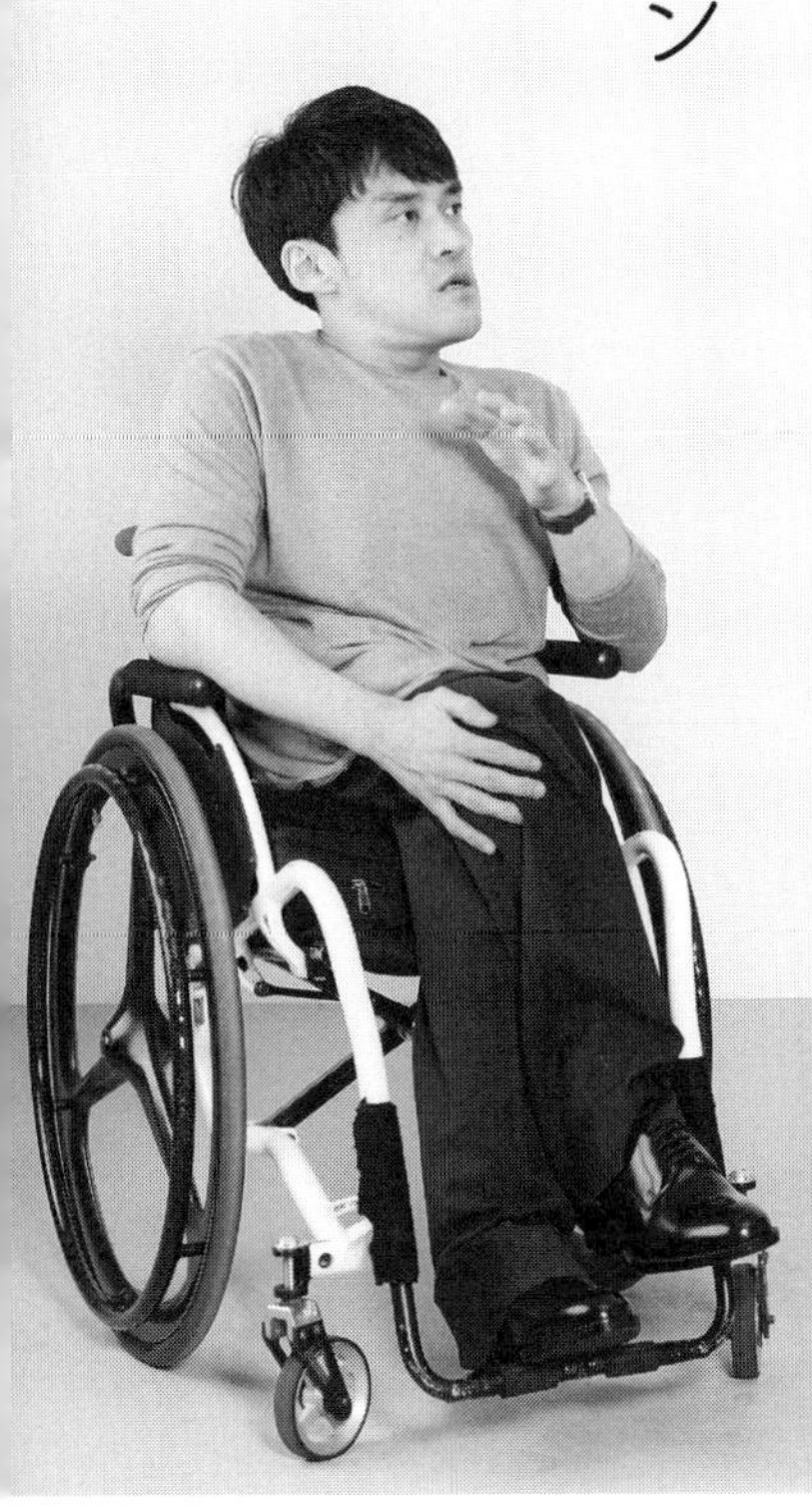

一つのチームになる

チョヨプ　まず、このプロジェクトの始まりについて話してみましょうか。二〇一八年の暮れにウォニョンさんが最初のメールをくださったと記憶しています。わたしたちが共有している考えや、それぞれの「身体」にまつわることを話してみようという提案でしたよね。

ウォニョン　そうです。二年前ですね。科学を専攻した、小説家であると同時に障害者としての悩みを持つ人に出会ったのが嬉しくて連絡したんです。

チョヨプ　以前からウォニョンさんのコラムをよく読んでいましたし、『だれも私たちに「失格の烙印」を押すことはできない』も印象深かったので、メールをいただいて嬉しかったです。ウォニョンさんの本をきっかけに、障害学や障害者運動に関心を持つようにもなりましたし。共同プロジェクトをやってみたらおもしろいだろうなとは思いましたけど、こういうテーマや形式になるとは考えていませんでした。ある程度原稿が完成した今の時点でこの企画を振り返ってみると、当初、一緒に何かやってみようと話していたのとはちょっと違う感じになりましたよね。最初の提案は確か、わたしたちの差異に焦点を当てた企画だったと思います。なので、初稿を書きながら、二人の違いをどうやって表せばいいのか、けっこう悩みました。でもできあがったものを見ると、お互いに注目している点は違っても、目指している方向自体は似通っているように思えます。それぞれがいろいろなところに光を当てながらも、とにかく一緒に進んでいくチームというか。ウォニョンさんが最初に提案されていた「身体」の経験というテーマからも、思ったより遠くまで来たような気がします。

ウォニョンさんと違って、わたしは日常的にも、運動としても「障害者コミュニティー」に属した経験がほとんどないので、これを書いているあいだ、かなり慎重になっていました。当事者ではあるけれど、部外者が何か言っているように見えるんじゃないかという心配があったんだと思います。ウォニョンさんはどういうきっかけでこのプロジェクトを始めようと思われたんですか？「身体」というテーマについてはもう少し話したいことがありますけど、まずはきっかけを聞いてみたいです。

ウォニョン　「はじめに」に書いたように、わたしにとってはファン・ウソク元教授の事件が、科学技術と障害に関して深く考えるようになった最大のきっかけです。科学社会学に関する議論にはずっと関心を持っていたんですが、具体的な行動には移せずにいました。そのうち、いわゆる「第四次産業革命」なんかの話の中に、ウェアラブルロボットを着用した障害者のイメージがまた頻繁に登場するようになって、ファン元教授の事件当時に考えていたことがよみがえってきたんです。ちょうどそんなときにキム・チョヨプという人物に出会って、このプロジェクトをぜひとも一緒にやりたいと考えるようになりました。

おっしゃるとおり、最初は確かに二人の差異について大きな関心を持っていました。わたしたちには障害のタイプやジェンダーでも違いがありますが、一〇年という時間の差（年齢差）が経験や考え方にどのような違いを生み出すのか、特に興味があったんだと思います。その一〇年は、韓国社会における障害者の生活が大きく変化した時期だったので。でも、科学技術に対する考え方の違いは思ったほど大きくないんだな、それぞれ批判的に捉えていることや懸念している部分は似ているなと、何度も思いました。たぶんそれは、わたしたちの生きている時代が、科学技術の大きな転換期（と言っても差し支えないなら）であり、同時にそれに対するさまざまな批判的視点が登場しはじめた時期だったからだと思います。二人がそれぞれ関心を持って読んだテキストが似通っていたというのもあるでしょうし。自分たちは間違いなく、二〇世紀後半の障害者運動や批判的な障害者論の影響を受けて育った人間なんだな、とも思いました。ある意味、それは二人にとっての限界でもあるのだろうけれど。

チョヨプ　一〇年という時間の差を重視されていたんですね。

ウォニョン　そうです。わたしの主観的な感覚では、一九九〇年代後半と二〇〇〇年代後半とではかなり変化しています。

チョヨプ　わたしもウォニョンさんの本を読みながらそう感じました。でも個人的には、これまで障害学や障害者運動に身近に接する機会はなく、非首都圏の大学ではそういう議論がかなり遅れるというのもあって、体感することはできなかったんですが。

ウォニョン　そうでしょうね。でもわたしがFacebookで初めてチョヨプさんの文章を読んで感じたのは、実際に障害者運動の渦中で活動したかとは関係なく、障害に対する新しい捉え方や姿勢を持っている当事者が増えているんだな、ということでした。昔は、いわゆる名門大学に通う人たちが「自分は障害を克服した」というのをアピールすることが多くて、子どもながらにそれがちょっと嫌でしたね（笑）。

チョヨプ　考えてみると、ウォニョンさんがご覧になったというその文章は障害学に接する前に書いたものなのに、ある程度影響は受けていたということでしょうね。

生存以上の話

ウォニョン　でも違う言い方をすれば、それはわたしたち二人の限界ともつながっているような気がします。この本を書いているあいだずっと、サイボーグと障害を結びつけようとする試みはあまりに思弁的で（もちろん思弁的な分析や議論も大事だと思うけれど）、現実の問題とかけ離れているのではないか、キム・チョヨプとキム・ウォニョンという、二一世紀に大学を出た、そのときどきに流行している議論をキャッチしやすい障害者二人が、流行の議論をしているだけではないのか、そんな批判的な問いが、しきりに頭に浮かんでいたんです。でもチョヨプさんが「日常を生きる、今この瞬間のわたしたちにとって役立つ技術」に注目して論じているのを見て、その悩みも少し解消されました。ただ、それでもわたしは、障害のある自分の身体そのもの、自分という存在そのものを新たに認識しなおすきっかけとして、大げさな言い方をすれば「サイボーグ的存在論」を検討してみたいと思ったんです。それは、さっき質問されていた「身体」に関する問題でもあると思いますが。わたしはずっと、身体の具体的な機能（能力）よりも身体の「デザイン」に関心がありました。それは、簡単に言えばただの容姿コンプレックスかもしれませんが、もう少し突っ込んで言うなら、ある身体を「正常」で美しいと規定する力に対する疑問でした。目に見える障害のある人と目に見えない障害のある人の経験の違いかもしれません。機械と結合した身体はどのように解釈され、受け入れられるのか。その身体は単に、女性（とジェンダー化された）サイボーグに付与されるファンタジーのように、フェティッシュ的なものではないのか。いくら機能的に向上しても、見る人に負担を与えるとしたら？　そんな自問を重ねるようになったんです。

チョヨプさんは当初、身体の経験について語るのは難しいとおっしゃっていましたよね。小説家として自分の話をするのは抵抗があるということかな、と思っていました。でもだんだん身体の経験に関する話をたくさん聞かせてくれるようになって、送られてくる原稿を読むのがますます楽しみになりました。

チョヨプ　サイボーグのデザインについての話、わたしも本当に興味深く読みました。共感するテーマではあるけど自分には書けない話だな、とも感じていました。身体とのある種の不一致感とか、標準的な容姿や美しさとは距離がある鏡の中の自分に対する違和感は、自分が感覚障害者だからかもしれませんが、障害者としてというより、女性として経験したことがあると思いました。もちろん、ちょっと種類は違うでしょうけど。

再び「身体」というテーマに戻ると、最初にウォニョンさんが「身体」をテーマに目次を提案してくださったとき、すごく興味深いと感じる一方で、自分に書けるだろうかと心配にもなって。つまり、読んではみたいけれど、自分に書けるかどうかはわからないテーマというか。一度そんなお返事をしたような気もします。障害や病気を扱った本はたいてい身体について語っていますよね。今わたしの本棚にも『もしかしたらおかしな身体』、『拒絶された身体』、『記憶する体』、『普通ではない身体』が並んでいますが、そういう本を読むと、多くの部分で共感しつつも、自分とは一線を画していると感じる部分もあるんです。障害に対するスティグマや苦痛、羞恥心なんかは共有できても、実際の生活の中で経験することはかなり違うので。感覚や精神が身体の一部であるのは違いないのだけど、わたしたちが二元論的な文化の中に生きているからか、または自分の障害の経験が特に社会的なものだからか、「身体」というテーマに感覚の話をうまく盛り込めるか心配でした。だからわたしにとっては今のテーマのほうが、より包括的な話ができるのでよかったです。

そして、さっきおっしゃっていた、サイボーグと障害というテーマが現実とかけ離れているのではないかという件について、わたしの意見もお話ししてみますね。二〇一九年に時事週刊誌『時事ＩＮ』に二人で連載を始めたときもかなり悩んだ部分ですよね。障害者が直面しているもっと切迫した問題はたくさんあるのに、自分たちはあまりに現実離れした話をしているのではないか、と。

ウォニョン　そう。あのときも悩みましたね。

チョヨプ　ええ。わたしもずっと考えていた部分なんですが、この本を書きながら、くしくも二〇二〇年になって障害学界でもこのテーマがかなり話題に上るようになっていることに気づいたんです。今年刊行された障害関連の本の多くが「障害と技術」や「障害の未来と存在論」に、たとえ少しでも言及していました。それに、まるで申し合わせたかのように、今年は各企業が、技術に関する非障害者中心のＰＲ動画を次々と出していますよね。障害者にとって生存も大事ですけど、文化やプライドも大事ですからね。二〇二〇年になってからは、むしろ今こそこの話をしなければならない、今こそ思い切って本を出すべきだと考えるようになりました。障害関連のコラムの執筆陣が「障害と技術」について書いているものも、最近ますますよく見かける気がします。自分の関心がそっちに向いているから、というのもあるでしょうけど。

ウォニョン　わたしも、多機能電動車椅子を購入したキム・サンヒさんの悩みや、引っ越し先の家の「滑らかな」環境（玄関ドアから家電まで操作はすべてタッチパネル式だった）がいかに視覚障害者を排除するかについて述べたキム・ホニョンさんの寄稿文を、この初稿を書き終える直前に『ビーマイナー』[1]で読んで、チョヨプさんと同じようなことを考えました。今、議論すべき論点なんだな、と。

チョヨプ　わたしもその二つのコラムを読んで嬉しくなりました。自分たち以外にもそういうことに関心を持っている人がいたんだな、と。ほかにも『ビーマイナー』の最近の記事では、障害と技術に関連する問題がたくさん取り上げられていて。それに、コラムや紙面といった形でなくても、同じ病気や障害を抱える人たちのオンラインコミュニティーなんかを見てみると、技術に対する楽観と悲観、高価な技術に対するアクセシビリティー問題などについて、多くの当事者が関心を持って意見を交わしていますよね。単に、そういうことが「障害と技術の問題」としてあまり取り上げられていないだけなんだと思いました。

障害と科学技術の複雑な関係を考える

ウォニョン　ですが、こういう問いもありました。チョヨプさんが本文で述べてくれたように、技術によって「初めて音を聞いた瞬間」とか「歩けなかった人が二本の脚で歩く瞬間」を描いた映像コンテンツや、それについているコメントを見ると、びっくりするくらい、揃いも揃って「感動物語」ですよね。コメントの趣旨もどれも同じです。そういう広告動画のはらんでいる技術中心主義とか、いつも障害を不完全なもの、欠けたものとして表現する手法、そしてそれを社会が「感動ポルノ」的に消費することを、わたしは批判的に見ています。ですが、やはり気にもなります。誰かにとっては切実な問題かもしれませんよね。たとえばわたしが本文で紹介した視線マウスの価格は、十数年前は一〇〇〇万ウォン以上していました。その後、二〇一四年に、サムスン電子が企業の社会貢献プロジェクトの一環として普及型の開発に取り組みます。そのことが広く知られて関連研究が盛んになったのですが、そのきっかけとなったのは「延世大学のホーキング」ことシン・ヒョンジンさんでした。彼にとっては本当に必要な、切実な技術だったから。市場の需要は少なくても誰かにとっては切実に必要な技術が開発され、普及していくように努力する。同時に、その過程で、障害者を「その技術に一縷の望みを託す、絶望の中にいる存在」としてのみ描かないようにする。そのためには何が必要か、これは難しい問いでした。

チョヨプ　わたしも同じことで悩んでいました。技術よりも身近な例として、障害当事者が登場するヒューマンドキュメンタリーで考えてみると、たとえそのコンテンツが社会的には障害に対する過度な同情や施しの視線を招くとしても、そこに出ている当事者にとっては間違いなく大きな力になることもある。わたし自身も一〇代のころは家がとても貧しかったので、そういう慈善事業にかなり助けてもらいました。重要なのは慈善ではなくシステムの改善だとわかっていても、そういう施しを差し当たって必要とする人たちがいることも知っているので、一概に悪く言うことはできません。

ただ、この本の執筆のために資料調査をして感じたのは、障害者に役立つ技術を語るにしても、そのトーンはいろいろあるということ。サイバスロンを紹介する記事が良い例だと思います。韓国メディアでは「障害を克服するサイボーグのオリンピック」「やさしい技術」などと紹介していますが、サイバスロンの公式ホームページではそういう慈善や施しといった観点はまったく見られませんでした。むしろ、やけにあっさりしているなと感じるほどです。障害当事者のニーズ、障害者の正義の観点で紹介しようという意図が感じられました。

韓国では、障害当事者に実際に役立つ技術であれ、企業のＰＲが優先されて肝心の当事者のニーズは反映されていない技術であれ、過度に「慈善、施し、温情」の目で見ようとする傾向があります。たとえば、最近話題になった「静かなタクシー（聴覚障害のある運転手が運行し、運転席と後部座席に設置されたタブレットで乗客と意思疎通する）」というのがありますよね。わたしは、聴覚障害当事者と乗客の双方のニーズを満たす、すばらしい技術だと思ったんですが、その宣伝では「やさしい技術」「大統領も感動させた」といった文言を必要以上にアピールしていました。

実は、この静かなタクシーの話も本文に入れるつもりだったんですが、結局やめました。初稿では入っていましたが、そういう宣伝文句を使う企業だけを批判することではないような気がして。結局、韓国社会では、障害者に対する施しや温情に大きな価値が置かれているからではないのか、「障害者のためのアクセシビリティーは社会正義の実現である」という観点が根づいていないからではないのか、と思ったんです。

それで自分なりに導き出した結論は、「企業の技術ＰＲ動画や障害者のためのアクセシビリティー技術が、常に『やさしい』という修飾語とセットになっている点は批判的な目で見るけれど、基本的には『ないよりはいい』」というものです。最後の章で、ＳＦに登場する障害者キャラクターはどれもややステレオタイプな描かれ方をしているけれど登場しないよりはマシだ、と書きましたが、それと同じような考えです。

ウォニョン　科学技術に関する話ではありませんが、数年前、障害のある大学生何人かが江南（カンナム）のクラブに遊びに行った話がインターネットで話題になりました。さまざまな障害のある人たちが、車椅子をこぎ、松葉杖をつきながらクラブに行って楽しい時間を過ごしたというその話を、わたしはすごくおもしろいと思いました。ところが、その話が広まると、クラブ側はすかさず「親切なクラブ○○○」と宣伝しはじめて、そのせいで、どこか規格外で型破りなその話の魅力がすっかり薄れてしまった。なぜでしょうか。また科学の話に戻ると、温情主義的な観点がなくならないのは、単に、それ以外の観点を考えてみないからでしょうか？　それとも、温情主義的な観点を持ちつづけるほうが、宣伝や研究費の調達に有利だからでしょうか？

チョヨプ　どちらの理由もあるでしょうけど、メディアの場合、ほかの観点を考えてみないから、という理由のほうが大きいのでは。なのでわたしは、メディアを少し強いトーンで批判したいです。作家デビューした当時、わたしの聴覚障害を過度に温情的な視線で取り上げたり、やたらと希望や悲哀の物語に仕立て上げようとしたりする記者さんがいましたが、そういう記事が自分の作家活動にプラスになったとは思えないんです。

慈善事業と障害者というテーマについては、それだけで本が書けそうなほど、いろいろ複雑な思いが浮かびます。ポスターチャイルドのことも含めて。それでも、児童支援団体などは「貧困ポルノ」に対する批判を続けていて、その結果、代役の子を使うとか、ガイドラインが作られるといった改善がなされているのを見ると、今は批判することが大事な時期なのだという気がします。とにかくそういう企業の宣伝には「感動的だ」というコメントしかついていないので……。障害当事者の問題提起そのものが可視化されにくい状況なんでしょうね。

ウォニョン　同感です。もう一歩踏み込んでみると、障害に関連する科学技術の流通のされ方や発しているメッセージ、それに対する社会の反応を批判するだけでなく、どういう技術を「生産」すべきかについても新しいアプローチが必要な気がします。視覚障害者の使いやすいキオスク端末をローコストで生産することは不可能ではないはず。でもその研究開発に乗り出す人が少なく、市場性もない、という状況では広がっていきません。人間のどういうニーズに焦点を当てたテクノロジーを開発するのかは、結局、政治と経済の問題でもありますよね。そういう意味で、障害者をはじめとする、技術開発を促進するほどの「購買力」を持つ集団と認識されていない人たちが、もっと積極的に技術に関する議論に参加して声を上げることが重要だと思います。

障害者に必要な技術の開発には、「リハビリ工学研究所」などの専門機関が大きな役割を果たしています。でも、一個人の関心から生まれたアイデアが、高額の予算や最先端の技術に頼ることなく生活を変化させた事例も少なくありません。たとえば、車椅子に乗る娘が地下鉄の乗り換えのたびにエレベーターを探すのに手間取るのを見て車椅子ユーザー向けの地下鉄乗り換え地図を作った、協同組合ムウィ(Muui)のホン・ユニさんのような方もいらっしゃいますね。その地図は現在、地図アプリ「カカオマップ」に入っています。チョヨプさんが紹介していたトドワークスのシム・ジェシンさんの話も、同じような例ですよね。それ以前は、電動車椅子を車に積むにはリフトや改造車両を利用していたんですが、費用がものすごく高かった。また、延世大学の学生たちは、学生街の新村(シンチョン)にある飲食店のバリアフリーマップを作りました。ソウル大学でも数年前、学部生だった障害学生が、通称「シャロスキル」〔ソウル大学近くの、飲食店の集まる通り〕にある飲食店のバリアフリーマップのアプリを作ったり、一階だけどちょっとした段差のある食堂にミニスロープを設置するスタートアップ企業を立ち上げたりもしました。

チョヨプ　おっしゃるとおり、障害当事者のアクセシビリティーの要求が消費者運動という形でしか広まっていかないのでは、明らかに限界がありますよね。障害当事者のアイデアや知識生産に加えて、非障害者の人々の関心や連帯、企業の社会的責任も重要だと思います。これは最近、資料調査をしていて知った事例なんですが、「Twitter の公式アカウントが「ボイスツイート」という、音声メッセージに似た新機能の予告ツイートをしたんです。すると海外の障害者ユーザーをはじめ多くの人が、ボイスツイートは聴覚障害者を排除する機能ではないかと指摘しました。その後公式アカウントは、アクセシビリティーについても検討していると釈明していましたが。各企業がアクセシビリティーに関する部署を設けてしっかり対応してくれたらいいですけど、まだそれが難しいなら、人々の連帯が大きな役割を果たすのではないでしょうか。だからわたしは、ソーシャルメディアや YouTube で展開される障害者運動も重要だと思っています。もちろんメリットばかりではないし、既存のスタイルの運動もとても大事ですけど、大衆性という面においては欠かせない領域だと思います。

身体または存在を公表するきっかけ、オンラインとオフラインで

ウォニョン　そうですね、わたしも新しい媒体の役割は重要だと思います。ただ、ここでまた「身体」に関する話になるんですが、障害者運動では今もまだ、「身体」を持つ存在として物理的空間を占拠したり、特定の場所を占有したりしながら現場で声を上げることが重要だと考えられているよう

です。わたし自身の考えもそれに近い。デジタル空間では、わたしもチョヨプさんも誰よりも自由だし、差別を経験することはありませんよね。キーボードでの文字入力に支障はないし、文章の読み書きも問題なくできますから。でもわたしは、障害のある人が究極的に社会に受け入れられて一人の同等な市民になるためには、障害のある身体そのものが持っている力を示すべきだと思うんです。

チョヨプ　ああ、そうですよね。以前『ビーマイナー』ですごく印象的なインタビューを読んだんです。街頭での闘争を物理的に組織するのがどうして重要なのかについての話でした。障害者が街頭を占拠することは重要だと。

ウォニョン　デモのような直接的な政治行動に限らず、日常でも、障害のある身体が物理的にあちこちに存在していることはとても重要だと、よく思うんです。そういう意味で、デジタル化された社会はむしろ、障害のある身体を社会の実在空間からますます疎外してしまうのではないかとも思ってみたり。本文の最後の章で少し触れたことですが。

チョヨプ　共感しますが、わたしはオンラインが非常に有用な道具だと考えます。ウォニョンさんの場合はどうだったかわかりませんが、わたしは日常的に、自分がその場で唯一の障害者である、ということがほとんどでした。もちろん、わたしのように見た目ではわからない障害者がほかにもいたんでしょうけど、お互いに相手の存在には気づいていなくて。ほかの障害者と出会って親しくなったのは、ソウルで開かれた障害学生の就職説明会とか海外研修プログラムに参加したときが初めてでした。韓国では、クィアや障害学生、フェミニストが初めて孤立状態から脱するきっかけとなるのが大学、というケースが多いですよね。非首都圏に住んでいるとか、大学に進学できないような場合には、自分と同じ少数者性を持つ他人と出会う機会が限られるのではないかと思うんです。

　わたしたちが自分のことを何か公表しようとするとき、自分一人でそう決心するのは難しくて、「二人目の人」とつながるきっかけが必要ですよね。わたしがそうだったように、オフラインの世界ではその「二人目の人」と出会うきっかけがほとんどない人もたくさんいます。非障害者ばかりの社会の中で孤立してしまうんですね。そんなふうに孤立していた障害者にとっては、オンラインが貴重なきっかけになると思うんです。それがまたオフラインにもつながっていけばもっといいでしょうし。おっしゃるとおり、現実の世界で存在を現していくことも重要ですから。

　そういうきっかけを得ることに関しても、見た目でわかる障害を持つ人と、わからない障害を持つ人とでは、また違った経験をすると思います。わたしが聴覚障害を公表したあと、実は自分にも聴力の損傷があるとか、片耳が聞こえないとか、そっと打ち明けてくれる人がたくさんいたんです。

ウォニョン　わたしにとっては興味深い話ですね。わたしは過去に（最近も）「自分の周りには障害者が一人もいない」ことをやや誇らしげに話す人に会ったことがあります。自分には非障害者の恋人、家族、友人しかいないということを強調しているんです。わたしにはその人が「自分は（障害があるにもかかわらず）特に差別されたことも、疎外されたこともない」と、変なマウントを取ろうとしているように感じられました。そこまでではなくても、社会的少数者とされる人たちとのつながりが少ないほうが平凡で正常な生活を送れるのではないか、という期待のようなものが、多くの人にあったんじゃないかな。でも今は、少数者運動や、少数者コミュニティーの歴史や空間とつながっていなかったことを残念に思う人がいる、ということですよね。特にチョヨプさんは、そういうつながりがなかったことを自身の限界のように捉えていますよね。

チョヨプ　誇らしげに話していたという人たちも、実は孤立感を抱えていたんじゃないかなと思います。わたしにとっては、二〇代になって障害学に接したのも、オンライン上で緩やかながらもほかの人とつながったのも、自分の障害者アイデンティティーを形成していくうえでとても大事なことでした。もちろん、障害というのはすごく複雑で多層的なアイデンティティーなので、ほかの障害者と会うことが最初から楽しくて愉快な経験だったとは言えません。わたしも初めて障害のある大学生たちと海外研修の準備をすることになったとき、違和感もあったし、なんだか妙な気分でした。

ウォニョン　妙な気分がしたのはどうしてですか。

チョヨプ　自分の中にも非障害者の視線があったんだと思います。障害学生のイベントに行ったんですが、前方では文字通訳と手話通訳が提供されていて、イベントは全般的にどこか散漫な雰囲気のなか、のんびりしたペースで進められていました。誰かを手助けしたり、誰かに手助けされたりという姿があちこちで見られたんですが、そんな雰囲気がなんとなく居心地悪く感じられたんです。自分自身もその文字通訳に頼っているにもかかわらず、自分がそこにいる、手助けが必要な人たちの一人であるということが受け入れがたかったんです。ウォニョンさんはこの本でも、以前出された本でも、障害者の友人たちの中で「自分はあいつらより自立してるんだ」みたいな、微妙な気持ちを感じた経験を書いてらっしゃいましたよね。わたしが最初に抱いたのも同じような感情でした。自分の依存性は認めたくないのに、ほかの障害者に会うと自分自身から目を背けられなくなるんです。

でも、障害を単に個人の欠落や欠陥として見るのではなくアイデンティティーの問題として再規定していく過程においては、ほかの障害者とのつながりは本当に重要な役割をすると思います。そのことについて深く考えたことはありませんでしたが、今回、イーライ・クレアの『亡命とプライド』を読みながら、あらためて考えてみるようになりました。自分と同じアイデンティティーを持つ人たちに会う前は、自分をどう規定すればいいのかわからなかったんだと思います。

ウォニョン　アンドリュー・ソロモンは、同時代を生きる、似た経験を持つ人たちの「水平的アイデンティティー」を強調しつつ、それがインターネット時代に享受できる貴重な連帯だという趣旨で語っていますよね。わたしたちは、異なる文化、異なる都市に属していても自分と同じような経験を持つ人を見つけられる時代に生きていますから。今話しているようなことを対談に載せてもいいのかわかりませんが、チョヨプさんとこういう話ができてとても嬉しいです。

チョヨプ　ええ。わたしも興味深いです。現実の世界で孤立している人が「水平的アイデンティティー」を持つ他人とつながるのにオンラインはとても重要だと思いますし、そのつながりをまたオフラインへと持ってこられたらいいですよね。

障害の経験の固有性

チョヨプ　今回の本、書くのが難しくありませんでしたか？

ウォニョン　そうですね……難しかったですね。

チョヨプ　テーマに対する関心や興味は別にして、わたしは『時事ＩＮ』に二人で連載していたころからずっと頭を悩ませていました。障害に対する科学技術や医学の捉え方を批判しつつ、同時に、障害者のサイボーグ的存在論や障害者が中心となるテクノサイエンスについて考える、ということですよね。わたしには特に後者が難しかったです。ポストヒューマニズムに関する本はすごくたくさん出ているのに、障害の観点でポストヒューマンについて書いたものはあまりありませんでした。絶対的な量の差があるというか。

ウォニョン　そうですね。とてもデリケートなテーマだと考えられているのか……。

チョヨプ　そして科学技術社会論、いわゆるＳＴＳの分野でも、「フェミニスト技術科学研究」はすでに数十年前から存在している重要な分科ですよね。なのに障害学とＳＴＳを結びつけたテーマは、海外でもごく最近になってようやく論じられるようになったんです。それと、これはわたしの書いたパートに限られる話ですが、ＳＦを障害学の観点で読んだ批評も多くはないです。当初、資料調査を始めたときは海外の資料がたっぷりあるだろうと期待していたんですが、そうでもありませんでした。英語の資料しか調査していないというのもありますが、障害ＳＦアンソロジーと批評書が何冊かと、学術ジャーナルの特集くらいしか見当たりませんでした。

ウォニョン　確かに文献は多くないですね。わたしは「クリップ・テクノサイエンス宣言」を読んで感銘を受けたんですが、それを掲載していた雑誌で特集として何本か論文を載せていたくらいで、具体的な事例はほとんど見かけませんでした。

チョヨプ　わたしの紹介した参考資料も、その分野でたくさん引用されている論文というより、まだ議論されはじめたばかりのものが多いです。重要でないからではなくて、あまり注目されていないからだろうなと。わたしは学者ではないので、新しい何かを提示するというより、ノンフィクションを書く小説家として「こういう議論がありますよ」と広く一般に紹介できるのではないかと考えました。そういう議論を韓国でも紹介して、一緒に考えてみましょうと読者のみなさんに提案するという意味で。お話を聞いていると、ウォニョンさんはそれにとどまらず、もう一歩踏み出したいと思われていたようですね。

ウォニョン　技術に関する議論はかつてないほど爆発的に増えていますが、障害のある人の具体的な経験や悩みはまだ充分に知られていませんよね。なのでわたしも、まずは、障害者がどういう悩みを抱えていて、技術に対してどのくらい新しい認識を持っているのかを読者に紹介することが重要だと考えました。そういう悩みは、技術の開発者やユーザーに障害を理解させるためのものであるだけでなく、（大げさに言えば）新しい「世界観」ともつながっていることを伝えたかったというか。ポストヒューマニズム内部のさまざまな主張をはじめ、人間中心主義的な哲学から脱却しようとする現代哲学の議論が数多く展開されていますが、障害という経験はそうした議論に多くの洞察を与えると思うんです。この本では触れられなかった話もたくさんありますが、二〇二〇年代が始まったこのタイミングで、チョヨプさんとわたしがこういう話をこういう形式で語り合うということ自体が何より重要だと考えます。読者のみなさんに真剣に、楽しく読んでもらえる本になればと思います。

チョヨプ　そうですね。わたしもみなさんに、できるだけ興味深く、新たな領域への探求として読んでもらいたいと思っています。本文で紹介した伊藤亜紗の別の著書（『目の見えない人は世界をどう見ているのか』）には、著者が全盲の男性に、見える人にとっての想像力とは何かについて説明する場面が出てきます。説明を聞きおえた男性は「なるほど、そっちの見える世界の話も面白いねぇ！」と言うんですが、そういう感じのアプローチも、ある程度は必要だなと思います。障害を扱う本では。

ウォニョン　それはわたしたちが「障害の経験の豊かさ」というテーマで書いてみようとしていたことですね。わたしはあまり触れられませんでしたが、チョヨプさんは第9章で書いてくれましたね。

チョヨプ　実はそういう話をもっと書いてみたかったんですが、少し慎重になった面もあります。先ほども話に出ましたが「これは本当に差し迫った問題なのか？」とセルフブレーキをかけてしまって。

ウォニョン　自分と異なる「感覚、身体、精神」の経験に注目すること、その経験は単なる欠如ではなく一種の豊かさでもあること、それによって得られる洞察があること。そういうことを強調するのは、この本の前提を強化することだと思います。それにしても「セルフブレーキ」ですか……。

チョヨプ　それでも一応、少しは触れられました。いつか「自己検閲」からもう少し自由になって書いてみたいです。

ウォニョン　チョヨプさんに聞いてみたかったことがあるんです。人は普通、自分のある条件から自分を守るために、その条件を「外化」するという手段を取ることもありますよね。たとえば精神的なトラウマがあるとしたら、そのトラウマの経験を自分とは切り離して見ようとしたり。チョヨプさんは、補聴器を自分と切り離して見ることが、自分自身を聴覚障害者として「だけ」捉えないようにするのに役立つと思ったことはありますか？　わたしはそれについて悩むことが多かったんです。わたしの場合は、車椅子を身体の一部と考えることが、障害をアイデンティティーとして、自分の生の一つの要素として捉えるのに役立ちました。でもわたしのアイデンティティーは障害者「だけ」ではないですよね。それに、誰かにとっては、補助機器を「外化」することが自分を守ることになるのかもしれませんし。特に後天的障害者の場合は。いきなり重い質問をしてしまいましたが。

チョヨプ　補助機器を外化するというのはどういう意味でしょうか。自分とは別のもの、ただの道具と見るということですか？

ウォニョン　この本の論調からは少し外れる形になりますが、その機械を完全に客観的な、ただのモノとして見るという意味です。

チョヨプ　ああ、なるほど。そういうふうに捉えようとしたことはありませんが、実際、補助機器にまつわる経験は、ウォニョンさんと私とではかなり違うと思います。

ウォニョン　そうですよね。だから興味があるんです。

チョヨプ　ウォニョンさんと違って、わたしは補助機器を身につけていない時間のほうがはるかに長いんです。外出するときも、会議やイベントがあるのでなければ補聴器は使いません。最近、異物感の比較的少ないものを新調したので、前よりはよく使うようになりましたけど、基本的に補聴器はわたしにとっては異物に近いというか。つけた途端に外したくなるような。

ウォニョン　そうなんですね。

チョヨプ　なので、聴覚障害を補聴器に投影するということはないですね。その代わり、補聴器が聴覚障害の「烙印」のように作用しているという感覚は、確実にあります。わたしにとっては別々の感じなんです。聴覚障害はただ自分にあるもの。補聴器は自分の障害を投影する対象というより、ちょっと厄介な補助機器。そしてそれを人目にさらすことは障害の烙印を外部にさらすこと（そう捉えるべきではないけれど、社会的にそう捉えられている）。そういう三つの層があるんです。

ウォニョン　チョヨプさんは、音がよく聞こえる、聞こえないとは関係なく、補聴器をつけていないときのほうが本来の自分だと感じるようですね。第6章で引用したエイミー・マリンズの話のように、わたしは車椅子がないと素っ裸になった気分になるんです。

チョヨプ　その点では二人の経験に大きな違いがありますね。

ウォニョン　でもおもしろいのは、わたしは車椅子がなくてもちゃんと移動できるという点です。階段も上れます。両手、両足で普通に動けるんです。もし火事が起きたら、車椅子は捨てて両腕を使って階段を下りていくでしょうね。ダンス公演なんかでは、あえて車椅子なしで動く方法を模索していきます。でも練習のときも本番の舞台でも、すごくやりづらいんです。本当に裸になっている感じがするので。

チョヨプ　そういう感覚、車椅子がないと落ち着かないという感じはどこから来るものなんでしょう？　他人の視線から来るものでしょうか？　エイミー・マリンズのエピソードを読んで、ウォニョンさんの場合はどうなんだろうと思っていました。

ウォニョン　はっきりとはわかりません。たぶん車椅子に乗っていない状態で人前に出たことがほとんどないからでしょうね。それと、これはただ自分がそう思っているだけかもしれませんが、自分の身体の造形的な「非対称性」は車椅子に乗らないとカバーできないと、長いあいだ思い込んでいたからかもしれません。

チョヨプ　ウォニョンさんは家にいるときも車椅子に長時間乗ってらっしゃるんですか？

ウォニョン　誰もいないので、家ではあまり乗りませんね。

チョヨプ　それなら、「見られる」ことが一定の要因になっているのは間違いなさそうですね。

ウォニョン　確かに、他人に見られることと関係していると思います。でも、家に一人でいるときでも、きちんとした服を着たり化粧をしたりしているほうが、自分が完全な状態だと感じる人もいますよね。家では車椅子なしのほうが便利なので乗らないというのもあるんですが、わたしもそれと同じように、人の目がなくても、車椅子の上にきちんと座って、ハンドリムを握って車輪をこいで移動するときのほうが、一人の人格体として完全な状態だという感じがするんです。つまり、そう感じるようになったのは他人の視線が原因だったはずなのに、その視線が自分の心の中でも作動しているということですね。

チョヨプ　いろいろ思うところがあります。わたしも、誰かと会って、ちゃんと話を聞き取らないといけないときだけ補聴器を使うという点では……同じではないけど、似たような経験なのかなと。会議やイベントがあるときは、補聴器を忘れないようにしなくちゃと思って、ちょっと緊張するんです。忘れたことはありませんけど、もし忘れていったらものすごく不安になるはず。

ウォニョン　そうでしょうね。わたしがよくわからないのはそこなんです。補助機器を自分の身体の一部と考えるのは、自分のアイデンティティーを新たに規定することだと思うんですが、でももしかしたら、むしろ極めて防御的な、つまり「正常な」人間でありたいがために、やむを得ず取る手段に過ぎないんじゃないのか、と。

チョヨプ　わたしは、補助機器を身体の一部と考えることを防御的だとか、正常性に対する渇望によるものだとは思いません。そもそも補助機器を身体の一部と捉える感覚自体、障害の種類によってかなり違うし、人によっても千差万別なので。むしろ、ウォニョンさんという個人が自分の身体の固有な経験を自分のものにしていく過程の一部だという気がします。もし補聴器のつけ心地がよくて、異物感もないとしたら、わたしはたぶん一日じゅうつけていると思います。なんだかんだ言っても、補助機器は機能的なメリットがあるので。異物感のある補聴器を長時間つけて会話するのはわたしにとってはかなり体力を消耗することなんですが、ウォニョンさんは車椅子に乗ってもそういうことはありませんよね。

ウォニョン　補聴器と車椅子ではユーザーの経験も違うのはわかっていましたが、こうして具体的に話してみるとますます興味深いですね。こういう点を見るだけでも、技術との結合を憧れの対象にしたり先入観で見たりすることは望ましくないばかりか、いかに現実とかけ離れているかもわかります。チョヨプさんが本文の後半で書いていた「サイボーグニュートラル」という概念にも通じることですよね。

チョヨプ　補助機器と結合している状態、結合していない状態、そしてそのあいだにある状態、そのいずれもそれ自体で価値判断を下さない、という点では関連があると言えますね。補助機器と障害者の身体との関係も、人によってまったく異なる固有な経験であると考えるべきでしょう。補助機器を身体の一部と感じるサイボーグもいれば、補助機器とのつながりを絶ちたいと思うサイボーグもいる、そんなふうにさまざまなスタイルがあるんだろうと思います。

誰の言葉だったか思い出せなくて引用できずにいるんですけど、ソーシャルメディアでフォローしている障害学者の一人が「サイボーグの経験の中で最高の瞬間は、機械から切り離されるときだ」と言っていました。補聴器を外すと実に楽だ、と。それを読んで本当に共感したんですが、一方で、すべての補助機器ユーザーがそう感じるわけではありませんよね。それに、楽であろうとなかろうと、それとつながった状態（移植されているか、それに近い状態）で生きていくしかない人もいますし。『記憶する体』で障害者の身体の記憶を紹介した伊藤亜紗の言葉を借りれば、サイボーグの身体の経験も人それぞれ「圧倒的な固有性」を持っていると思うんです。だからその固有性や多様性についても書きたかったんですが、本文では書ききれませんでした。こうやって対談で話すことができてよかったです。

ウォニョン　こういう話はすごくおもしろいし、わたし個人にも大きな意味があります。

チョヨプ　別々に原稿を書いているときは、こういう違いにはなかなか気がつきませんでしたね。

サイボーグという象徴に関して

ウォニョン　この本をこういうテーマで書くにあたって、どうして「サイボーグ」という象徴を持ってきたんでしたっけ？

チョヨプ　そうですよね。どうしてサイボーグになったんでしたっけ？

ウォニョン　補聴器と車椅子の経験からスタートしたからですかね？

チョヨプ　わたしたちがやり取りしたメールをさかのぼってみないと。

ウォニョン　「サイボーグになる」という表現が出てきてからは、もうそれがタイトルみたいになってしまったような……。

チョヨプ　それにしても、わたしたちが最初に漠然と思い浮かべた「サイボーグ」という比喩は、思った以上に障害者と深い関わりがありましたね。まず、サイボーグと障害者を単純に結びつけるイメージ、つまりロボット義足をつけたヒュー・ハーのようなイメージが蔓延していることに驚きました。逆に、技術と緊密に結びついて生きる障害者の生を「クリップ・サイボーグ」として政治化しようとする試みがすでにおこなわれていたことにも驚きましたし。ハラウェイのサイボーグ宣言に比べてクリップ・サイボーグはかなり遅れて登場したということも、また別の意味での驚きでした。

最初は、あまりに短絡的に「障害者サイボーグ」の話を始めてしまったのではないかと心配もしていたんですが、資料調査をしながら原稿を書きすすめるうちに、自分たちは思った以上に意味のある領域に踏み込んだのだと感じるようになりました。ただ単に「障害と技術」と言うより、「サイボーグ」という言葉を使うことで、否定的であれ肯定的であれ、強く印象に残るでしょうし。ただ、これは当初からずっと考えていたことなんですが、「サイボーグ」が包括しきれない経験もたくさんあると思うんです。アリソン・ケーファーも『フェミニスト、クィア、クリップ』でクリップ・サイボーグについて探求していますが、同時に限界も認めています。

ウォニョン　そうですね。サイボーグという象徴はさまざまな扱われ方をします。ピストリウスなどの陸上選手は大手メディアでサイボーグとして大々的に取り上げられました。一方で、スティーブン・ホーキングは「サイボーグ」とは呼ばれませんよね。第4章でも述べましたが、ホーキングはむしろ最も強烈な「人間」でした。彼をサイボーグと呼ぶべきだという意味ではありません。けれどこれは、サイボーグという象徴が障害者の存在を表すのに充分でないことを証明しているように思えます。アリソン・ケーファーが述べていた限界というのは、どういうものだったんですか？

チョヨプ　たとえばサイボーグという象徴は、視覚障害者よりは聴覚障害者を、ダウン症候群よりは切断障害を説明するのに適している、ということです。でも今は、ケーファーが『フェミニスト、クィア、クリップ』を書いた二〇一三年より、障害と技術の関係もより緊密になってきているので、その象徴の範囲も流動的にどんどん変わっていくと思います。障害者ユーザーのためのスマートフォンアプリなんかは、当時はほとんどありませんでしたから。

ウォニョン　わたしは、サイボーグという象徴が、必ずしも機械や技術と結合した存在だけを想起させる必要はないと考えました。他者と連結し一体となった雑種的な存在、つまり、いわゆる「自由主義的な主体性」では説明できない存在様式に目を向けさせるところに、この象徴の意義があると思ったんです（この「雑種性」というのもどこか空虚な感じがすると、あとになって思うようになりましたが）。だとしても、どうしてわざわざ「サイボーグ」という言葉が必要なのでしょうか？　フェミニズムやポストヒューマニズムをはじめとする現代の哲学的議論や、障害者運動などの少数者運動はすでに、独立性や自律性よりも、ケアや依存、連帯、脆弱さといった価値に注目しているというのに。

また一方で、たとえばダウン症候群の人は、機械や技術との関わりが相対的に少ないように見えますよね。実際にはＩＴ技術を活用して日常生活を送ったり、教育を受けたりと、けっして少ないわけではありませんが。にもかかわらず、サイボーグという言葉は、人工補綴物への依存度が高い身体障害者（肢体、感覚など）を念頭に置いた比喩なのではないか、という疑問がずっとあったんです。

チョヨプ　ええ。実はアリソン・ケーファーも、障害や技術、連立をめぐる政治学を説明するのに必ずしもサイボーグという比喩が必要なわけではない、と述べていました。それでもわたしは、そのイメージの強力さや烙印効果については指摘しておきたいです。サイボーグというイメージは「科学・技術・医学に対する批評に登場する障害者問題は実情を反映していない」ことを明確に示してくれる、という意味で。わたしたちの通念や文化の中には、サイボーグに対するある種のイメージが根づいていて、そこには科学技術に対する社会の期待や「障害と科学技術」の力学関係がすでに投影されているじゃないですか。それは違うんだ、「現実の」サイボーグはそうではないんだと覆すことから、つまり定着しているイメージを解体して再構成することから、何らかの効果が得られるのではないかと思うんです。わたしたちは学術的な本を書いたわけではないので、それが学術的にどういう意味を持つのかはうまく説明できませんが、少なくともこの本の読者のみなさんにとっては記憶に残る比喩になればいいなと。

またサイボーグを、「機械と有機体のハイブリッド」としてだけでなく、技術や環境、動物と相互作用する「ポストヒューマンとしての障害者」へと拡張して考えることもできます。アリソン・ケーファーは、ホルモン療法を受けているトランスジェンダーや精神薬を服用している人のことも、医療技術や資本主義、医薬品産業といった複雑なネットワークの中にいるという意味で、医療的サイボーグの例として挙げています。視覚障害者と盲導犬の関係をサイボーグ政治学の枠で解釈することも可能だとしています。ただ、そこまでいってしまうと、わたしが焦点を当てようとしていた、身体や感覚を矯正する技術とかアクセシビリティー技術の範囲から大きく外れてしまうので、この本では触れられませんでしたが。サイボーグの比喩そのものの限界というより、わたしたちが取り上げた内容の限界ということでしょうね。

ウォニョン　サイボーグのイメージはわれわれの「人間中心性」をある程度は解体してくれる、という点も言い添えておきます。実際、わたしたちは依存や連立について語るときも、人間を中心に考えることが多い。その場合にまず問題となるのは動物を排除しているという点ですが、最近は障害者運動が動物の経験と強くつながっている感じがします。まだ技術やモノについてはそう感じませんが。われわれは、科学技術を単なる障害克服の手段と捉える姿勢を批判するだけでなく、自分たちが技術と結合して生きる存在であることにも注目すべきだと思います。「現実の」サイボーグの姿を通して障害や病気のある人を見ることは、「障害を克服するテクノロジー」の幻想や非現実性を指摘することであり、同時に、障害を技術文明とは関係なく人間の一つの存在様式としてのみ捉えることの限界を示すことでもあると考えます。

チョヨプ　今おっしゃったことにもすごく共感します。人間、非人間、インフラ、技術、道具、自然、これらすべてを同等なアクターとして捉えるべきだとする学者もいますよね。そういう意味でも有用な比喩だと思います。

人間と技術文明の切っても切れない関係

ウォニョン　科学技術や医学を重視する人は、障害を技術（知識）による問題解決の対象としか捉えませんよね。逆に、障害を人間の多様な存在様式の一つと「しか」捉えない人は、実際の障害が、どういう形であれ科学技術と常に結合して存在しているという点については、過小評価するように思う。

たとえば、わたしの障害に関連している、わたしの生物学的損傷の原因であるこの病気を患っている人は、現代の科学技術文明がなければ、ほとんどが幼いころに死んで、この世に存在していなかったはずです。わたしが存在しているのは、わたしがある特定の知識やテクノロジーと結合していたからです。

チョヨプ　わたしたちがサイボーグや「障害と科学技術」というテーマを一緒に楽しみながら書くことができたのも、同じ問題意識を持っていたからでしょうね。わたしも、障害者運動や障害学の考え方には強く同意しますが、同時に、人間以外の物質的な構成要素のことを少しおろそかにしていたのではないかという気がします。障害と技術の関係は複雑です。わたしも、もしカカオトークが開発される前の世界に生きていたら、相当孤立していたんじゃないかとよく考えるんです。

ウォニョン　カカオトークがなかったら、二人の共同作業ももっと大変だったでしょうね。地下鉄の駅にエレベーターがなかったら、チョヨプさんに会いに行くこともできなかったでしょうし(笑)。

チョヨプ　ほんとですね。でも、良いか悪いかだけで考えることはできませんよね。実際、スマートフォンのアプリが進化して、わたしの日常生活は相当便利になりました。前は電話するか直接会って処理していたことを、最近は何でもアプリでするようになりましたよね。キオスク端末も、店員さんの言葉を聞き返さなくていいので、わたしにとっては楽なんです。でも、アクセシビリティーを考慮していないアプリやキオスクは、視覚障害者や高齢者にとって大きな障壁になっています。わたしは、字幕なしの映像媒体がはやりだした当時、ちょっと戸惑いました。YouTubeが出てきたころは、自分は時代の流れからはじき出されているんだなと感じましたし。わたしという個人、特に障害のある個人は、技術との関係で極めて受動的にならざるを得ないのだという無力感を覚えたんです。自分にとって良いか悪いかは別にして、そういう変化の影響を一方的に受け入れるしかないという点で。でもこの本を書いているうちに考えが変わりました。技術に積極的に介入して変えていこうとする人たちの事例にたくさん触れて、技術との自分の関係が必ずしも受動的である理由はないことに気づいたんです。個人的にも前向きな思考の変化がありました。

ウォニョン　今のお話で、技術との関係における「受動性」というのは、一つのキーワードですね。その認識は重要だと思います。わたしは、ある特定の技術、あるいは技術文明そのものを礼賛したり批判したりするのは適切ではないと考えます。ただ、われわれの存在条件に技術文明が深く結びついているという点は認識しておくべきだと思うんです。現代の人類すべてに言えることでしょうけど、特に「障害のある人」にとってその関係は「流動性」がはるかに大きいというか。たとえば医薬品や医療機器、コミュニケーションメディア、モビリティーの登場とその活用の仕方次第で、生活の条件やスタイルが大きく変わってきますから。ただ、その登場、受容、活用、アクセスにおいて「受動的」であるという点は、わたしたちが打ち破っていくべきことだと思います。これも当然、障害者だけに限った問題ではありませんが。

チョヨプ　ある流れに漠然と身を任せるのではなく、どんな形であれ自分はその流れについて語り、介入することができるんだという感覚を持つことが大事なんでしょうね。ＳＴＳの言う、科学技術への市民参加、技術の民主化とも関連している部分です。

ウォニョン　受動性を打ち破る道は、科学技術の知識の生産や流通、活用に対して能動的に介入していくことだと言えますね。でもそれだけで充分だろうか、という気もします。

チョヨプ　基本的な話になりますが、批判ではなく「障害者の正義」が、技術設計の一つの原則になるべきだと思います。「クリップ・テクノサイエンス宣言」でも、障害者は技術知識の恩恵を一方的に受ける存在ではなくその生産者となるべきだと強調していますが、これは必ずしも専門家でなくても可能なことなんです。『難治の想像力』の著者アン・ヒジェさんの「字幕付け運動」の話を紹介しますと、彼が普段、Facebookでよく見かけるYouTubeチャンネルがあって、いつもはスルーしていたのだけど、ある日のぞいてみたら前とは何かが違っていたそうなんです。よくよく見てみると、聴覚障害者用の字幕がついていたと。彼は以前、字幕をつけてほしいというコメントを何度か書き込んでいたのですが、それが反映された結果なのだと、あとになって気づいたそうです。

技術の発達水準が問題なのではなくて、障害者の正義やアクセシビリティーといった原則が技術の核心的な価値に含まれていないがために軽視されているものが、すごくたくさんあると思うんです。結局はまた基本的な話になりますが、批判することによる介入や、障害当事者による知識生産、アクセシビリティーの原則の義務化などシステムの変化、これらはすべて積極的な介入になると考えます。

わたしたちの生が交差する瞬間

ウォニョン　まだまだ答えの出ていないことや気になることもありますが、長きに渡ったこの共同プロジェクトも、そろそろ締めくくりの段階に入りました。チョヨプさんと一緒にこのプロジェクトができて本当によかったです。少し残念なのは、新型コロナウイルスの影響で、直接会って対話する機会が限られてしまったことです。もちろんオンラインでの対話もいい経験でしたが。

チョヨプ　そうですよね。一月に資料調査をしていたころは、一緒にトークイベントをがんがんやるつもりだったのに……。コロナが収束してイベントが開けるようになってから本を出そうと話していたこと、覚えてらっしゃいますか？　読者と対面してのイベントは、しばらくは難しくなりましたね。

ウォニョン　覚えています。科学技術関連のセミナーとかカンファレンスにも一緒に参加して勉強し、いろいろ話し合いたいと思っていたんですが。ほかの人たちの意見もたくさん聞いてみたかったです し。

ウォニョン　このプロジェクトのあとのご予定は？

チョヨプ　まずウォニョンさんの計画からお聞きしてみたいです。身体とダンスに関する話をウェブマガジンに連載されていましたよね。それは本にされる予定ですか？　ネタバレにならない範囲でいろいろ聞かせてください。もしかして今回のテーマから影響を受けた部分もありますか？

ウォニョン　このプロジェクトでは、自分の身体を機械や他人と連結した存在として認識し、それについて語るという過程がありましたよね。ダンスに関する話では、たとえ不細工で不器用な身体でも、その身体が到達できる別の姿、あるいは一番良い、一番自由な姿を探していく過程を書くことになると思います。「サイボーグになった」のなら、次は、いわば「ダンサーになる」ことを書くわけですね。チョヨプさんも本文で紹介してくれていましたが、MITのヒュー・ハー教授が、ボストンマラソン爆弾テロ事件で被害に遭ったダンサーのために義足を製作しましたよね。彼女は切断した脚に義足をつけて、ヒュー・ハーが登壇したTED〔Technology Entertainment Design：アメリカの非営利団体〕の講演会の最後に、ステージに登場してダンスを披露します。一方で、イギリスのデービッド・トゥール(David Toole)というダンサーは、脚のない状態で、二本の腕だけで床の上で踊るんです。もしわたしが「完全な」自分の身体でダンスをするとしたら、それはどういう姿であるべきか？　義足をつけて踊るダンサーの姿でしょうか、それとも二本の腕で踊るデービッドの姿でしょうか？　どちらも「完全な」わたしの姿だと言うこともできますが、わたしが到達できる一番自由で「良い」姿とはどういうものでしょうか？　今回のチョヨプさんとのプロジェクトから自分の次の執筆作業へと、こういう問いは続いていくのだと思います。

チョヨプ　ウォニョンさんは存在論というテーマに関心が高いようですね。

ウォニョン　自分が生活に困っていないからですかね？　実際そうでもないんだけど……。

チョヨプ　わたしはそういう話を読むのが好きです。障害者のアイデンティティーにしても何にしても、明確なものってないですよね。

ウォニョン　さっき話したような問いは、実は政治的、社会的実践というより、創作者としての動機からスタートしているような気がします。

チョヨプ　そうですね。実践ではなく、どちらかというと……小説の領域という感じがします。あいまいなものについて、あいまいなまま語るというか。

ウォニョン　実践「ではない」というより、「より小説に近い」と言いたいところですね（笑）。チョヨプさんの小説が政治的実践でない、というわけではないので。チョヨプさんの計画もお聞きしたいですね。これからも小説を書きつづけますか、それとも科学者になりますか？

チョヨプ　うーん、しばらくは小説を書くと思います。ウォニョンさんのお話を聞いていておもしろいなと思ったんですけど、ウォニョンさんは次の作品で身体というテーマを深く探求されるんですよね。わたしが次に出す二作目の小説集は、違う感覚を持つ存在というのが共通のテーマになっているんです。意識的にそうしたわけではないんですが、気づいたらどれもそういう感じになっていました。書いていた時期が、このサイボーグプロジェクトのことを考えたり執筆したりしていた時期とも重なっているんです。ともかく、二人の関心事がここで一度交わって、またそれぞれの領域へと進んでいく、そんな感じもしますね。

ウォニョン　そうですね、本当に。これから各自の道を歩んでいって、一〇年くらい経ったとき、また別のプロジェクトを一緒にやりましょう。『サイボーグになる2』とか（笑）。

チョヨプ　いいですね。どんなものになるかはわかりませんけど。この共同プロジェクトの経験は、わたしの小説にもかなり影響を与えたと思います。具体的にどういう部分に、どんなふうに、とは言えませんが。このプロジェクトと並行して書いていた小説の中には、障害を描いたものもあるし、障害とは無関係なものもあるんですが、なるべく自分で規定しないでおこうと思っています。とにかく、小説を通して障害というテーマを語ることが、以前より負担なくできるようにはなりましたね。わたしにとってはポジティブな影響だと思います。そうやってこれからも、障害と関連があるかもしれないし、ないかもしれない、そんな小説を書きつづけようと考えています。以上、わたしの次回作の報告でした。

ウォニョン　わたしは、キム・チョヨプという小説家が「障害」というテーマとだけ結びつけられることのないよう願っています。でも同時に、わたしはキム・チョヨプの小説から常に、このプロジェクトを通して悩んだ、その痕跡を見いだそうとすると思います。

チョヨプ　ええ、わたしも自分の小説がそういうふうに読んでもらえたらいいなと思います。ウォニョンさんにもそうおっしゃっていただけて嬉しいです。

注

1　キム・ホニョン、「認識の領域まで含めた普遍的デザインのために」、『ビーマイナー』、二〇二〇年一二月七日。

おわりに

キム・チョヨプ

わたしは、自然科学を専攻した者であり、ＳＦ作家であり、女性であり、聴覚障害者だ。これらの状況や条件は自分にとって当たり前のものだったが、そのすべてを一つのつながった流れとして捉えるのには長い時間がかかった。たとえば、わたしは女性で、聴覚障害者だが、その二つは完全に別個の問題だったし、また、ＳＦを書いていることや自然科学を専攻したこととも無関係だと思っていた。『サイボーグになる』を書きながら、そのことについてあらためて考えてみた。女性であることは、自分が障害者のアイデンティティーを受け入れるうえでどのような影響を及ぼしたのか、また、科学を学んでいるときに考えていたことと、ＳＦを書きながら考えること、障害の経験はどのようにつながっているのか。そんなふうに考えてみるのは初めてのことだった。自分が聴覚障害者だという事実は、認めてはいたけれど、じっくり向き合いたいと思うようなことではなかったから。

キム・ウォニョンさんから共同プロジェクトを提案されたとき、迷いと期待があった。迷ったのは、自分には障害者としての経験や悩みが足りないと思ったからで、期待したのは、ウォニョンさんの過去の著作から障害に関する新たな学びを得ていたからだ。その後、ほかの障害者の書いた文章や本を読んで、おもしろい事実を発見した。「わたしは障害者だ。でも障害者として語るには充分ではないように思う」。どの人もそんなふうに考えていたのだ。障害に対する社会的スティグマのせいで、わたしたちは「充分に障害者になる」ことをためらっていたのかもしれない。そのことを知ってから、わたしにとってこの本を書くことは「障害者になる」ことを書く作業になった。それは、自分の脆弱さや依存性、障害者としてのアイデンティティーを探求する、慣れないながらも楽しい過程だった。

『サイボーグになる』を書きはじめたころ、わたしが繰り返し思い浮かべていたイメージは、超大作映画に登場するサイボーグたちだ。彼らはすらりと滑らかな手足を自在に操りながらスクリーンの中を飛び回る。わたしにはすんなり感情移入できない、あえてしようとも思わない、そんな存在だった。けれど今、そのサイボーグたちはわたしのそばにやって来て、疲れた顔で腰を下ろす。義足を外して手に持ち、実はこれちょっと邪魔だったんだよね、とぼやく。欠陥を抱えていて、それを隠したいと思っていて、克服しようとするけれど失敗し、結局はそのぽっかり空いた穴を自身の一部として受け入れる、そんなサイボーグたちを想像する。表情ひとつ変えずに疾走するサイボーグの、スクリーンの裏側に存在する、複雑で不完全な生を考えてみる。すると、彼らが本当にこの世に存在しているかのように、そしてまさに自分自身であるかのように感じられた。

この本を書きながら、同時代の障害者たちから多くの学びを得ることができてよかった。こつこつと世界を修理し、継ぎはぎし、重ね合わせ、繕う、その想像力から。とうていたどり着けそうもない世界を宣言しながらも、今自分たちにできる小さなことから始める、その力強さから。特に、最前線で語り、闘う運動家たちの話を読んだのはよかった。わたしが「こんなこと本当に実現できるのだろうか、また別の問題が出てくるのではないか」と自問しているあいだに、彼らは、同じ問いを抱きつつも前に進んでいく。わたしたちの世界はあまりに複雑で、どんなことも簡単には決断できない。けれど、複雑だからと何かをためらってばかりいてはいけないことを、彼らから学んだ。何より、この本を共に書いたキム・ウォニョンさんの悩みや姿勢から多くを学んだ。彼が残してくれた、まだ答えの見つかっていない問いを共有することができてよかった。

サイボーグの生活が実際には異質なもの同士の衝突、炎症、不快感、矛盾から成っているように、障害を抱えて生きる経験も常に衝突の連続だ。障害を構成する社会との闘いもあれば、けっして解決されることのない個人の固有な苦痛との闘いもある。けれど、できることなら、わたしはその衝突の中で、「影の裏にある光」も見つけていきたい。人生は不幸なだけでも幸せなだけでもなく、不幸であると同時に幸せでもあると、悲しくも、また美しくもあると言いたい。わたしたちの不完全さは時に、別の世界への扉を開けてくれる。わたしは今、その事実を少し嬉しく思う。

謝辞

本書の一部は、時事週刊誌『時事ＩＮ』の二〇一九年の連載「キム・チョヨプとキム・ウォニョンの　サイボーグになる」に寄稿した文章を加筆修正したものだ。その連載の機会が与えられていなかったら、わたしたちは議論を始めることすらできなかっただろう。「障害と技術」の研究に関する資料を提示し、学術的な内容を共に検討してくれたカン・ミリャンさんのおかげで、本の内容がより豊かなものになった。また、本書に掲載されている視覚芸術作品はイ・ジヤン、ユ・ファス両作家によるものだ。障害のある身体から潜在的な経験を見いだしスポットライトを当てるお二人の試みには、いつも感謝している。わたしたちが悩み、話し合ったことが、二年以上の時を経てようやく一冊の本になったのは、四季節（サゲジョル）出版社のおかげだ。編集者のイ・ジンさんをはじめ、この本に関わってくれた編集チームのすべての方に深く感謝申し上げる。

――キム・ウォニョン、キム・チョヨプ

訳者あとがき

本書は、小説家で聴覚障害者のキム・チョヨプと、弁護士・作家・パフォーマーとして活動する車椅子ユーザーのキム・ウォニョンによる共著だ。

キム・チョヨプは一九九三年生まれ。後天的な聴覚障害のため高校生のとき補聴器を使いはじめた。大学では自然科学を専攻し、二〇一七年に「館内紛失」と「わたしたちが光の速さで進めないなら」で第二回「韓国科学文学賞」中短編部門の大賞と佳作をそれぞれ受賞し文壇デビュー。その後SF小説を次々と発表し、一九年には第四三回「今日の作家賞」、二〇年には第一一回「若い作家賞」を受賞するなど注目を集めている。デビュー作にしてベストセラーとなった短編集『わたしたちが光の速さで進めないなら』(カン・バンファ、ユン・ジヨン訳、早川書房)と、アンソロジー『最後のライオニ 韓国パンデミックSF小説集』(河出書房新社)収録の「最後のライオニ」(古川綾子訳)は日本でも翻訳され人気を博している。

一九八二年生まれのキム・ウォニョンは生まれつき骨が折れやすい骨形成不全症という難病を抱え、幼いころから骨折と入退院を繰り返していた。歩けないため小学校には通えず、ずっと家で過ごしていたが、小卒認定試験に合格し、一五歳で親元を離れて特別支援学校の中等部に入学。車椅子に乗るようになったのもそのころだ。一般の高校を経て、大学では社会学と法学を学び、ロースクール卒業後は弁護士として国家人権委員会で働いた。中学のとき学内の行事で上演された演劇「マクベス」に主役で出演したのを機に演劇に魅せられ、その後も演劇やダンスの舞台に立っている。彼の半生については著書『希望ではなく欲望――閉じ込められていた世界を飛び出す』(牧野美加訳、クオン)に詳しい。

二人には約一〇歳という年齢差や、性別、専門などの違いがあるが、ともに障害があり、一〇代半ばで補聴器、車椅子という補助器具を使用するようになったという共通点もある。本書の刊行は、キム・チョヨプの存在を文壇デビュー前から知っていたというキム・ウォニョンが二〇一八年冬、彼女に共同執筆の提案メールを送ったのが始まりだ。彼は一九九〇年代後半からの一〇年で韓国における障害者の生活が大きく変化したと感じていた。彼女との一〇歳という年齢差がその間のテクノロジーの進歩に対する考え方にどのような影響を与えたのか興味があったという。彼の著書を読んだことがあったキム・チョヨプは提案を受け入れ、それぞれ原稿を書きはじめた。新型コロナウイルスの影響で、直接対面して意見を交わす機会が限られるなど制約もあったとのこと。やがて一九年五月からは四カ月にわたる時事週刊誌への共同連載も始まり、その記事を加筆修正したものも含めて、二〇二一年一月に本書は刊行された。

自身の経験や、さまざまな理論や学説を引きながら、テクノロジーや障害、未来の姿などについて幅広く論じている。テクノロジーとつながった「障害者サイボーグ」はどういうイメージで認識されていてそれは実際の障害者の生活といかに食い違っているか、サイボーグとテクノロジーの関係はどうあるべきか、一部のテクノロジーはそれを活用できない人をますます疎外するのではないか、障害は治療やテクノロジーで根絶すべき(できる)ものなのかなど、さまざまな視点で深く掘り下げられている。人工知能や介護ロボット、自動車の自動走行、キオスク端末、仮想現実など、日常に導入されているテクノロジーは、はたして人間の生活をより便利に、滑らかなものにしてくれるのだろうか。究極のテクノロジーとはどういうものだろうか。さまざまな問いを投げかけ、多くの気づきが得られる内容だ。障害と共に生きる二人の率直な語りには説得力があり、身近な例がふんだんに用いられているので、障害の有無を問わず興味を持って読めるだろう。障害者サイボーグの未来を考えることは、老いや病気、弱さと無縁ではあり得ないすべての人間の未来を考えることでもある。本書が、テクノロジーと障害、人間という不完全な存在、目指すべき未来の姿などについてあらためて考えてみるきっかけになることを願う。

本書第2章に登場する映画『はちどり』は、中学生の少女ウニの揺れ動く繊細な心や、家族や友人との日常を淡々と描いた作品で、国内外の映画祭で数多くの賞を受賞した。長編デビュー作となったキム・ボラ監督が本書韓国語版に寄せた推薦のことばを紹介したい。

フランケンシュタイン博士のつくった怪物が冬のある日、誰かの家の窓の外に立っている。一家団欒の夕食風景を見つめる。そうしているといつも心のどこかがうずき、やるせなさがこみ上げてくる。自分はあの「正常の」世界に属することができるのだろうか。少数者たちは自身の存在とそれを取り巻く環境について問いつづける。自分の内側から自分を見つめ、社会の視線で自分を外側から見つめる。この二重、三重の視線の中で、わたしたちは「怪物」そして「サイボーグ」だ。だが同時に「怪物たち」は知っている。「怪物」になるのは時に厄介で腹立たしいことだけれど、その「怪物になる」経験がわたしたちを最も人間らしい思索や問いへと導いてくれることを。『サイボーグになる』を読みながら想像する。すべての人が自分のやり方で立ち上がり、歩き、聞き、見て、話し、踊る、そのすばらしい光景を。各自のやり方で、各自の状態に応じて互いに助け合い、互いが互いに属している場を。「欠如」ではなく「圧倒的な固有性」を持つこの美しき「怪物たち」の、にぎにぎしいフェスティバルを！

また本書は二〇二一年、第六二回「韓国出版文化賞」(教養部門)を受賞した。過去一年間に刊行された優れた本、読むべき本を広く紹介すべく韓国日報社が一九六〇年に制定した権威ある賞で、第六一回からは韓国を代表する出版団体「大韓出版文化協会」と共同主催している。最近の受賞作には、邦訳本も多いペク・ヒナの絵本『天女銭湯』(長谷川義史訳、ブロンズ新社)や、同じく日本でも人気のアンニョン・タルの絵本『おばあちゃんの夏休み』、ウン・ソホルの児童書『5番レーン』(すんみ訳、鈴木出版)(いずれも、子ども・青少年部門)などがある。

最後に、訳文を丁寧に点検してくれたキム・ジヨンさん、刊行までの道のりを導いてくれた編集者の堀由貴子さん、田中朋子さんをはじめ、本書の刊行に尽力してくださったすべての方に心から感謝申し上げる。

二〇二二年　初秋

牧野美加

参考文献

カン・スミ、「人工補綴物の美――現代アートにおける『テクノストレス』と『テクノ快楽』の傾向性」、『美学芸術学研究』、第三九集、二〇一三

グレゴリー・ベイトソン著、パク・テシク訳、『精神の生態学』、チェクセサン、二〇〇六

キム・ドヒョン、『障害学の挑戦』、オウォレポム、二〇一九

キム・ドヒョン、『差別に抵抗せよ』、朴鍾哲出版社、二〇〇七

キム・サンヒ、「補助工学機器とわたしの生活、欲望について」、『ビーマイナー』、二〇二〇年九月一六日

キム・ホニョン、「認識の領域まで含めた普遍的デザインのために」、『ビーマイナー』、二〇二〇年一二月七日

キム・ヘリ、『わたしを見るあなたを見ていた』、アクロス、二〇一七

ダナ・ハラウェイ著、ファン・ヒソン訳、『ハラウェイ宣言文』、チェクセサン、二〇一九

ロージ・ブライドッティ著、イ・ギョンナン訳、『ポストヒューマン』、アカネット、二〇一五

リチャード・サイトウィック著、チョ・ウニョン訳、『共感覚』、キムヨンサ、二〇一九

マー・ヒックス著、クォン・ヘジョン訳、『計画された不平等』、イギム、二〇一九

マイケル・サンデル著、キム・ソヌク、イ・スギョン訳、『完璧に対する反論』、ワイズベリー、二〇一六

マーク・オコネル著、ノ・スンヨン訳、『トランスヒューマニズム』、文学トンネ、二〇一八

マシュー・クロフォード著、ノ・スンヨン訳、『あなたの頭の外の世界』、文学トンネ、二〇一九

生涯文化研究所オッキサロン編、『夜中三時の身体たちへ――病気、ケア、老年についてのもう一つの物語』、ポムナレチェク、二〇二〇

ソン・ヨンエ、キム・ヒョンジョン、イ・ヒョンギョン、「看護、ロボット、科学技術革命――看護業務を支援するロボットシステム」、『老人看護学会誌』、特別号、二〇一八

ソン・ジョンヒ、「認知症老人に対する、動物ロボットを媒介とした仲介プログラムの効果」、『大韓看護学会誌』、

三九巻、四号、二〇〇九
スナウラ・テイラー著、今津有梨、チャン・ハンギル訳、『荷を引く獣たち』、オウォレポム、二〇二〇
スーザン・ウェンデル著、キム・ウンジョン、カン・ジニョン、ファン・ジソン訳、『拒絶された身体』、クリンビ、二〇一三
ステイシー・アライモ著、ユン・ジュン、キム・ジョンガプ訳、『言葉、身、土』、クリンビ、二〇一八
スティーブ・シルバーマン著、カン・ビョンチョル訳、『ニューロトライブ』、アルマ、二〇一八
アリストテレス著、チョン・ビョンヒ訳、『ニコマコス倫理学(NE 1098a)』、図書出版スプ、二〇一三
アイリス・マリオン・ヤング著、キム・ドギュン、チョ・グク訳、『差異の政治と正義』、モーティブブック、二〇一七
アン・ヒジェ、『難治の想像力』、トンニョク、二〇二〇
アンドリュー・ソロモン著、コ・ギタク訳、『親と違う子どもたちI』、ヨルリンチェクドゥル、二〇一五
アレン・ブキャナン著、シム・ジウォン、パク・チャンヨン訳、『人間より優れた人間』、ロドス、二〇一五
アリソン・ケーファー著、チョン・ヘウン訳、「欲望と嫌悪――追従主義の中でわたしが経験した両面的冒険」、『女/性理論』、三九号、二〇一八
エリザベス・ムーン著、チョン・ソヨン訳、『くらやみの速さ』、ブックスフィア、二〇〇七
オリバー・サックス著、イ・ウンソン訳、『火星の人類学者』、パダ出版社、二〇一五
イ・ジョングァン、『ポストヒューマンがやってくる』、サウォレチェク、二〇一七
伊藤亜紗著、キム・ギョンウォン訳、『記憶する体』、ヒョナムサ、二〇二〇
伊藤亜紗著、パク・サンゴン訳、『目の見えない人は世界をどう見ているのか』、エッセ、二〇一六
イーライ・クレア著、チョン・ヘウン、ジェイ訳、『亡命とプライド』、現実文化、二〇二〇
イム・ソヨン、『サイボーグとして生きること』、センガゲヒム、二〇一四
チャン・ソンマン、「フェティシズムの概念史――その発明と意味網」、『宗教文化批評』、九巻、二〇〇六

障害女性共感、『もしかしたらおかしな身体』、オウォレポム、二〇一八
チョン・チヒョン、ホン・ソンウク、『未来は来ない』、文学と知性社、二〇一九
チョン・ヘスク、『ポストヒューマン時代の美術』、アカネット、二〇一五
ジュディ・ワイクマン著、パク・チニ、イ・ヒョンスク訳、『テクノフェミニズム』、窮理、二〇〇九
チェ・ユギョン、「ろう者はなぜ音声言語で話さなければならないのか?」、『ビーマイナー』、二〇二〇年四月六日
チェ・ユミ、『ハラウェイ、共―産の思惟』、図書出版b、二〇二〇
キャサリン・ヘイルズ著、イ・ギョンナン、ソン・ウンジュ訳、『わたしの母はコンピューターだった』、アカネット、二〇一六
キム・ニールセン著、キム・スンソプ訳、『障害の歴史』、東アジア、二〇二〇
テンプル・グランディン著、ホン・ハンビョル訳、『わたしは絵で考える』、ヤンチョルブック、二〇〇五
トビン・シーバース著、ソン・ホンイル訳、『障害理論』、ハクチサ、二〇一九
トム・シェイクスピア著、イ・ジス訳、『障害学の争点』、ハクチサ、二〇一三
ハ・デチョン、「車椅子に乗った人工知能――自律的技術から相互依存とケアの技術へ」、『科学技術学研究』、一九巻、二号、二〇一九
韓国ポストヒューマン研究所・韓国ポストヒューマン学会、『ポストヒューマン時代のヒューマン』、アカネット、二〇一六
ホン・ソンウク、『ポストヒューマン・オデッセイ』、ヒューマニスト、二〇一九
ヒューバート・ドレイファス著、チェ・イルマン訳、『インターネットの哲学』、フィロソフィック、二〇一五
Aimi Hamraie and Kelly Fritsch, "Crip Technoscience Manifesto", *Catalyst: Feminism, Theory, Technoscience*, Vol. 5, No. 1, 2019.
Aimi Hamraie, "Cripping Feminist Technoscience", *Hypatia*, Vol. 30, No. 1, 2015.
Aimi Hamraie, "Designing Collective Access: A Feminist Disability Theory of Universal Design", *Disability Studies Quar-*

terly, Vol. 33, No. 4, 2013.

Albert Cook, Janice Polgar, *Assistive Technologies: Principles and Practice*, 4th Edition, Mosby, 2014.

Alice Wong, "The Last Straw", *Eater*, July 19, 2018.

Alison Kafer, "Crip Kin, Manifesting", *Catalyst: Feminism, Theory, Technoscience*, Vol. 5, No. 1, 2019.

Alison Kafer, *Feminist, Queer, Crip*, Indiana University Press (Kindle Edition), 2013.

Amanda Sharkey and Noel Sharkey, "Granny and the Robots: Ethical Issues in Robot Care for the Elderly", *Ethics and Information Technology*, Vol. 14, No. 1, March 1, 2012.

Andi C. Buchanan, "Design a Spaceship", *Uncanny Magazine: Disabled People Destroy Science Fiction!*, Issue 24, 2018.

Anna Kessel, "The Rise of the Body Neutrality Movement: 'If You're Fat, You Don't Have to Hate Yourself'", *The Guardian*, July 23, 2018.

April Glaser, "Watch Toyota's New Robot Assistant Help a Disabled American Vet", *Vox*, June 30, 2017.

Ashley Shew, [Blog Post] "Stop Depicting Technology as Redeeming Disabled People", *Nursing Clio*, April 2019 (https://techanddisability.com/2019/05/01/stop-depicting-technology-as-redeeming-disabled-people/).

Ashley Shew, [Blog Post] "Technoableism Cyborg Bodies and Mars", *Technology and Disability*, November 2017 (https://techanddisability.com/2017/11/11/technoableism-cyborg-bodies-and-mars/).

Ashley Shew, "Ableism, Technoableism, and Future AI", *IEEE Technology and Society Magazine*, Vol. 39, No. 1, March 2020.

Ashley Shew, "Up-Standing Norms, Technology, and Disability", Presentation as Part of a Panel on Discrimination and Technology at IEEE Ethics, 2016.

Christy Tidwell, "Everything Is Always Changing", Kathryn Allan (eds), *Disability in Science Fiction: Representations of Technology as Cure*, Palgrave Macmillan, 2013.

Coreen McGuire and Havi Carel, "The Visible and the Invisible: Disability, Assistive Technology, and Stigma", *The Oxford*

Handbook of Philosophy and Disability, 2020.

embracetheplanetnl, [Blog Post] "James Gillingham prosthetic limbs", June 25, 2018 (https://embrace-yourself-embrace-the-world.com/2018/06/25/james-gillingham-prosthetic-limbs/).

Elsa Sjunneson-Henry, Dominik Parisien, Nicolette Barischoff, S. Qiouyi Lu and Judith Tarr (eds), *Uncanny Magazine: Disabled People Destroy Science Fiction!*, Issue 24, 2018.

Emma Grey Ellis, "The Problem With YouTube's Terrible Closed 'Craptions'", *Wired*, October 1, 2019.

Erik P. Rauterkus and Catherine V. Palmer, "The Hearing Aid Effect in 2013", *Journal of the American Academy of Audiology*, Vol. 25, No. 9, 2014.

Faye Ginsburg and Rayna Rapp, "Disability/Anthropology: Rethinking the Parameters of the Human", *Current Anthropology*, Vol. 61, No. S21, February 2020.

Ginny Russell, "Critiques of the Neurodiversity Movement", *Autistic Community and the Neurodiversity Movement*, November 8, 2019.

Graham Pullin, *Design Meets Disability*, MIT Press, Cambridge, 2009.

Heather A. Faucett, Kate E. Ringland, Amanda L. L. Cullen and Gillian R. Hayes, "(In) Visibility in Disability and Assistive Technology", *ACM Transactions on Accessible Computing*, Vol. 10, No. 4, October 5, 2017.

Ian Hacking, "Humans, aliens & autism", *Daedalus*, Vol. 138, No. 3, 2009.

Imogen Blood, Dianne Theakstone and Ian Copeman, "Housing guide for people with sight loss", Thomas Pocklington Trust Homepage (https://www.pocklington-trust.org.uk/supporting-you/useful-guides/housing-guides-for-you/housing-guide-for-people-with-sight-loss/)

Jillian Weise, "The Dawn of the 'Tryborg'", *The New York Times*, November 30, 2016.

John Ingold, "Laura Hershey, 48, Championed Disability Rights", *The Denver Post*, November 27, 2010.

Joshua Earle, "Cyborg Maintenance: Design, Breakdown, and Inclusion", Aaron Marcus and Wentao Wang (eds), *Design,*

User Experience, and Usability: Design Philosophy and Theory, Springer, 2019.

Kathryn Allan, [Blog Post] "Categories of Disability in Science Fiction", January 27, 2016(https://www.academiceditingcanada.ca/blog/item/317-disability-in-sf-article).

Kathryn Allan (eds), *Disability in Science Fiction: Representations of Technology as Cure*, Palgrave Macmillan, 2013.

Kathryn Allan and Djibril al-Ayad (eds), *Accessing the Future: A Disability-Themed Anthology of Speculative Fiction*, Futurefire.net Publishing, 2015.

Mallory Kay Nelson, Ashley Shew and Bethany Stevens, "Transmobility: Rethinking the Possibilities in Cyborg(Cripborg) Bodies", *Catalyst: Feminism, Theory, Technoscience*, Vol. 5, No. 1, 2019.

Mara Mills, "Hearing Aids and the History of Electronics Miniaturization", *IEEE Annals of the History of Computing*, Vol. 33, No. 2, February 2011.

Margaret I. Wallhagen, "The Stigma of Hearing Loss", *Gerontologist*, Vol. 50, No. 1, 2010.

Marquard Smith, "The vulnerable articulate: James Gillingham, Aimee Mullins, and Matthew Barney", in Marquard Smith and Joanne Morra (eds), *The Prosthetic Impulse: From A Posthuman Present to A Biocultural Future*, Cambridge, MIT press, 2006.

Monica Westin, "In 'Recoding CripTech', Artists Highlight the Vital Role of Hacking in Disability Culture", *Art in America*, February 19, 2020.

Nancy Fulda, "Movement", 2011(http://www.nancyfulda.com/movement-a-short-story-about-autism-in-the-future).

Nancy Spector and Neville Wakefield, *Matthew Barney: Cremaster Cycle*, New York: Guggenheim Museum, 2002.

Natasha Dow Schüll, *Addiction by Design: Machine Gambling in Las Vegas*, Princeton University Press, 2014.

Nelly Oudshoorn, "Sustaining Cyborgs: Sensing and Tuning Agencies of Pacemakers and Implantable Cardioverter Defibrillators", *Social Studies of Science*, Vol. 45, No. 1, 2015.

Nicole Kobie, "Inside the World of Techno-Fetishism Where People Suffer 'Prosthetic Envy'", *Wired*, June 6, 2016.

Norman Daniels, *Just Health: Meeting Health Needs Fairly*, Cambridge Press, 2008.

Physical Medicine and Rehabilitation, “Timeline: Prosthetic Limbs Through the Years”, *UPMC HealthBeat*, March 8, 2015.

R. L. Rutsky, *High Techne: Art and Technology from the Machine Aesthetic to the Posthuman*, University of Minnesota Press, 1999.

Robert Andrews, “Hearing Aids for the Unimpaired”, *Wired*, August 8, 2005.

Robert Sparrow, “Defending Deaf Culture: The Case of Cochlear Implants”, *Journal of Political Philosophy*, Vol. 13, No. 2, 2005.

Rose Eveleth, “The Exoskeleton's Hidden Burden”, *The Atlantic*, August 7, 2015.

Sarah Einstein, “The Future Imperfect”, *Redstone Science Fiction*, 2010.

Sergei Kochkin, “MarkeTrak VII: Obstacles to Adult Non-user Adoption of Hearing Aids”, *The Hearing Journal*, Vol. 60, No. 4, 2007.

Sewell Chan, “Oscar Pistorius Removes His Artificial Legs at Sentencing Hearing”, *The New York Times*, June 15, 2016.

Stuart Blume, Vasilis Galis and Andrés Valderrama Pineda, “Introduction: STS and Disability”, *Science, Technology, & Human Values*, December 13, 2013.

Temple Grandin, “The Effect Mr. Spock Had on Me”, *The Conversation*, March 9, 2015.

Tom Boellstorff, “The Ability of Place: Digital Topographies of the Virtual Human on Ethnographia Island”, *Current Anthropology*, Vol. 61, No. S21, August 20, 2019.

Tomoko Tamari, “Body Image and Prosthetic Aesthetics”, *Body & Society*, Vol. 23, No. 2, 2017.

Vasilis Galis, “Enacting Disability: How Can Science and Technology Studies Inform Disability Studies?”, *Disability & Society*, Vol. 26, No. 7, 2011.

Vilissa Thompson, “How Technology Is Forcing the Disability Rights Movement into the Twenty-First Century”, *Catalyst: Feminism, Theory, Technoscience*, Vol. 5, No. 1, April 4, 2019.

キム・チョヨプ(金草葉)
1993年生まれ．2017年に「館内紛失」と「わたしたちが光の速さで進めないなら」で第2回韓国科学文学賞中短編部門の大賞と佳作をそれぞれ受賞し，文壇デビュー．後天性聴覚障害者．短編集『わたしたちが光の速さで進めないなら』(カン・バンファ，ユン・ジヨン訳，早川書房)は日本でもベストセラーとなり注目を集めた．他の邦訳作品にアンソロジー『最後のライオニ 韓国パンデミックSF小説集』(河出書房新社)収録の「最後のライオニ」(古川綾子訳)．他の著書に『ついさっき後にしてきた世界』『惑星語書店』，YA『シリンダーの中の少女』，長編『地球の果ての温室』，SFホラー『ムレモサ』，エッセー『本と偶然たち』などがある．2019年「今日の作家賞」，2020年「若い作家賞」を受賞．

キム・ウォニョン(金源永)
1982年生まれ．大学で社会学と法学を学び，ロースクールを卒業したあと国家人権委員会で働いた．現在は作家，弁護士，パフォーマーとして活動している．車椅子ユーザー．著書に『だれも私たちに「失格の烙印」を押すことはできない』(小学館，近刊)，『希望ではなく欲望——閉じ込められていた世界を飛び出す』(クオン)がある．舞台俳優として演劇「愛と友情における差別禁止及び権利救済に関する法律」，「人情闘争——芸術家編」，ダンサーとして「Becoming-Dancer」などに出演している．

訳者
牧野美加
1968年大阪生まれ．釜慶大学言語教育院で韓国語を学んだあと，新聞記事や広報誌の翻訳に携わる．第1回「日本語で読みたい韓国の本翻訳コンクール」最優秀賞受賞．訳書にチャン・リュジン『仕事の喜びと哀しみ』(クオン)，共訳書にチェ・ウニョン『ショウコの微笑』，ソ・ミョンスク『オルレ　道をつなぐ』(いずれもクオン)など．キム・ウォニョンの単著『希望ではなく欲望』の翻訳も手掛けた．

サイボーグになる
——テクノロジーと障害，わたしたちの不完全さについて
キム・チョヨプ，キム・ウォニョン

2022年11月17日　第1刷発行

訳　者　牧野美加（まきの みか）

発行者　坂本政謙

発行所　株式会社 岩波書店
〒101-8002 東京都千代田区一ツ橋2-5-5
電話案内 03-5210-4000
https://www.iwanami.co.jp/

印刷・三秀舎　カバー・半七印刷　製本・松岳社

ISBN 978-4-00-061567-9　　Printed in Japan

AI・ロボットと共存の倫理
西垣 通 編
四六判二三二頁 定価二七五〇円

知のスイッチ
—「障害」からはじまるリベラルアーツ
嶺重 慎
広瀬浩二郎
村田 淳 編
京都大学学生総合支援センター 協力
A5変二八六頁 定価二三一〇円

手で見るいのち
—ある不思議な授業の力—
柳楽未来
四六判一八八頁 定価一六五〇円

目で見ることばで話をさせて
アン・クレア・レゾット
横山和江 訳
四六判三一〇頁 定価二三一〇円

〈弱さ〉を〈強み〉に
—突然複数の障がいをもった僕ができること—
天畠大輔
岩波新書 定価九六八円

岩波書店刊
定価は消費税10% 込です
2022年11月現在